“十三五”国家重点出版物出版规划项目

经济科学译丛

米什金《货币金融学》学习指导

弗雷德里克·S. 米什金（Frederic S. Mishkin） 著

夏泽龙 译

THE ECONOMICS OF MONEY, BANKING, AND FINANCIAL MARKETS

(THIRTEENTH EDITION)

中国人民大学出版社

·北京·

《经济科学译丛》总序

自新中国成立尤其是改革开放40多年来，中国经济的发展创造了人类经济史上不曾有过的奇迹。中国由传统落后的农业国变成世界第一大工业国、第二大经济体，中华民族伟大复兴目标的实现将是人类文明史上由盛而衰再由衰而盛的旷世奇迹之一。新的理论来自新的社会经济现象，显然，中国的发展奇迹已经不能用现有理论很好地加以解释，这为创新中国经济学理论、构建具有中国特色的经济学创造了一次难得的机遇，为当代学人带来了从事哲学社会科学研究的丰沃土壤与最佳原料，为我们提供了观察和分析这一伟大“试验田”的难得机会，更为进一步繁荣我国哲学社会科学创造了绝佳的历史机遇，从而必将有助于我们建构中国特色哲学社会科学自主知识体系，彰显中国之路、中国之治、中国之理。

中国经济学理论的创新需要坚持兼容并蓄、开放包容、相互借鉴的原则。纵观人类历史的漫长进程，各民族创造了具有自身特点和标识的文明，这些文明共同构成了人类文明绚丽多彩的百花园。各种文明是各民族历史探索和开拓的丰厚积累，深入了解和把握各种文明的悠久历史和丰富内容，让一切文明的精华造福当今、造福人类，也是今天各民族生存和发展的深层指引。

“经济科学译丛”于1995年春由中国人民大学出版社发起筹备，其入选书目是国内较早引进的国外经济类教材。本套丛书一经推出就立即受到了国内经济学界和读者们的一致好评和普遍欢迎，并持续畅销多年。许多著名经济学家都对本套丛书给予了很高的评价，认为“经济科学译丛”的出版为国内关于经济理论和经济政策的讨论打下了共同研究的基础。近30年来，“经济科学译丛”共出版了百余种全球范围内经典的经济学图书，为我国经济学教育事业的发展和学术研究的繁荣做出了积极的贡献。近年来，随着我国经济学教育事业的快速发展，国内经济学类引进版图书的品种越来越多，出版和更新的速度也在明显加快。为此，本套丛书也适时更新版本，增加新的内容，以顺应经济学教育发展的大趋势。

“经济科学译丛”的入选书目都是世界知名出版机构畅销全球的权威经济学教材，被世界各国和地区的著名大学普遍选用，很多都一版再版，盛行不衰，是紧扣时代脉搏、论述精辟、视野开阔、资料丰富的经典之作。本套丛书的作者皆为经济学界享有盛誉的著名教授，他们对西方经济学的前沿课题都有透彻的把握和理解，在各自的研究领域都做出了突出的贡献。本套丛书的译者大多是国内著名经济学者和优秀中青年学术骨干，他们不仅在长期的教学研究和社会实践中积累了丰富的经验，而且具有较高的翻译水平。

本套丛书从筹备至今，已经过去近 30 年，在此，对曾经对本套丛书做出贡献的单位和个人表示衷心感谢：中国留美经济学会的许多学者参与了原著的推荐工作；北京大学、中国人民大学、复旦大学以及中国社会科学院的许多专家教授参与了翻译工作；前任策划编辑梁晶女士为本套丛书的出版做出了重要贡献。

愿本套丛书为中国经济学教育事业的发展继续做出应有的贡献。

中国人民大学出版社

如何使用学习指导?

本学习指导可以帮助你学习弗雷德里克·S. 米什金所著的教材《货币金融学》中的概念。在按照顺序学习各章知识的同时，你可以主动复习教材中的重要定义、金融机构的详情和经济学的概念。你还可以将经济学模型应用到图形题或计算题中。这种方式可以帮助你加深对教材中重要概念的理解，从而有助于你迅速掌握概念和更好地备考。

本书的章目与教材是对应的，并且包括了下列学习工具：

■ 本章回顾。每章的开始都是对本章内容的总结。对应教材中每节的标题，本章回顾分成了若干个部分。

■ 重要提示。本部分包括一些额外的提示，旨在帮助你弄清教材中较难理解的内容。

■ 术语和定义。你需要将教材中讲到的关键术语与相应的定义匹配起来。本部分非常重要，因为若想加深对教材的理解，你必须拥有一个丰富的经济学和金融学词汇表。

■ 思考题和简答题。我们为你准备了有多个步骤的思考题，即实践应用题，以及简答题，你可能需要通过计算一些具体的数字、绘制图表或者用文字表述来解答这些问题。这些问题是基于本章所介绍的一些较为重要的理论提出的，可以帮助你复习这些理论。

■ 评判性思维。本部分是一道有多个步骤的题，回答这道题需要运用本章所介绍过的一个重要理论。

■ 自我测试。自我测试部分包括判断对错题和选择题。这些问题可以反映你已经成功掌握的内容，以及你需要继续巩固的部分。

■ 参考答案。本书末尾列出了所有练习题的详细答案。

你可以采取不同的方式来利用学习指导辅助学习。大多数学生应按照顺序，使用学习指导的每个部分。然而，如果你对教材的内容非常熟悉，也可以直接进入自我测试部分。如果你的成绩很好，就可以进入下一章了。

目 录

第1章 为什么学习货币、银行和金融市场?

本章回顾

预　习

研究货币、银行与金融市场是一件颇具价值的工作，它可以解答我们在日常生活中所遇到的一些金融问题。例如：提高利率会对我们的购车计划或者为应付退休生活而进行储蓄的决策产生什么影响？本章将介绍学习货币、银行和金融市场知识的重要意义。金融市场的事件会直接影响每个人的生活。经济体中的金融机构对如何实现资金在储蓄者和借款人之间的有效转移具有重要的影响。货币和货币政策会影响通货膨胀率、利率和国民产出。

为什么学习金融市场?

在金融市场中，资金从那些拥有闲置货币的人手中转移到资金短缺的人手中。在债券市场中，企业可以发行被称为债券的有价证券（对发行人收入或者资产的索取权）。债券发行人需要向购买人进行定期支付，这些支付即为利息。以年百分比形式表示的利率是借款的成本（通常表示为借入100美元所支付的年利息占100美元的百分比）。债券市场是决定利率的场所。由于不同利率的运动有统一的趋势，经济学家通常将各种利率糅合在一起，统称为“利率”。在股票市场上，企业发行被称为普通股的有价证券。股票代表公司所有权的份额。

为什么学习金融机构和银行?

金融机构是金融市场能够运行的关键所在。金融中介机构向一些市场主体借款，并贷放给其他主体。银行是吸收存款和发放贷款的金融中介机构。金融危机是指金融市场出现严重混乱，并伴随着资产价格的暴跌以及众多机构的破产。其他一些金融机构包括保险公司、养老基金、共同基金、财务公司与投资银行等。银行依然是最大的金融中介机构，但其他金融机构的地位在迅速上升。电子金融是最近出现的金融创新，即利用电子化设备提供金融服务。

1

为什么学习货币和货币政策?

货币或货币供给是在产品或服务支付以及债务偿还中被广泛接受的东西。货币供给的变动会影响到许多经济变量。货币会影响经济周期，即经济总产出的上升和下降运动。产出通常由 GDP 得以反映。从 20 世纪初开始，每次经济衰退（即产出下滑）出现前，都伴随着货币供给增长率的下降。然而，并非每次货币供给增长率下降之后都会出现经济衰退。经济衰退期间失业率通常会上升。货币供给还会影响物价水平（也称价格水平）和通货膨胀率。货币供给增长率与通货膨胀率之间存在着正相关关系。通常而言，高货币供给增长率伴随着长期债券的高利率，低货币供给增长率伴随着长期债券的低利率，但这种联系非常复杂，这里不再详述。货币政策是对货币和利率的管理，是由一国的中央银行负责实施的。美国的中央银行是联邦储备体系（简称美联储）。财政赤字可能会引发金融危机，以及导致货币供给增长率提高、通货膨胀率和利率上升。

为什么学习国际金融?

全球范围内金融市场一体化的程度不断提高。在外汇市场上，一国的货币可以兑换为另一国的货币。汇率就是用其他国家货币表示的一国货币的价格。

货币、银行和金融市场与你的事业

学习货币、银行和金融机构也会有助于你的事业发展，因为在你的一生中，无论是作为雇员还是企业主，运用在本门课中学到的批判性思维来提升表现的机会肯定非常多。比如，熟悉货币政策能帮你预测利率会升还是会降，有助于你决定是现在借钱更好还是等过段时间再说。了解银行和其他金融机构是如何管理的，在你需要向它们借钱或者决定把钱拿给它们用的时候，可能帮你取得更有利的交易条件。掌握金融市场运转方面的知识，能让你为自己或是你服务的公司做出更好的投资决策。

我们将如何学习货币、银行与金融市场?

本教材（即米什金《货币金融学》）通过构建研究货币、银行与金融市场的统一框架，强调经济学的思维方式。本教材强调了以下几个基本概念：

- 资产需求分析的简化方法；
- 均衡的概念；
- 用基本供求分析来解释金融市场行为；
- 追求利润；
- 基于交易成本和不对称信息的金融结构分析方法；
- 总供求分析。

本教材关注的是工具，而非简单的事实，因而你的知识不会过时。在这一分析框架中，通常假定其他变量不变，集中考察某一变量的变动。

重要提示

1. 做好运用供给-需求模型的准备。同大部分经济学教材一样，本教材运用供给-需求模型来说明市场的运行机理。如果你已经忘记了供给-需求分析的一些基础知识，你最好认真学习一下经济学原理的入门级教材中有关供给和需求的章节，以增强对这一模型的理解。

2. 本教材在提及金融市场的供给和需求时，总是认为市场的一方不是资金的借款人就是贷款人。例如，在债券市场上，债券的供给者就是借款人，而债券的需求者则是贷款人。在你从供求分析的角度解决了所面对的问题后，你可以自问，如果将供给者和需求者替换为借款人和贷款人，结论是否还能成立。

3. 总收入和总产出是相等的，这是因为对最终产品和服务的购买（产出）与为创造这些产出对所需要的生产要素的支付（收入）在价值上是相等的。

4. “经济周期”的术语会造成一个误解，即产出的运动是平滑的，并且可以被预测到。在现实中，经济周期是不规则的、无法预测的，时间跨度也是变幻不定的。因此，经济周期有时也被称为“经济波动”，这个表述充分反映了它无法被预测的特征。

术语和定义

为每个术语找到其对应的定义。

关键术语：	定义：
________总产出	1. 货币兑换的场所。
________物价总水平	2. 承诺在一个特定的时间段中进行定期支付的债务证券。
________债券	3. 经济总产出的上升和下降运动。
________预算赤字	4. 对借款人未来收入的索取权，是由借款人出售给贷款人的。
________经济周期	5. 对货币供给和利率的管理。
________联邦储备体系（美联储）	6. 从资金盈余者手中吸收资金，并向其他人提供贷款的机构。
________金融中介机构	7. 未就业的劳动力的比率。
________金融市场	8. 经济体所生产的所有最终产品和服务。
________外汇市场	9. 美国负责货币政策实施的中央银行。
________汇率	10. 政府支出超过税收收入的差额。
________通货膨胀	11. 物价水平持续上涨的现象。
________通货膨胀率	12. 代表对公司净收益和资产的索取权的证券。
________利率	13. 物价水平的变动率。
________货币政策	14. 在这个市场中，资金从那些拥有闲置货币的人手中转移到资金短缺的人手中。

________货币（货币供给）
________证券
________股票
________失业率

15. 经济社会中产品和服务的平均价格。
16. 在产品或服务支付以及债务偿还中被广泛接受的东西。
17. 借款的成本或为借入资金支付的价格，以年百分比的形式表示。
18. 用其他国家货币表示的一国货币的价格。

思考题和简答题

实践应用题

1. 假定你是一家大公司的首席财务官。在以下几种情况下，你的公司会利用哪个金融市场：债券市场、股票市场还是外汇市场？请做出解释。
   a. 你的公司有 1 亿美元，计划用于在德国设立一个工厂。
   b. 你的公司希望借入 1 亿美元，用于在美国开设工厂。
   c. 你的公司希望通过卖出本公司的一些股份来筹措 1 亿美元，用来开设工厂。也就是说，你的公司希望吸收新的合伙人。

2. 假定你是美国中央银行的行长。
   a. 你所领导的机构的名称是什么？
   b. 假定美国通货膨胀率很高。货币供给量的增长一般来说是快还是慢？请做出解释。
   c. 如果你希望降低通货膨胀率，你会怎么调整货币供给量的增长率？请做出解释。
   d. 你用来治理通货膨胀的货币政策会如何影响总产出和失业率？

简答题

1. 假定福特汽车公司从国外进口的钢材很少，但却大量出口汽车。那么福特汽车公司是希望外汇市场上的美元坚挺还是疲软？请做出解释。
2. 如果你想在大学毕业后的那个夏天去欧洲旅行，你是希望外汇市场上的美元坚挺还是疲软？请做出解释。
3. 下列哪个市场可以决定利率：债券市场、股票市场还是外汇市场？
4. 观察教材第 1 章里描述最近 48 年美元汇率的图表。你认为哪一年是出口商向海外销售商品最困难的一年？为什么？
5. 什么是金融中介机构？银行为什么属于金融中介机构？你认为保险公司是否也属于金融中介机构？
6. 除了商业银行以外，还有哪些机构也属于银行？
7. 假定现在进入了经济衰退期。在衰退之前，货币增长率会发生怎样的变化？总产出可能会向什么方向移动？失业率、通货膨胀率和长期债券利率又会向什么方向变动？
8. 货币政策管理的是哪两个货币变量？在美国，什么机构负责实施货币政策？

评判性思维

你和室友正在收看有关企业新闻报道的电视节目。新闻主播提到，美联储为了降低未来出现通货膨胀的风险，正在提高利率和降低货币供给增长率。你的室友认为："我们下个学期应当多上几门课程，早点毕业，因为降低货币供给增长率会带来经济衰退，如果我们拖太长时间，就很难找到工作了。"

1. 降低货币供给增长率会带来经济衰退吗？请做出解释。

2. 如果出现经济衰退，就会加大毕业生就业的难度吗？请做出解释。

3. 如果美联储降低货币供给增长率，会对通货膨胀率产生什么影响？请做出解释。

自我测试

判断对错题

1. 股票价格的变化不会影响消费者的消费意愿。（　　）
2. 对美国人而言，美元相对于外国货币的价值上升（即美元坚挺）意味着外国商品变得更加便宜，但对外国人而言，美国商品则变得更加昂贵。（　　）
3. 保险公司从存款人那里借款，再贷放给其他人，因而属于金融中介机构。（　　）
4. 金融中介机构是从储蓄者那里借款，再贷放给其他人的机构。（　　）
5. 在美国，银行是最大的金融中介机构。（　　）
6. 由于不同利率的运动有统一的趋势，经济学家通常将其统称为"利率"。（　　）
7. 在美国，从 20 世纪初开始，每次经济衰退之前都会出现货币供给增长率上升的现象。（　　）
8. 经济衰退是国内生产总值的突然扩张。（　　）
9. 货币供给增长率的上升与通货膨胀率的上升联系在一起。（　　）
10. 货币政策是对财政盈余和赤字的管理。（　　）

选择题

1. 外汇市场是（　　）。
   a. 决定利率的场所
   b. 用其他国家货币表示的一国货币的价格决定的场所
   c. 决定通货膨胀率的场所
   d. 出售债券的场所
2. 与美国长期政府债券的利率相比，3 个月期国库券的利率波动（　　），平均利率（　　）。
   a. 更高；更低
   b. 更低；更低
   c. 更高；更高
   d. 更低；更高
3. 以下哪种属于债务证券，即承诺在一个特定的时间段中进行定期支付？（　　）
   a. 债券

b. 股票
c. 支票
d. 外汇

4. 如果股票市场价格迅速上升，可能会出现以下哪种情况？（　　）
a. 消费者愿意购买更多的产品和服务
b. 公司会增加购置新设备的投资支出
c. 公司会通过发行股票筹资来满足投资支出的需要
d. 上述所有选项

5. 如果外汇市场上的美元变得十分疲软（即美元相对于外币的价值下跌），下列哪种表述是正确的？（　　）
a. 用美元衡量的欧洲旅行费用会变得便宜
b. 福特汽车公司会向墨西哥出口更多的汽车
c. 在美国购买德国产的宝马汽车的成本会减少
d. 美国居民会从国外进口更多的产品和服务

6. 如果一家公司发行股票，这意味着它（　　）。
a. 在向公众借款
b. 引入了新的合伙人，这个合伙人会拥有公司一部分资产和收益
c. 买入了外国货币
d. 承诺在一个特定的时间段中对证券持有人进行定期支付

7. 下列哪种是金融中介机构的案例？（　　）
a. 储户在信用社存款，信用社向成员发放新车贷款
b. 一个退休的人购买了 IBM 公司所发行的债券
c. 一个大学生购买了 IBM 公司所发行的普通股
d. 上述都是金融中介机构的案例

8. 在美国，下列哪种是最大的金融中介机构？（　　）
a. 保险公司
b. 财务公司
c. 银行
d. 共同基金

9. “银行”不包括以下哪种机构？（　　）
a. 商业银行
b. 信用社
c. 储蓄与贷款协会
d. 财务公司

10. 美国的经济周期波动证据表明（　　）。
a. 货币增长与经济总量变动之间存在负相关关系
b. 经济衰退之前债券价格通常会下跌
c. 经济衰退之前美元通常会贬值
d. 经济衰退之前，货币增长率通常会下降

11. 如果加拿大的通货膨胀率高于美国，那么可能会出现下述哪种情况？（　　）
a. 加拿大的总产出高于美国
b. 加拿大的货币供给增速高于美国
c. 美国的财政赤字更高
d. 美国的利率更高
e. 上述所有选项

12. 货币政策管理的是（　　）。
a. 预算盈余和赤字
b. 政府支出和税收
c. 货币供给和利率
d. 失业率和总产出

13. 财政政策是关于什么的决策？（　　）
a. 货币供给和利率
b. 失业率和通货膨胀率
c. 政府支出和税收
d. 中央银行和联邦储备体系

14. 货币供给的低增速最可能与下列哪种情况联系在一起？(　　)
    a. 高通货膨胀率和长期债券的高利率
    b. 高通货膨胀率和长期债券的低利率
    c. 低通货膨胀率和长期债券的高利率
    d. 低通货膨胀率和长期债券的低利率

15. 货币供给增长率的上升很可能会引起(　　)。
    a. 经济周期的低点
    b. 经济衰退
    c. 通货膨胀率下降
    d. 通货膨胀率上升

第2章 金融体系概览

本章回顾

预 习

金融市场（债券市场和股票市场）与金融中介机构（比如银行、保险公司和养老基金）将资金从贷款人-储蓄者手中转移到借款人-支出者手中。

金融市场的功能

金融市场将资金从储蓄者那里融通到支出超过收入的经济主体那里。资金的这种转移可以通过直接融资实现，即借款人通过向贷款人出售证券，直接从贷款人手中借入资金。证券也被称为金融工具。证券可以从那些不拥有生产性投资机会的人那里获取资金，并将资金提供给拥有生产性投资机会的人，从而可以引导资本（可以用来创造财富的财富）的合理配置，因而有助于改善经济社会的效率。它还可以帮助消费者更合理地安排购买时机。

金融市场的结构

金融市场可以被分为债务市场与权益市场、一级市场和二级市场、交易所和场外市场、货币市场和资本市场。在债务市场上，借款人发行债务工具，承诺在到期日之前支付利息和本金。在权益市场上，公司发行权益工具，比如普通股，即对公司净收益和资产的索取权。股票所有者还可以得到股利。一级市场是销售新发行证券的金融市场，通常由投资银行来承销证券。二级市场是交易已经发行的证券的金融市场。二级市场可以是交易所（买卖双方集中在一个区域内进行交易），也可以是场外市场（分处不同地点的拥有证券存货的交易商随时准备着跟找上门来并愿意接受报价的任何人在“柜台”上买卖证券）。货币市场是交易短期债务工具（初始期限通常为1年以下）的金融市场，资本市场是交易长期债务工具（初始期限通常为1年或1年以上）与权益工具的金融市场。

金融市场工具

主要的货币市场工具有美国国库券、可转让银行存单、商业票据、证券回购协议与联邦基金。美国国库券由于交易十分活跃，因而是流动性最好的工具，并且几乎不存在违约风险。联邦基金是银行之间的贷款，通常是隔夜的。联邦基金市场上的利率，即联邦基金利率，代表了货币政策的取向，因而十分重要。主要的资本市场工具有股票、抵押贷款、公司债券、美国政府证券、美国政府机构证券、州和地方政府债券（市政债券），以及消费者贷款和银行商业贷款。在公司融资市场上，股票未偿余额的价值高于公司债券，但每年新发行的公司债券数量远远超过新发行的股票数量。市政债券的利息可以免缴联邦所得税。

金融市场的国际化

外国债券是指在国外发行并以发行国货币计价的债券。欧洲债券是一种在外国市场上发行，但并非以发行国货币计价的债券。欧洲美元是存放在美国以外的外国银行或是美国银行的国外分支机构的美元。欧洲美元是美国银行的一个十分重要的资金来源。国外股票市场的重要性也在日益提高。

金融中介机构的功能：间接融资

资金在贷款人和借款人之间的运动可以通过第二条路线即间接融资进行，即在贷款人与借款人之间有一个金融中介机构。金融中介机构从一部分人手中借入资金，之后再将这些资金贷放给其他人，这个过程被称为金融媒介。金融中介机构可以节约交易成本，实现风险分担，解决由逆向选择和道德风险引发的问题。

• 银行能够大大降低借贷活动中的交易成本，是因为银行可以通过起草贷款合约，实现规模经济效应。金融中介机构的交易成本较低，使它们得以向其客户提供流动性服务。

• 风险分担使得金融中介机构能够销售风险较低的资产，购买风险较高的资产，这个过程被称为资产转换。风险分担还可以帮助个人实现资产的多样化。

• 相对于贷款人而言，借款人对于贷款的可偿付性了解得更为清晰，因此金融交易中存在着信息不对称问题。在交易之前，那些最可能不偿付贷款的人，就是那些最积极寻求贷款的人，因此会存在逆向选择。在交易之后，如果借款人从事了不道德的活动，增大了贷款无法清偿的概率，就会出现道德风险。金融中介机构可以甄别出风险较高的借款人，从而缓解逆向选择问题。此外，它们还可以监督借款人的活动，进而降低道德风险。

金融中介机构的类型

主要的金融中介机构包括：

• 存款机构：商业银行，储蓄与贷款协会，互助储蓄银行，以及信用社。

• 契约型储蓄机构：人寿保险公司，火灾和意外伤害保险公司，养老基金和政府退休基金。

• 投资中介：财务公司，共同基金，货币市场共同基金，对冲基金，以及投资银行。

对金融体系的监管

政府对金融体系的监管主要出于两个原因：帮助投资者获取更多的信息以及确保金融体系的健全性。为了避免信息不对称问题，美国证券交易委员会要求企业在发行证券时，必须向公众公布有关它们的销售、资产和收益的状况，并对内部人交易做出了限制。为了避免可能导致金融机构大范围倒闭的金融恐慌，政府会对金融中介行业做出准入限制，对金融机构设置报告制度的约束，限制银行的活动（银行不能从事证券业务的限制已于1999年被废除），限制金融中介机构可以持有的资产（银行不得持有普通股）。政府还设立了存款保险制度。过去政府会通过限制设立分支机构（1994年被废除）或者设定支票存款和储蓄存款利率上限（即《Q条例》，1986年被废除）来抑制竞争。

重要提示

1. 公司债券等金融工具是发行企业的负债，是购买者的资产。因此，如果有人问你："公司债券是资产还是负债?"你的回应应当是："对谁而言?"也就是说，同样的一个工具，在发行人和购买者的资产负债表上会处于不同的位置。

2. 证券在二级市场上交易时，企业不会得到任何资金。但对发行企业而言，二级市场依然十分重要，原因是可以增强证券的流动性，从而提升这一证券的吸引力并抬高其价格。此外，如果发行企业继续发行证券，二级市场可以决定发行企业在一级市场上可获取的价格。

3. 贷款交易之前和之后都会出现信息不对称问题。贷款发放之前会出现逆向选择问题，因为风险最高的借款人最有动力获取贷款。贷款发放之后，如果借款人将借来的资金用于风险度高于贷款合约规定的活动，就会出现道德风险问题。为避免上述问题，银行需要对借款人进行甄别和监督。

术语和定义

为每个术语找到其对应的定义。

关键术语：	定义：
________逆向选择	1. 仅供短期债务工具交易的市场。
________信息不对称	2. 分处不同地点的拥有证券存货的交易商随时与同其联系并愿意接受其报价的人买卖证券的二级市场。
________资本市场	3. 随着交易规模的扩大，平摊在每一美元交易上的成本在降低。
________多样化	4. 交易一方对另一方缺乏充分的了解。
________规模经济	5. 存放在美国以外的外国银行或是美国银行的国外分支机构的美元。

________股权	6. 确保公司证券能够按照某一价格销售出去，之后再向公众推销这些证券。
________欧洲美元	7. 交易之前信息不对称所导致的问题，即在一方眼中，另一方中那些最可能造成不利后果的人往往是那些最可能获取贷款的人。
________交易所	8. 投资于收益变动方向不一致的资产组合，从而将总体风险降低到单个资产的风险之下。
________联邦基金利率	9. 长期债务工具和权益工具交易的金融市场。
________金融媒介	10. 金融中介机构连接贷款人-储蓄者与借款人-支出者的间接融资过程。
________投资银行	11. 交易一方所从事的活动是另一方所不希望的。
________货币市场	12. 证券的买卖双方集中在一个区域内进行交易的二级市场。
________道德风险	13. 承诺持有者按份额享有公司的净收益和资产，例如普通股。
________场外市场	14. 在金融资产、产品和服务交易过程中所耗用的时间和金钱。
________一级市场	15. 将新发行的证券销售给最初购买者的金融市场。
________二级市场	16. 一级市场上协助证券首次出售的公司。
________交易成本	17. 交易已经发行的证券的金融市场。
________承销	18. 银行间隔夜贷款的利率。

思考题和简答题

实践应用题

1. 判断下列金融交易所反映的是直接融资还是间接融资。
   a. 你在富国银行存入 1 万美元，玛丽·史密斯从富国银行借了 1 万美元用来购车。
   b. 你通过美林公司的证券经纪人买入了 IBM 公司的股票。
   c. 你支付了人寿保险的保费，你的人寿保险公司向某个购房人发放了抵押贷款。
   d. 你购买了忠诚共同基金的份额，忠诚共同基金则购入了通用汽车公司的股票。
   e. 你委托派杰投资银行的经纪人买入了通用电气公司的债券。
   f. 你从父母那里借了 1 万美元来支付大学学费。
   g. 你在场外市场上购买了美国政府债券。
   h. 你每月向退休基金账户存入 1 000 美元。这家养老基金公司买入了培生集团的艾迪生-韦斯利出版公司的股票。

2. 判断下列金融交易涉及的是债务市场还是权益市场，一级市场还是二级市场，交易所还是场外市场，货币市场还是资本市场。
   a. 你通过摩根士丹利的经纪人购入了6个月后到期的美国国库券。
   b. 你通过UBS的经纪人购入了微软公司的股票。
   c. 爱德华·琼斯公司的投资银行部承销了微软公司新发行的股票。
   d. 你从当地的交易商那里购买了惠普公司的债券，该债券将在20年后到期。
   e. 你通过贴现经纪商嘉信理财（Charles Schwab）购买了福特汽车公司的股票。

3. 从下列各项中，找到每种金融中介机构主要的负债（资金来源）和资产（资金运用），并填入下表中。
   a. 商业票据、股票、债券。
   b. 雇主与雇员的缴款。
   c. 保单保费。
   d. 份额。
   e. 存款。
   f. 抵押贷款。
   g. 公司债券与抵押贷款。
   h. 股票、债券。
   i. 工商业贷款、消费者贷款、抵押贷款、美国政府证券、市政债券。
   j. 公司债券与股票。
   k. 消费者贷款。
   l. 消费者贷款与工商业贷款。

	主要负债（资金来源）	主要资产（资金运用）
商业银行	____	____
储蓄与贷款协会	____	____
信用社	____	____
人寿保险公司	____	____
养老基金、政府退休基金	____	____
财务公司	____	____
共同基金	____	____

4. 下列问题可以说明金融中介机构的稳健性。
   a. 什么是金融恐慌？
   b. 政府为了确保金融中介机构的稳健性，会采取哪六种类型的监管？请做出解释。
   c. 哪些监管被削弱或者废除了？请做出解释。

简答题

1. 解释直接融资和间接融资的区别。
2. 解释债务证券和权益证券、一级市场和二级市场、交易所和场外市场、货币市场和资本市场的区别。
3. 哪种货币市场工具流动性最强？为什么？哪种资本市场工具未清偿余额最高？就某一特定年份而言，企业筹措资金使用最多的是哪种资本市场工具？
4. 在其他条件相同的情况下，以下哪种金融工具的风险最低：短期债券、长期债券还是权益工具？为什么？
5. 外国债券和欧洲债券有什么区别？欧洲债券和作为欧洲货币的欧元有什么联系？
6. 假定约翰从信用社申请到了汽车贷款，他没有用这笔钱来购车，而是用来赌博。这笔贷款出现了哪种信息不对称问题：逆向选择还是道德风险？请做出解释。
7. 金融中介机构为什么能够实现资金在贷

款人和借款人之间的有效转移？请列举三个理由。

8. 存款机构主要分为哪几种？它们主要的资金来源（负债）是什么？哪种存款机构的资产规模最大？

9. 哪种类型的投资中介出售份额并买入货币市场工具？这类基金最突出的特征是什么？

10. 哪些机构由联邦存款保险公司负责监管？这种监管的特征是什么？

评判性思维

你的祖母辞世后给你留下了 1 万美元的遗产。收到支票后，你最好的朋友陪同你去银行存钱。到达银行后，你的朋友注意到银行储蓄存款的利率是 3%，而汽车贷款的利率是 9%。你的朋友向你提出建议："你可以站在汽车贷款办公室门前，让汽车贷款客户直接从你这里贷款。去掉中间环节后，你收取的贷款利率可以高于存款利率 3 个百分点。"

1. 请说明一下为什么你发放这样的贷款可能会无利可图。

2. 为什么银行发放这样的贷款更有可能会获利？

自我测试

判断对错题

1. 金融市场可以将资金从那些没有投资机会的人手中转移到具有生产性用途的人手中，因而可以改善经济效率。（　　）

2. 某人通过美林公司的债券交易商买入了通用汽车公司的债券，是间接融资的一个案例。（　　）

3. 证券是购买者的负债，是发行人或者发行企业的资产。（　　）

4. 一级市场是新发行证券销售的场所，二级市场是之前发行的证券再出售的场所。（　　）

5. 债券和股票都是可以进行短期融资的金融工具。（　　）

6. 对储蓄者而言，股票的风险比债券小，原因是股票持有者是剩余索取者。（　　）

7. 资本市场证券通常比货币市场证券交易更广泛，因此具有更高的流动性。（　　）

8. 欧洲美元是美国之外的外国银行或者美国银行的国外分支机构的美元存款。（　　）

9. 因为金融中介机构在发放贷款时可以发挥规模经济效应和节约交易成本，所以将资金存入金融中介机构是颇具效率的。（　　）

10. 最不可能归还贷款的风险个体从贷款中获益最多，因而是最为积极谋求贷款的，这就是道德风险。（　　）

11. 金融市场之所以存在信息不对称问题，是因为与贷款人相比，借款人对贷款偿付概率的了解更为清晰。（　　）

12. 通过公司债券市场流入公司的资金要大于通过金融中介机构。（　　）

13. 在美国，如果以资产规模来衡量，人寿

保险公司是最大的金融中介机构。（ ）

14. 共同基金出售份额，并利用所获取的资金买入多样化的股票和债券的组合。（ ）

15. 为了增加投资者所获取的信息，确保金融体系的稳健性，政府对金融体系施以严格的监管。（ ）

选择题

1. 下述哪种情况属于直接融资？（ ）
   a. 你向富兰克林人寿保险公司支付人寿保险的保费，该公司向购房人发放抵押贷款
   b. 你通过史密斯·巴尼公司的经纪人买入通用电气公司的债券
   c. 你在第一国民银行存入 10 万美元，该银行向哈德瓦公司发放 10 万美元的贷款
   d. 上述情况都不属于直接融资
2. 下述哪种关于直接融资的表述是正确的？（ ）
   a. 借款人直接向贷款人销售证券，就属于直接融资
   b. 直接融资要求使用金融中介机构
   c. 在美国，通过直接融资所融通的资金规模大于间接融资
   d. 证券是发行企业的资产，是购买人的负债
3. 下述哪种关于一级市场和二级市场的表述是正确的？（ ）
   a. 一级市场是股票交易的市场，二级市场是债券交易的市场
   b. 一级市场是长期证券交易的市场，二级市场是短期证券交易的市场
   c. 一级市场是新发行证券交易的市场，二级市场是之前发行的证券交易的市场
   d. 一级市场是交易所，二级市场是场外市场
4. 投资银行在哪个市场上帮助交易达成？（ ）
   a. 场外市场
   b. 交易所
   c. 二级市场
   d. 一级市场
5. 下面哪项属于货币市场工具？（ ）
   a. 抵押贷款
   b. IBM 公司的股票
   c. 20 年后到期的约翰迪尔公司的债券
   d. 6 个月后到期的美国国库券
6. 对购买者而言，下列哪项的风险最小？（ ）
   a. 30 年期的抵押贷款
   b. IBM 公司的股票
   c. 短期债券
   d. 长期债券
7. 下面有关债务市场和权益市场的表述，哪个是正确的？（ ）
   a. 股权持有人是剩余索取者
   b. 债券持有人可以获得股利
   c. 权益证券是短期的
   d. 债券是发行机构的资产
8. 在德国销售的以美元计价的债券被称为（ ）。
   a. 外国债券
   b. 欧洲债券
   c. 欧洲美元
   d. 外汇

9. 金融中介机构（　　）。
   a. 可以降低贷款人-储蓄者与借款人-支出者的交易成本
   b. 对贷款人-储蓄者而言，可以实现风险分担
   c. 可以解决由信息不对称引起的一部分问题
   d. 上述选项都正确
10. 下述哪种情况属于间接融资？（　　）
   a. 贷款给邻居
   b. 一家公司在一级市场上购买另一家公司发行的普通股
   c. 从美国财政部购买美国国债
   d. 在商业银行存款
11. 就某一特定年份而言，企业通过哪种工具筹措的资金最多？（　　）
   a. 公司股票
   b. 商业票据
   c. 公司债券
   d. 回购协议
12. 在发放贷款之前，银行对潜在的贷款客户进行甄别，目的是要避免（　　）。
   a. 风险分担
   b. 逆向选择
   c. 道德风险
   d. 资产转换
13. 尼克·史密斯刚刚得到了 5 000 美元的汽车贷款。他收到贷款后，没有去买车，而是准备将这笔钱作为去隔壁赌场赌博的赌资。这个案例属于（　　）。
   a. 多样化
   b. 资产转换
   c. 逆向选择
   d. 道德风险
14. 下述哪种情况属于规模经济？（　　）
   a. 投资多元化的资产组合
   b. 为储户提供各种储蓄凭证
   c. 雇用更多的员工提高服务质量
   d. 将编写标准化合同的成本分摊到每一位借款人身上
15. 对于投资项目的潜在回报率和风险，贷款人显然不如借款人了解得清楚，这所导致的问题是（　　）。
   a. 金融中介化
   b. 交易成本
   c. 资产转换
   d. 信息不对称
16. 下列哪项属于存款机构？（　　）
   a. 养老基金公司
   b. 人寿保险公司
   c. 信用社
   d. 财务公司
17. 下列哪种机构的主要资产是抵押贷款？（　　）
   a. 银行
   b. 储蓄与贷款协会
   c. 货币市场共同基金
   d. 信用社
18. 共同基金（　　）。
   a. 收取存款，发放抵押贷款
   b. 是通过某种共同联系被组织起来的，通常是雇佣关系
   c. 用卖出份额的资金来购买由股票和债券组成的多样化的组合
   d. 收取保单保费，买入公司债券和股票
19. 下面哪种监管机构对银行的每位储户 25 万美元以下的存款提供保险，从而保护储户免受银行倒闭所带来的风险？（　　）
   a. 证券交易委员会
   b. 联邦储备体系
   c. 通货监理署
   d. 联邦存款保险公司

2

20. 1986 年以前，《Q 条例》允许联邦储备体系（　　）。
   a. 通过设置银行储蓄存款的利率上限来限制银行之间的竞争
   b. 通过限制跨州设立分支机构来限制银行之间的竞争
   c. 通过增加银行业的准入者来扩大银行之间的竞争
   d. 通过对银行向公众披露信息的报告做出严格要求来增加银行之间的竞争

第 3 章　货币是什么？

本章回顾

预　习

货币可以提高经济体的效率，因而总是非常重要。这里，我们将探究货币的功能，追溯货币形式的演变历史，目的就是要对货币做出准确的定义。

货币的含义

货币是在产品和服务支付以及债务偿还中被普遍接受的东西。货币的定义包括通货（纸钞和硬币）和支票账户存款。货币不同于财富和收入。某人的财富不仅包括其拥有的货币，而且包括债券、股票、艺术品、土地和房屋等其他资产。收入是在一个时间单位内的收益流量，而货币是存量概念，是某一特定时点上的一个确定的金额。

货币职能

货币具有三个主要职能：交易媒介、记账单位和价值储藏。

• 交易媒介。货币被用来购买产品和服务。使用交易媒介，可以促进经济效率。原因有二：它可以降低交易成本（产品和服务交易中所耗费的时间），鼓励专业化和劳动分工。在不存在货币的物物交换经济中，产品和服务是直接与其他产品和服务相交换的。由于人们必须实现"需求的双重巧合"，因此，交易成本相当高。

• 记账单位。货币可以作为经济社会中的价值衡量手段。所有商品都以货币单位来标价。货币作为记账单位的功能可以降低交易成本，因而起到了提高经济效率的作用。在物物交换经济中，每种商品都必须用其他所有商品来标价，少量集中商品之间的交易牵涉到大量的价格数字。货币作为记账单位，使得每种商品只有一个价格，从而大大节省了交易成本。

• 价值储藏。货币还可以用来储藏购买力。这样，人们在今天赚到的钱就可以在将来再花费出去。其他资产也可以执行价值储藏的职能，它们所提供的回报率可能要高于货币，但由于货币具有很好的流动性，因而人们还是愿意持有货币。在通货膨胀期间，价格上涨的速度非常快，由于货币的价值在迅速流失，人们就不愿持有货币。

3 支付体系的演变

支付体系是在不断演变的。大部分经济体最初使用的都是商品货币，充当货币的通常是有价值的商品或金银等贵金属。由于金属不便运输，社会中就出现了可以完全兑换成贵金属的纸币。之后通货演变成不兑现纸币，即政府将纸币宣布为法定偿还工具，但不能转化成贵金属。纸币和硬币易于失窃，且不便运输，现代银行业发明出支票。支票是你向你的开户行发出的支付指令，要求银行将货币从你的账户上转移到另一个人的账户上。支票之所以可以提升经济运行的效率，是因为一些支付可以相互抵销，因此不必实际运送通货；支票可以签发任何金额，使得大额交易变得更为简便；支票大大降低了失窃的损失；支票可以开具购物的收据。但运送支票需要时日，因此将支票存入银行后并不能立刻使用这笔资金。现代计算机技术的进步使得我们可以在网上进行电子支付。电子货币是以电子形式存在的货币，它可以是借记卡、储值卡和电子现金（e-cash）。每种货币形式都降低了交易成本，因而与之前的货币形式相比，都提升了经济运行的效率。

货币的计量

任何一种货币计量方法都不可能总是准确的，而且不可能满足所有的目的。因此，联邦储备体系确定了两个货币供给的计量指标，这两个计量指标又被称为货币总量。

- M1＝通货＋旅行支票＋活期存款＋其他支票存款。
- M2＝M1＋小额定期存款＋储蓄存款和货币市场存款账户＋货币市场共同基金份额（零售）。

M1 所包括的资产都具有很强的流动性，M2 增加了一些流动性不及 M1 的资产。这两个货币供给计量指标的走势并不总是一致，因而政策制定者是否能够正确选择货币计量指标，对于货币政策的实施具有十分重要的意义。

重要提示

1. 货币所具有的一个职能是记账单位。就这个职能而言，货币反映了所有商品的相对价值。也就是说，如果所有价格都是以货币形式表示的，那么货币就是所有商品共同的分母。如果一个苹果的价格是 25 美分，一个橘子的价格是 50 美分，我们就可以得出结论：两个苹果可以换取一个橘子。商品之间的相对价格就建立起来了。

2. M1 货币总量包括活期存款和其他支票存款。需要注意的是，这并不意味着支票就是货币供给的一部分，而是支票账户的余额才是货币。一本尚未启用的有 25 张支票的支票簿，如果账户中没有余额，那么它是没有任何价值的。

3. 从 M1 到 M2，增加了一些流动性稍逊的资产。M1 只包括那些流动性非常强的资产，因而 M1 不必转换即可用来购买产品和服务。M2 所包括的其他资产也有很好的流动性，但需要支付一些费用或略费精力才可转换为现金。

术语和定义

为每个术语找到其对应的定义。

关键术语：

________商品货币
________通货
________不兑现纸币
________流动性
________交易媒介
________货币总量
________支付体系
________价值储藏
________记账单位
________财富

定义：

1. 经济社会中进行交易的方式。
2. 经济社会中衡量价值的手段。
3. 由贵金属或其他有价值的商品构成的货币。
4. 政府将纸币宣布为法定偿还工具，而不能转化成硬币或贵金属。
5. 某人所拥有的全部资源，包括各类资产。
6. 纸钞和硬币。
7. 某一资产转化为现金的便利程度和速度。
8. 美联储所使用的两个货币供给的计量指标（M1 和 M2）。
9. 跨越时间段的购买力的储藏。
10. 可用来支付产品和服务的任何东西。

思考题和简答题

实践应用题

1. 下面所述的场景反映了货币的哪个职能：交易媒介、记账单位还是价值储藏？
   a. 苏珊在杂货店用支票买了一箱苏打水。
   b. 布莱斯在支票账户中存入了 3 000 美元，准备在下个月缴纳大学学费。
   c. 为避免混乱，战俘集中营中的犯人将所有可交易的东西都用香烟来计价。
   d. 乔来到超市买肉。在肉品柜台，他注意到每磅鲜鱼的价格是 10 美元，每磅冻鱼的价格是 5 美元。他立刻意识到，用同样的支出所购买到的冻鱼是鲜鱼的两倍。
   e. 丽莎希望自己未来的职业是经济学教授，收到的报酬是美元。因为她相信用这些美元，她可以在市场上买到食品、衣物以及居所。
   f. 战俘集中营中的一名犯人并不抽烟，但他在自己的柜子里存了 100 根香烟。因为他相信下周家里的包裹寄到后，他就可以买到巧克力了。
   g. 为了缴税，珍妮弗的花市计算出商店存货的价值为 4 万美元，这些存货包括各种类型的花卉。
   h. 乔用一张 20 美元的纸币买了 10 加仑

3

的汽油。

2. 假定经济体生产四种商品：苹果，橘子，梨，香蕉。
   a. 如果现在是物物交换经济，列出要将一种商品交换成另外任何一种商品所需要的价格。有多少种价格？
   b. 假定经济体中引入了美元，并且美元可以作为货币流通。要将一种商品交换成另外任何一种商品的价格有哪些？总共有多少种价格？
   c. 物物交换经济和引入货币的经济，哪种经济体的交易成本较低？随着经济的扩张，交易成本是会增加还是会减少？请做出解释。
3. 下面所述场景使用的是哪种支付形式：商品货币、不兑现纸币、支票、电子支付还是电子货币？
   a. 你在法国用 100 欧元的钞票购买了一瓶酒。
   b. 在雅蒲岛，石轮（stone wheel）可以用来购买任何产品和服务。
   c. 你的抵押贷款月供和人寿保险保费是由银行自动从支票账户中扣除的。
   d. 150 年前，你的祖先用 20 美元金币购买了一件外套。
   e. 你每个月都签发一张支票，委托储蓄与贷款协会从你的可转让支付命令账户中扣款，用来汇给汽车保险公司支付你的保费。
   f. 你在西尔斯商店买了一台新的割草机，是用你的借记卡的支票账户支付的。
   g. 你在便利店里用 10 美元的纸币买了一瓶苏打水。
   h. 你在华盛顿市买了一张 20 美元的地铁旅行票。你没有拿到票，但你得到了一张可重复使用的纸质卡，背后印着磁性旅游图（类似于信用卡的背面）。你每次乘坐地铁时都需要将这张卡插入旋转栅门，你可以持续使用这种 20 美元的票，直到把钱用完。
4. 表明下列资产属于哪个货币总量（M1 和/或 M2）。如果该资产不属于任何一个货币总量，可标注为“无”。
   a. 通货。
   b. 欧洲美元。
   c. 政府债券。
   d. 活期存款。
   e. 储蓄存款。
   f. 大额定期存款。
   g. 支票存款。
   h. 股票。
   i. 货币市场存款账户。
   j. 小额定期存款。

简答题

1. 什么是收入？什么是财富？某人收入很高或者财富很多一定意味着他的钱很多吗？请做出解释。
2. 什么是物物交换经济？什么是交易成本？物物交换经济的交易成本很高，有哪两个原因？
3. 某商品若要执行货币的职能，必须具备什么特征？
4. 房产、债券等许多其他资产都可以用做价值储藏手段，并且回报率很高，为什么人们一定要持有货币？
5. 将支票作为支付手段有什么好处？这样

做又有什么缺点呢？

6. M1 包括什么资产？它们与 M2 中的资产有什么区别？

7. M1 和 M2，哪个是最大的货币总量？为什么？

8. 政策制定者在做出货币政策决策时，运用哪种货币定义来计量货币是否非常重要？为什么？

评判性思维

你和你最好的朋友一起来到银行。你的朋友想把付薪支票兑换成现金。她取了 500 美元现金后突然蹙额说道："货币现在都变成纸了，我要去美国财政部，要求它把这些纸给我兑换成黄金。这样我就有真正的货币了。"

1. 解释你的朋友所收到的是什么类型的货币。

2. 这种类型的货币有什么好处和坏处？

3. 你的朋友想要得到什么类型的货币？请做出解释。美国财政部会将她的这些纸币兑换成黄金吗？为什么？

4. 在高科技时代，货币是否已经超越了纸张的形式？请做出解释。

自我测试

判断对错题

1. 货币是在产品和服务支付以及债务偿还中被普遍接受的东西。（　　）

2. 如果某人收入很高，这就意味着他可以赚很多钱。因此，货币和收入是等同的。（　　）

3. 在货币的三个职能中，交易媒介是使货币区别于其他所有资产的主要职能。（　　）

4. 随着支付体系从物物交换发展为货币体系，商品货币很可能先于纸币的使用。（　　）

5. 物物交换经济的效率很低，因为每种商品的价值都要用其他所有商品来表示，需要有大量的价格数目。（　　）

6. 货币是经济体中流动性最强的价值储藏手段。（　　）

7. 在通货膨胀时期，货币是最好的价值储藏手段。（　　）

8. 不兑现纸币演进为商品货币，因为商品货币不易失窃，且易于运输。（　　）

9. 不兑现纸币是政府担保可以兑换成相应数量贵金属的纸币。（　　）

10. 支票处理和运送的成本是推动支票发展到电子支付的因素。（　　）

11. 储蓄存款是包括在货币总量 M1 中的。（　　）

12. M1 只包括具有充分流动性的资产。（　　）

13. 政策制定者既可以使用 M1 也可以使用 M2 作为货币政策的导向，效果是一样的。原因是这些货币总量的运动趋势总是一致。（　　）

选择题

3

1. 下面哪个可以被计量为单位时间段内的流量？（　　）
   a. 货币
   b. 财富
   c. 收入
   d. 上述选项都正确
2. 下列哪种经济体中，支付体系的效率最低？（　　）
   a. 使用黄金作为商品货币的经济体
   b. 物物交换经济
   c. 使用不兑现纸币的经济体
   d. 使用通货和存款货币的经济体
3. 下列哪种经济体中，产品和服务可以直接交换成另外的产品和服务？（　　）
   a. 使用黄金作为商品货币的经济体
   b. 物物交换经济
   c. 使用不兑现纸币的经济体
   d. 使用通货和存款货币的经济体
4. 下列哪项不是货币的目的或职能？（　　）
   a. 价值储藏
   b. 交易媒介
   c. 避免通货膨胀冲击
   d. 记账单位
5. 与基于货币的支付体系相比，物物交换的缺点是？（　　）
   a. 抑制专业化和分工
   b. 增加了交换货物的成本
   c. 降低了交换货物的价值
   d. 要求满足需求的双重巧合
6. 在物物交换经济中，N 种商品的价格数是？（　　）
   a. $[N(N-1)]/2$
   b. $N(N/2)$
   c. $2N$
   d. $N(N/2)-1$
7. 下面哪个表述不是有效的商品货币的特征？（　　）
   a. 它必须是被普遍接受的
   b. 它必须是标准化的
   c. 它必须可以分割
   d. 经济社会中的任何人都可以很容易地复制它
   e. 上述所有都是有效的商品货币的特征
8. 具有很强流动性的资产（　　）。
   a. 相对而言，能够比较容易和比较迅速地转化为交易媒介
   b. 变现时需要很高的交易成本
   c. 是非常好的价值储藏手段
   d. 可以充当记账单位
   e. 上述选项都正确
9. 下列哪个是商品货币的例子？（　　）
   a. 5 美元钞票
   b. 基于在美国的某银行账户签发的支票
   c. 信用卡
   d. 战俘集中营中的香烟
   e. 上述选项都正确
10. 下列哪个是不兑现纸币的例子？（　　）
    a. 5 美元钞票
    b. 20 美元金币
    c. 原始社会中用做货币的贝壳
    d. 战俘集中营中的香烟
    e. 上述选项都正确
11. 下列哪种支付方式的交易成本最高、效率最低？（　　）
    a. 支票
    b. 商品货币
    c. 不兑现货币
    d. 电子货币

12. 下列哪个不是电子货币的例子？（　　）
    a. 借记卡
    b. 储值卡
    c. 智能卡
    d. 信用卡
13. 下列关于不兑现纸币的表述中，哪个是错误的？（　　）
    a. 不兑现纸币是政府规定作为法定偿还工具的纸币
    b. 与商品货币相比，不兑现纸币易于运输
    c. 不兑现纸币可以兑换成特定数量的黄金等贵金属
    d. 不兑现纸币不易伪造
14. 在价格迅速上升时期，货币不能很好地充当（　　）。
    a. 记账单位
    b. 交易媒介
    c. 流动资产
    d. 价值储藏手段
15. M1 货币总量中不包括下面哪种形式？（　　）
    a. 货币市场存款账户
    b. 通货
    c. 活期存款
    d. 可转让支付命令账户
    e. 旅行支票
16. 支票存款属于下列哪个货币总量？（　　）
    a. 只有 M1
    b. 只有 M2
    c. M1 与 M2
    d. 支票存款不包括在任何一个货币总量中
17. M2 不包括下面哪种形式？（　　）
    a. 通货
    b. 大额定期存款
    c. 小额定期存款
    d. 储蓄存款
18. 下列有关货币总量的表述中，哪个是正确的？（　　）
    a. M1 大于 M2
    b. M1 和 M2 增长率的运动轨迹非常相近
    c. 美联储更关注货币总量的长期运动，而非短期运动
    d. 美联储很少修正它之前对货币总量的预测
19. 下列有关货币总量中资产流动性的表述中，哪个是正确的？（　　）
    a. M1 中资产的流动性要大于 M2
    b. M2 中资产的流动性要大于 M1
    c. 货币总量中的所有资产都可以被看做货币，因而它们的流动性是相等的
    d. 通货是货币总量中唯一具有流动性的资产
20. 下列表述中，哪个不是物物交换经济的特征？（　　）
    a. 在物物交换经济中，要达成交易，需要实现需求的双重巧合
    b. 在物物交换经济中，每种商品都需要用其他所有商品来标价，因而需要大量的价格数目
    c. 在物物交换经济中，人们很难仅在单个领域中实现专业化生产
    d. 在物物交换经济中，一种商品可以直接交换成另外一种商品

3

第4章 利率含义

本章回顾

预　习

本章将说明什么是利率以及利率如何计量。到期收益率是最精确的利率计量指标。到期收益率的概念说明债券价格和利率是负相关的，债券的到期期限越长，利率变动所引起的债券价格波动幅度就越大。利率会影响到人们和企业应当储蓄或借款的数量，因而非常重要。本章所定义的这些概念将重复出现在本书的很多章节中。

利率的计量

现值（或现期贴现值）是在利率 i 给定的情况下，未来支付的现金在今天的价值。基本的现值公式是：

$$PV(1+i)^n=CF \text{ 或 } PV=\frac{CF}{(1+i)^n}$$

其中，PV＝现值，CF＝未来现金流，n＝距离到期的年数。

例如，100美元（现值）的1年期（$n=1$）普通贷款，利率为6%，1年后可产生的现金流为＄100×1.06＝＄106。换句话说，1年后所收到的106美元今天的现值是＄106/1.06＝＄100。

信用市场工具可以分为四种基本类型：普通贷款，固定支付贷款（也称完全分期等额偿还贷款），息票债券，贴现债券（又称零息债券）。普通贷款和贴现债券的借款人都是在期末一次性支付本金和利息。固定支付贷款（例如汽车贷款和抵押贷款）与息票债券要求借款人在到期之前定期向贷款人进行支付。固定支付贷款每次支付相同的金额，其中包括本金和利息。息票债券定期支付利息，到期时进行的最后一次支付中包括债券的面值或本金。

到期收益率是计算利率的最重要和最准确的方式。到期收益率是使债务工具所有未来回报的现值与其价格或今天的价值相等的利率。任何债务工具的价格或今天的价值都等于其未来所有现金流的现值。普通贷款和贴现债券未来只有一次现金流支付，这两种工具的到期收益率都可以用上述现值公式来计算。如果今天的价值和未来现金流量的价值是已知的，就可以用上述公式来计算 i，即到期收益率。在简单的一年的案例中，$i=(CF-PV)/PV$，这也是我们计算单利率的方式。

按照同样的推理过程，我们可以找到固定支付贷款和息票债券的到期收益率的计算方法，但由于它们未来的现金流是定期支付的，我们需要找到让未来每次支付的现金流的现值之和等于该工具今天的价值或价格的利率 i。对于任何固定支付贷款，有：

$$LV=\frac{FP}{1+i}+\frac{FP}{(1+i)^2}+\frac{FP}{(1+i)^3}+\cdots+\frac{FP}{(1+i)^n}$$

其中，LV 为贷款金额；FP 为每年固定偿付金额；n 为距离贷款到期的年限。

对于一笔固定支付贷款而言，贷款金额、每年固定偿付金额与距离贷款到期的年限都是已知的，只有到期收益率是未知的。因此我们可以从这个等式中求解到期收益率 i。由于这一计算比较烦琐，许多财务计算器都提供了特定程序，根据 LV、FP、n 等已知贷款数据信息来确定 i。

对于任何息票债券，有：

$$P=\frac{C}{1+i}+\frac{C}{(1+i)^2}+\frac{C}{(1+i)^3}+\cdots+\frac{C}{(1+i)^n}+\frac{F}{(1+i)^n}$$

其中，P 为息票债券价格；C 为每年息票利息支付；F 为债券面值；n 为距到期日的年数。

息票利息支付、面值、期限与债券价格都是已知的，只有到期收益率 i 未知。所以我们可以从这个等式中求解到期收益率 i。与固定支付贷款一样，这个计算过程比较烦琐，商业软件和财务计算器都内置了求解程序。

对于息票债券，还可以得到下述知识：

- 如果到期收益率等于息票利率（息票利息/面值），债券的价格等于其面值。
- 如果到期收益率高于息票利率，债券价格低于其面值，反之亦然。
- 债券价格与其到期收益率是负相关的。贴现债券也是如此。

统一公债或永续债券是没有到期日的息票债券。对永续债券而言，$P=C/i$，或者$i=C/P$，其中 P 是永续债券的价格，C 是年息票利息，i 是到期收益率。对任何长期息票债券而言，这个公式都可以用来近似计算到期收益率，这个公式计算的是当期收益率。债券期限越长，当期收益率就越近似等于到期收益率。

区分利率和回报率

息票债券持有人实际赚取的回报率包括债券价格波动所带来的资本利得或损失。从时间 t 到时间 $t+1$，持有一种债券的回报率可以表示为：

$$\text{回报率}=\frac{C+P_{t+1}-P_t}{P_t}$$

4

其中，C 为息票利息，P_t 为时间 t 的债券价格，P_{t+1} 为时间 $t+1$ 的债券价格。从这个概念中我们可以得到几个一般性的结论：

• 如果债券的持有期与到期期限一致，其回报率等于到期收益率（一直持有债券至到期日）。

• 对于到期期限长于持有期的债券而言，利率上升会导致债券价格下跌，进而引起投资该债券的资本损失。

• 债券的到期日越远，利率变动引起的债券价格的变动（以及资本利得或损失）就越大，对债券回报率的影响就越大。

• 即使某一债券的到期收益率很高，当利率上升时，如果在到期日之前将债券出售（持有期较短），其回报率也可能变成负数。

长期债券的价格（和回报率）的波动性比短期债券大。利率变动所引起的回报率的波动即为利率风险。

区分实际利率与名义利率

名义利率没有考虑通货膨胀的影响。实际利率经过通货膨胀的调整，因此能够更准确地反映借款的真实成本和贷款的真实回报。费雪方程式反映了必要的调整，即

$$r=i-\pi^e$$

其中，i 为名义利率，r 为实际利率，π^e 为预期通货膨胀率。借款人和贷款人会对实际利率的变动做出反应。实际利率越低，借款人借入资金的动力就越大，贷款人贷出资金的动力就越小。

重要提示

1. 如果我们知道金融工具的价格（今天的价值）与其未来的现金流，就可以利用本章的现值公式解出该工具的到期收益率（利率）。同样，如果利率和未来的现金流已知，我们也可以用本章的现值公式解出该金融工具的价格。现值公式的两种运用方法可以清楚地反映本章所得到的主要结论。当利率上升时，未来现金流的现值就会减小，该金融工具的价格就会下跌。长期债券贴现项较多，开方数较大，所以，期限越长，相同幅度的利率变化所引起的价格变动就越大。因此，如果长期债券持有的期限较短，所产生的资本利得或损失会很大。这说明，短期持有长期债券，回报率的不确定性较大。

2. 到期收益率是持有人将金融工具持有至到期所能获取的回报率。如果持有期短于到期期限，持有人的回报率就会与到期收益率产生差异。如果可比金融工具的到期收益率上升（利率上升），那么债券的价格就会下跌。如果债券持有人在到期之前卖出债券，其回报率就会低于债券最初的到期收益率。

术语和定义

为每个术语找到其对应的定义。

关键术语：	定义：
________息票债券	1. 息票债券在到期时支付给持有人的事先规定的最终金额。
________息票利率	2. 年息票利息除以息票债券的价格，是到期收益率的近似值。
________当期收益率	3. 证券持有人获取的支付与有价证券价值变动的总和占购买价格的比率。
________贴现债券（零息债券）	4. 当利率为 i 时，未来收到的现金流今年的价值。
________面值	5. 使信用市场工具所有未来回报的现值与其今天的价值相等的利率。
________利率风险	6. 购买价格低于其面值，到期时按照面值偿付的信用市场工具。
________名义利率	7. 到期日之前每年向持有人支付定额的利息，到期时再偿还事先规定的最终金额的信用市场工具。
________现期贴现值	8. 根据预期通货膨胀率进行调整的利率，因此能够更准确地反映真实借款成本。
________实际利率	9. 利率变动导致回报率可能发生的波动。
________回报（回报率）	10. 没有考虑通货膨胀因素的利率。
________普通贷款	11. 向借款人提供一定数量的资金，借款人必须在到期日向贷款人归还本金，并支付额外的利息的信用市场工具。
________到期收益率	12. 息票债券每年支付的息票利息占债券面值的百分比。

思考题和简答题

实践应用题

1. 计算下述几种情况下的现值。
   a. 1 年后收到的 1 000 美元，利率是 4%。
   b. 1 年后收到的 1 000 美元，利率是 8%。
   c. 2 年后收到的 1 000 美元，利率是 4%。
   d. 比较 a 和 b 的答案。随着利率的上升，未来现金流的现值会发生什么变化？为什么？
   e. 比较 a 和 c 的答案。随着收入时间的推移，未来现金流的现值会发生什么变化？为什么？
2. 下述问题中，息票债券的面值是 1 000 美元，息票利率是 10%。

4

a. 假定债券还有 1 年到期，你买入该债券的价格是 1 018.52 美元。该债券的到期收益率是多少？该到期收益率是高于还是低于 10%的息票利率？为什么？

b. 到期收益率的计算公式十分复杂。如果债券还有 2 年到期，你买入该债券的价格是 965 美元，请写下计算该债券到期收益率的公式。该公式所得出的到期收益率会高于还是低于 10%的息票利率？为什么？

c. 某债券还有 2 年到期，其利率（到期收益率）为 7%，它的售价是多少？

d. 某债券还有 2 年到期，其利率（到期收益率）为 8%，它的售价是多少？

e. 比较 c 和 d 的答案。如果利率上升，债券的价格会发生什么变化？由此可以推导出的息票债券价格和利率的一般性结论是什么？

f. 某债券还有 1 年到期，其利率为 7%，它的售价是多少？如果利率是 8%，售价是多少？利用 c 和 d 的答案，当利率从 7%上升为 8%时，还有 2 年到期的债券的价格的变动是多少？当利率从 7%上升为 8%时，还有 1 年到期的债券的价格的变动是多少？由此，请推导出关于债券价格对利率变动的敏感性的一般性结论。

3. 假定你买入售价为 1 000 美元、还有 20 年到期的息票债券。每年支付的息票利息为 70 美元。

a. 假定 1 年后，你为支付学费不得不卖出该债券，并且假定利率上升带动债券价格下跌到 950 美元。你在这 1 年中持有该债券所赚取的回报率是多少？

b. 该债券的资本利得或损失是多少？

c. 如果持有期短于到期期限，美国政府债券是否会出现负回报率？请做出解释。

d. 如果你计划在到期之前卖出美国政府债券，该债券是否可以提供确定的回报？请做出解释。

e. 如果持有期短于到期期限，长期债券持有人所遭受的风险的名称是什么？

4. 请计算下述情况下的实际利率。

a. 名义利率为 15%，预期通货膨胀率为 13%。

b. 名义利率为 12%，预期通货膨胀率为 9%。

c. 名义利率为 10%，预期通货膨胀率为 9%。

d. 名义利率为 5%，预期通货膨胀率为 1%。

e. 在上述哪种情况下，你希望自己是贷款人？为什么？

f. 在上述哪种情况下，你希望自己是借款人？为什么？

简答题

1. 如果贷款人发放了 1 笔 1 年期、本金为 500 美元的贷款，所要求的利率是 6%，贷款人在到期时可收到多少？如果贷款人发放了 1 笔 1 年期、本金为 500 美元的贷款，所要求的利息是 40 美元，该贷款的单利率是多少？

2. 固定支付贷款的另外一个名称是什么？它与息票债券有什么相同之处？有何不同？

3. 债券的息票利率是什么？在债券的整个

生命期内，该利率是否会发生变动？如果债券的到期收益率超过其息票利率，那么其价格与面值相比有什么特点？为什么？

4. 什么是统一公债或永续债券？如果年利息为 70 美元，到期收益率为 7%，那么该永续债券的价格是多少？如果到期收益率上升到 14%，其价格是多少？

5. 年利息为 70 美元、售价为 700 美元的永续公债的到期收益率是多少？当期收益率是多少？解释永续公债的到期收益率和当期收益率之间的联系。

6. 如果某债券的当期收益率可以很好地用来估计到期收益率，该债券有何特征？（提示：请参考第 5 题。）为什么？

7. 如果你以 10%的利率将资金贷出，你估计在贷款期间的通货膨胀率为 6%，那么你估计你的购买力会以什么速率增长？这笔贷款的实际利率是多少？

8. 如果国库券和债券的利率（与到期收益率）上升速度是一致的，那么在利率上升期间，你愿意持有 1 年期国库券还是 20 年期国债？为什么？

9. 如果持有人在债券到期之前将债券卖出，其回报率是否能与到期收益率相同？为什么？

10. 假定长期国债没有违约风险。这是否意味着长期国债没有风险？请做出解释。

评判性思维

你的朋友购买纽约州政府彩票中了奖，得到了一张 3 万美元的奖券。拿着这张奖券，可以在未来 3 年中每年得到 1 万美元。第一笔 1 万美元立刻就可以得到，第二笔 1 万美元是在 1 年后得到，第三笔 1 万美元是在 2 年后得到。你的朋友非常兴奋地对你说："我要付房款，所以我现在就想得到所有的钱。既然你已经攒了一些钱，你不如现在就给我 3 万美元，我把这张奖券给你，你可以收取这 3 万美元，这对我们双方都很公平。"

1. 你是否应当用 3 万美元交换彩票的奖券？为什么？

2. 假定利率是 5%，你购买这张奖券的价格应当是多少？

3. 假定利率是 8%，你购买这张奖券的价格应当是多少？

4. 在哪种利率条件下，这张奖券的现值更高？为什么？

自我测试

判断对错题

1. 由于未来现金流的现期贴现值要高于未来得到的现金流，因而大部分人愿意在 1 年后拿到 100 美元，而非现在就拿到这 100 美元。（　　）

2. 在固定支付贷款中，借款人只有在贷款到期时才向贷款人进行支付，这笔支付包括本金和利息。（　　）

3. 债券的息票利率等于息票利息除以债券

的面值。( )

4. 经济学家所说的"利率"就是到期收益率。( )
5. 某债券的面值为 1 000 美元，每年支付 50 美元的息票利息，还有 2 年到期，到期收益率为 7%，那么它的售价应当为 963.84 美元。( )
6. 如果债券的到期收益率高于其息票利率，债券的价格就高于其面值。( )
7. 债券的价格与其到期收益率是负相关的。( )
8. 售价为 9 500 美元的美国国库券，其面值为 1 万美元，1 年后到期，那么其到期收益率应当为 5%。( )
9. 如果名义利率为 7%，预期通货膨胀率为 2%，实际利率应为 9%。( )
10. 与长期债券相比，当期收益率能够很好地预测短期债券的到期收益率。( )
11. 永续债券的当期收益率和到期收益率是相等的。( )
12. 如果债券持有人用 1 000 美元购买 20 年期、年息票利息为 40 美元的债券，持有该债券 1 年后将其卖出，售价为 1 050 美元，则债券持有人该年的回报率为 9%。( )
13. 债券到期时间越长，利率上升带来的回报率就越高。( )
14. 如果长期债券和短期债券的利率下降同等幅度，那么持有人更愿意持有短期债券。( )
15. 与名义利率为 6%、预期通货膨胀率为 2%的情况相比，借款人更愿意在名义利率为 15%、预期通货膨胀率为 13%的情况下借款。( )

选择题

1. 最精确的利率计量指标是( )。
   a. 息票利率
   b. 到期收益率
   c. 当期收益率
   d. 现期贴现值
2. 如果利率为 5%，5 年后收到的 1 000 美元的现值是( )美元。
   a. 783.53
   b. 866.66
   c. 952.38
   d. 1 000
   e. 1 050
3. 100 美元的普通贷款，1 年后需要偿还 106.5 美元，该笔贷款的单利率是( )。
   a. 65%
   b. 5.0%
   c. 6.1%
   d. 6.5%
   e. 上述选项都不正确
4. 假设你遭遇了一起交通事故，今后 3 年每年会得到 5 000 美元的保险赔付。第一次得到赔付是现在，第二次是在 1 年后，第三次是在 2 年后。如果利率是 6%，保险赔付的现值是( )美元。
   a. 15 000
   b. 14 166.96
   c. 13 365.06
   d. 13 157.98
5. 以下哪种金融工具在到期前会每年向持有人支付固定的利息，到期时向持有人支付债券的面值?( )
   a. 普通贷款
   b. 固定支付贷款
   c. 息票债券

d. 贴现债券

6. 美国国库券属于（ ）。

a. 普通贷款

b. 固定支付贷款

c. 息票债券

d. 贴现债券

7. 面值为 1 000 美元的息票债券，每年支付 100 美元的息票利息，它的息票利率为（ ）。

a. 100 美元

b. 1 100 美元

c. 10%

d. 9.1%

e. 上述选项都不正确

8. 如果 1 年后到期、面值为 1 000 美元、年息票利息为 70 美元的息票债券今天的价格是 1 019.05 美元，其近似的到期收益率是多少？（ ）

a. 4%　　b. 5%

c. 6%　　d. 7%

e. 8%

9. 还有 2 年到期、面值为 1 000 美元、息票利率为 8%、到期收益率为 12%的息票债券的售价应是（ ）美元。

a. 920.00

b. 924.74

c. 932.40

d. 1 035.71

e. 1 120.00

10. 下列哪种债券的到期收益率最高？（ ）

a. 面值为 1 000 美元、息票利率为 5%、售价为 900 美元的 20 年期债券

b. 面值为 1 000 美元、息票利率为 5%、售价为 1 000 美元的 20 年期债券

c. 面值为 1 000 美元、息票利率为 5%、售价为 1 100 美元的 20 年期债券

d. 信息不足，无法回答该问题

11. 以下哪个有关息票债券的描述是正确的？（ ）

a. 当息票债券按面值定价时，到期收益率等于票面利率

b. 息票债券的价格和到期收益率呈正相关关系

c. 当债券价格高于票面价值时，到期收益率高于票面利率

d. 当债券价格低于票面价值时，到期收益率低于票面利率

12. 假定你用 1 000 美元购入永续债券，每年支付 50 美元的息票利息。如果利率变动为 10%，该永续债券的价格会发生什么变化？（ ）

a. 由于该债券每年都支付 50 美元的息票利息，因此债券价格不会变动，总为 1 000 美元。

b. 价格会上升 50 美元

c. 价格会下跌 50 美元

d. 价格会上升 500 美元

e. 价格会下跌 500 美元

13. 某贴现发行债券将在 1 年后到期，到期价值为 1 万美元，今天的价格是 9 174.31 美元，其近似的到期收益率是多少？（ ）

a. 92%

b. 10%

c. 9.2%

d. 9%

e. 8%

14. 对息票债券而言，息票利息除以其面值为（ ）。

a. 到期收益率

b. 当期收益率

c. 面值率

d. 息票利率

15. 如果市场参与者预期未来会出现通货膨胀，（　　）。

a. 实际利率会超过名义利率

b. 名义利率会超过实际利率

c. 名义利率和实际利率是相同的

d. 名义利率和实际利率之间没有联系

16. 如果所有期限的债券的利率都下跌同样的幅度，你最愿意持有下列哪种债券？（　　）

a. 还有 1 年到期的 1 万美元国库券

b. 还有 10 年到期的 1 万美元国库券

c. 还有 20 年到期的 1 万美元国库券

d. 上述债券都没有风险，因此持有哪种债券没有差别

17. 息票利率为 5%的长期债券，如果其购买价格与面值同为 1 000 美元，持有 1 年，1 年后由于利率上升以 920 美元售出，那么其回报率是多少？（　　）

a. −8%

b. −3.3%

c. −3%

d. 5%

e. 13%

18. 下列哪个表述是正确的？（　　）

a. 与短期债券相比，长期债券的当期收益率可以很好地近似到期收益率

b. 息票债券和贴现债券中，价格和利率的变化方向是相反的

c. 距离到期日越远，利率同等幅度的变动所引起的债券价格变动就越大

d. 息票债券发行后，其息票利率就是固定的

e. 上述选项都正确

19. 拥有债券的人不愿意听到利率上升的消息，是因为他们所持有的债券（　　）。

a. 价格会下跌

b. 息票利息会减少

c. 到期收益率会下跌

d. 上述选项都正确

20. 以下哪种情况对贷款人最有利？（　　）

a. 名义利率为 9%，预期通货膨胀率为 7%

b. 名义利率为 4%，预期通货膨胀率为 1%

c. 名义利率为 13%，预期通货膨胀率为 15%

d. 名义利率为 25%，预期通货膨胀率为 50%

第5章 利率行为

本章回顾

预　习

利率是波动的。在本章中，我们将运用债券市场和流动性偏好分析框架来探讨各类冲击对利率的影响。我们在分析货币供给量变动对利率的影响时，既考虑短期场景，即利率的其他决定因素保持不变，也考虑长期场景，即货币供给量的变动引起其他决定因素的调整。

资产需求的决定因素

在对债券需求进行分析之前，我们首先需要理解一般意义上的资产的需求，例如，货币、债券、股票、艺术品。投资组合理论认为：在假定其他因素不变的情况下，任何资产的需求数量

1. 都与购买者的财富水平正相关；
2. 都与其相对于其他替代性资产的预期回报率正相关；
3. 都与其相对于其他替代性资产的回报的风险水平负相关；
4. 都与其相对于其他替代性资产的流动性程度正相关。

债券市场供给与需求

债券需求曲线反映了在其他所有经济变量都不变的情况下需求数量与价格之间的关系。前面已经介绍过，对于债券而言，高价格与低利率是对应的。由于债券的需求者是贷款人，债券的价格越高（利率越低），其需求数量就越小。相反，债券的价格越低（利率越高），其需求数量相对来说就越大。因此，在价格-数量坐标系中，债券需求曲线通常是向下倾斜的。

债券供给曲线反映了在其他所有经济变量都不变的情况下供给数量与价格之间的关系。由于债券的供给者是借款人，债券的价格越高（利率越低），其供给数量就越大，因此，在价格-数量坐标系中，债券供给曲线通常是向上倾斜的。

债券的供给曲线与需求曲线的交点决定了债券的均衡价格和数量。均衡价格对应于一个均衡利率。

均衡利率的变动

债券的需求曲线或供给曲线的位移会导致均衡利率水平的变动。

当财富增加（通常是由于经济周期扩张）或者是债券相对于其他替代性资产的风险下降、流动性增加、预期回报率上升时，债券需求曲线向右位移。其中，债券预期回报率上升是由于预期通货膨胀率下降（会增加贷款人在任一债券价格水平下的实际回报率）或者预期利率下降（会导致债券未来的价格下降，从而提高实际回报率）。

当预计可盈利的投资机会增加（通常是由于经济周期扩张）、预期通货膨胀率上升（会降低在债券任一价格水平下的借款成本）或政府预算赤字增大时，债券供给曲线向右位移。

债券需求曲线向右位移，会导致债券价格上升和利率下跌。债券供给曲线向右位移，会导致债券价格下跌和利率上升。预期通货膨胀率上升会引起债券供给曲线向右位移和债券需求曲线向左位移，债券价格下跌，利率上升。这被称为费雪效应。

货币市场供给和需求：流动性偏好分析框架

流动性偏好分析框架认为利率是由货币的供给与需求决定的。债券市场反映了预期通货膨胀率对利率的影响，而流动性偏好分析框架则反映了收入、价格水平和货币供给的变动是如何影响利率的。

由于货币的利息很少或者没有利息，因而债券的利率就是持有货币的机会成本。因此，在高利率的情况下，持有货币的机会成本就会很大，对货币的需求量较小。同理，在低利率的情况下，持有货币的机会成本就会比较小，对货币的需求量较大。因此，在利率-数量坐标系中，货币需求曲线通常是向下倾斜的。既然我们假定中央银行将货币供给量控制在某个固定水平上，货币供给曲线就是位于这一固定水平上的垂直线。货币供给曲线与货币需求曲线的交点决定了均衡利率水平。

流动性偏好分析框架中的均衡利率变动

（1）货币需求曲线的位移。在凯恩斯的流动性偏好分析中，引起货币需求曲线位移的因素有两个：收入与价格水平。更高的价格水平导致任一利率水平上的货币需求增加，推动需求曲线向右位移（收入效应）。更高的价格水平导致任一利率水平上的货币需求增加，推动需求曲线向右位移（价格水平效应）。

（2）货币供给曲线的位移。美联储操纵的货币供给增加将推动货币供给曲线向右位移。

• 收入变动。在经济周期扩张阶段，假定其他经济变量不变，当收入提高时，货币需求曲线向右位移，利率将上升。

• 价格水平变动。在货币供给和其他经济变量保持不变的情况下，当价格水平上涨时，货币需求曲线向右位移，利率将上升。

• 货币供给变动。所有其他条件都相同，当货币供给增加时，货币供给曲线向右位移，利率将下降。

货币与利率

诺贝尔经济学奖得主米尔顿·弗里德曼（Milton Friedman）对增加货币供给降低利率观点的批评影响很大。他承认流动性偏好分析是正确的，并将（其他所有条件均相同的情况下）货币供给增加使利率降低的结果称为流动性效应。但他认为流动性效应只是问题的一部分而非全部：增加货币供给可能无法保证“其他所有条件均相同”，那么其他经济效应或许会使利率上升。如果这些效应足够大，完全有可能出现货币供给增加时利率也上升的情形。

前面介绍了收入、价格水平和预期通货膨胀率变动对均衡利率的影响。这些知识为我们讨论其他经济效应奠定了基础。

1. 收入效应。货币供给增加可以提高国民收入与财富水平。流动性偏好分析框架与债券供求分析框架都认为利率将随之上升。因此，货币供给增加的收入效应是指更高收入水平引致利率上升。

2. 价格水平效应。货币供给增加也会导致经济的价格总水平上升。流动性偏好分析框架认为这将导致利率上升。因此，货币供给增加的价格水平效应是指价格水平上升引致利率上升。

3. 预期通货膨胀效应。货币供给增加导致的通货膨胀率上升，通过影响预期通货膨胀率也会影响到利率。具体地，货币供给增加可能使人们预期未来价格水平升高，于是预期通货膨胀率将更高。债券供求分析框架表明，预期通货膨胀率提高将导致更高的利率水平。因此，货币供给增加的预期通货膨胀效应是指预期通货膨胀率提高引致利率上升。

流动性效应表明提高货币供给增长速度会降低利率，而收入效应、价格水平效应和预期通货膨胀效应的作用方向则恰好相反。因此提高货币供给增长速度有可能产生三种结果。如果流动性效应大于其他效应，则会导致利率先下跌之后上升，但无法回到其初始水平；如果流动性效应小于其他效应，且预期通货膨胀率的调整十分缓慢，则会导致利率先下跌之后上升，并超过其初始水平；如果流动性效应小于其他效应，且预期通货膨胀率的调整十分迅速，则提高货币供给增长速度只会引起利率的攀升。现实情况似乎说明收入效应、价格水平效应和预期通货膨胀效应超过流动性效应，因此提高货币供给增长速度会提高而非降低利率。

重要提示

1. 在讨论债券市场时，记住债券供给者是借款人、债券需求者是贷款人是非常有用的。在处理不均衡的情况时，这种区分尤其重要。例如，如果债券价格高于均衡水平，就会出现债券的超额供给。债券的超额供给意味着理想的借款水平超过了理想的贷款水平。于是利率上升，债券价格下跌，直至达到均衡水平。

2. 供求模型可以用来讨论对影响供求的变量的正面和负面冲击。在教材和学习指导中，为了节省篇幅，我们通常只说明某个方向的冲击所产生的影响。例如，我们介绍了债券市场上预期通货膨胀率上升对债券需求、供给、价格和利率的影响。如果你能根据教材的介绍推导出反方向冲击的影响，你会发现可以得到相反的结果，这是非常有用的（也是很好的练习）。在上述案例中，你可以试试能否分析出债券市场上预期通货膨胀率下降的影响。

3. 术语“流动性偏好”是“货币需求”的别称。也就是说，我们持有货币的意愿即为我们对流动性的偏好，即流动性偏好。因此，使用货币供求的模型被称为“流动性偏好分析框架”。

4. 资产市场方法（债券市场）与流动性偏好分析（货币市场）通常是一致的。也就是说，对于特定冲击如何影响利率的问题，它们所给出的答案在通常情况下是相同的。我们之所以讨论这两个市场，只是因为每个市场都可以清晰地反映某些重要冲击对利率的影响。具体来看，资产市场方法（债券市场）可以清晰地反映预期通货膨胀率对利率的影响，而流动性偏好分析（货币市场）可以清晰地反映收入、价格水平和货币供给对利率的影响。

术语和定义

为每个术语找到其对应的定义。

关键术语：

________资产市场方法

________预期回报率

________费雪效应

________流动性

________流动性偏好分析框架

________机会成本

________风险

________投资组合理论

________财富

定义：

1. 由于没有持有替代性资产而丧失的利息收入或预期回报。
2. 利率随预期通货膨胀率的上升而上升的结果。
3. 凯恩斯的货币需求理论。
4. 利用资产存量（而非流量）来确定资产价格的方法。
5. 预计资产在下一个阶段的回报率。
6. 某人所拥有的全部资源，包括所有资产。
7. 某一资产转化为现金的便利程度和速度。
8. 回报的不确定性程度。
9. 该理论认为资产需求数量与财富水平正相关，与其相对于其他替代性资产的预期回报率和流动性程度正相关，与其相对于其他替代性资产的回报的风险水平负相关。

思考题和简答题

实践应用题

1. 运用投资组合理论，确定在下列场景下你应当增加还是减少对债券的需求。请做出解释。

a. 你的祖母去世后留给了你 10 万美元的

遗产。

b. 你的经纪公司调低了股票交易的佣金，但没有调整债券交易的佣金。

c. 你属于风险厌恶者。你预计未来股票回报率会出现较大的波动。

d. 你对股票市场未来回报率的预期较之前更为悲观。

e. 你没有投保的汽车被撞毁了。

f. 如果你在网上进行债券交易，你的经纪公司会对佣金打折。

g. 由于担心遭遇恐怖袭击，美国的经纪公司关闭了在中东的许多分支机构。

2. a. 面值为1 000美元、1年期的贴现债券不支付息票利息，并且持有至到期（持有一整年）。该债券的供给和需求信息见下表。完成下面的表格，并且在下面的坐标图中绘制该债券的需求曲线和供给曲线。在坐标系旁边的空格中，记下每个价格所对应的利率。需求量和供给量的单位是十亿美元。

价格	需求量	供给量	对应的利率
$975	100	300	______
$950	150	250	______
$925	200	200	______
$900	250	150	______

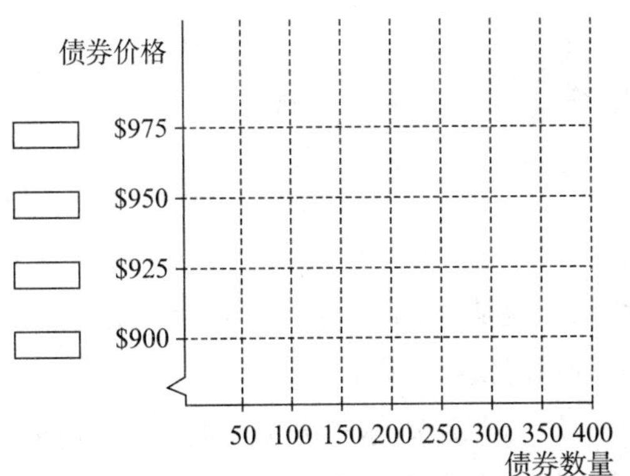

b. 该债券的均衡价格、均衡利率和需求量分别是多少？

c. 假定债券的价格高于均衡水平，例如是950美元。请解释为何该价格不是市场出清价格，并说明债券价格和利率调整到其均衡水平的原因和过程。

d. 假定经济体中的财富增加，导致任一价格水平上的债券需求量都增加1 000亿美元。说明附图的位移情况。新的均衡价格、均衡利率和需求量分别是多少？

3. 在下列每个场景下，描述债券供给曲线和/或债券需求曲线的位移，以及对债券价格和利率水平的影响。

a. 人们的财富增加。

b. 证券交易委员会允许经纪公司降低债券交易的佣金，但股票交易的佣金不能调整。

c. 股票回报率的波动性降低。

d. 人们预期未来的利率水平会上升。

e. 预期通货膨胀率上升。

f. 人们对股票回报率的预测十分悲观。

g. 政府预算赤字高于预期。

h. 经济周期扩张出现。

4. 利用流动性偏好分析框架，通过位移货币需求曲线和货币供给曲线，确定下列每个场景下均衡利率水平的变动。

a. 经济周期扩张导致收入水平上升。

b. 价格水平上升。

c. 美联储增加货币供给。

5. 假定美联储加快了货币供给增速，并且假定这个事件导致流动性效应、收入效应、价格水平效应、预期通货膨胀效应发挥作用。

a. 在每种效应的作用下，利率分别向哪个方向变动？

b. 假定流动性效应立刻发挥作用，但作用力度要小于其他效应，我们对通货

5

膨胀预期的调整较为缓慢。在右图中绘制利率从时点“T”提高货币供给增长率开始的变动轨迹。

c. 假定货币供给增长率对利率的冲击如 b 所示。如果美联储希望在近期调低利率，它应当提高还是降低货币供给增长率？为什么？如果美联储希望在长期调低利率，它应当提高还是降低货币供给增长率？为什么？

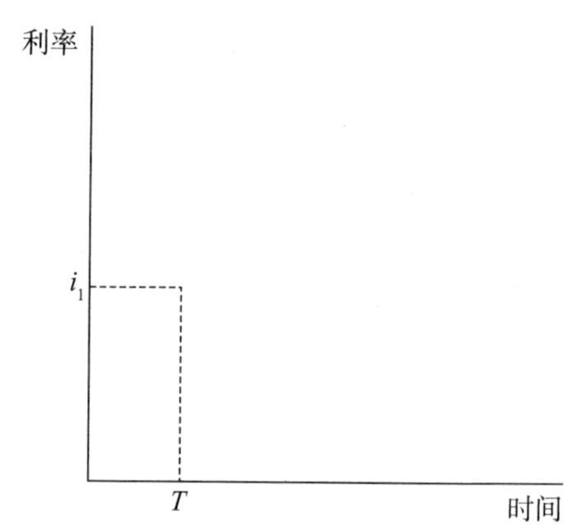

简答题

1. 根据投资组合理论，影响我们购买某种资产而非其他资产的四个因素是什么？
2. 假定你购入 1 年期贴现债券，该债券不支付息票利息，面值为 1 000 美元，并且你将持有一整年。如果你购买该债券的价格是 963 美元，相应的利率是什么？
3. 如果存在债券的超额需求，那么债券价格是高于还是低于均衡水平？解释债券价格向均衡水平调整的过程。
4. 假定人们预期未来的利率水平较低。利用债券市场来解释这一事件对利率的影响。
5. 哪三个事件会推动债券供给曲线向右位移？
6. 假定预期通货膨胀率下降。利用债券市场来解释这一事件对利率的影响。
7. 在第 6 题中，预期通货膨胀率变动所引起的利率变动被称为什么效应？
8. 根据凯恩斯的流动性偏好分析框架，持有货币的机会成本是什么？为什么？
9. 根据流动性偏好分析框架，在其他条件不变的前提下，货币供给增加会引起利率向哪个方向变动？这种效应被称为什么？
10. 如果美联储提高货币供给增长率，哪种效应与其他效应的作用方向是相反的？请做出解释。
11. 当美联储通过向公众出售债券来减少货币供给时，对利率的影响是什么？
12. 请使用供求分析来解释为什么美联储加息预期会导致国债价格下跌。

评判性思维

你同父母一起观看国内新闻。新闻主播说目前的利率已经高于历史平均水平。你的父母知道你在这几年要购置房屋。你父亲说：“我希望很快能有一个新的美联储主席，来更为迅速地扩张货币供给量。如果货币多了，借款利率就会下跌，你买房的成本就会低一些。”

1. 如果流动性效应小于收入效应、价格水平效应和预期通货膨胀效应，提高货币供给增速是否能降低利率？请分长期和短期两种情况做出解释。

2. 如果距离你买房还有很长一段时间，货币供给增速提高还是降低能够使你的借款利率低一些？请做出解释。

自我测试

判断对错题

1. 根据投资组合理论，股票市场预期回报率上升会导致债券需求量减少。(　　)
2. 根据投资组合理论，股票市场回报率波动幅度上升会导致债券需求量减少。(　　)
3. 某人以 937 美元买入 1 年期贴现债券，持有 1 年后，在到期时得到了 1 000 美元，其利率为 6.7%。(　　)
4. 如果货币供给过剩，人们将购买债券，导致利率上升。(　　)
5. 如果债券价格低于均衡水平，就会出现超额供给，债券利率就会上升。(　　)
6. 政府预算赤字扩张会推动债券供给曲线向右位移，导致债券价格下跌，利率上升。(　　)
7. 资产市场方法强调，决定资产价格的是资产的流量，而非资产的存量。(　　)
8. 预期通货膨胀率上升会降低每一价格水平所对应的债券实际回报率，从而推动债券需求曲线向左位移、债券供给曲线向右位移，使得债券价格下跌、利率上升。(　　)
9. 预期通货膨胀率上升导致利率上升，反映了费雪效应的作用。(　　)
10. 债券风险上升导致债券需求扩张，价格上升，而利率下跌。(　　)
11. 流动性偏好分析认为，利率是由债券的供求决定的。(　　)
12. 流动性偏好分析认为，收入增加推动货币需求曲线向左位移，导致利率下跌，反之亦然。(　　)
13. 在其他因素保持不变的前提下，货币供给扩张会引起利率下跌。(　　)
14. 如果货币供给增长率上升所引起的流动性效应小于收入效应、价格水平效应和预期通货膨胀效应，那么利率最终会上升并超过初始水平。(　　)
15. 如果货币供给增长率上升所引起的流动性效应小于收入效应、价格水平效应和预期通货膨胀效应，并且通货膨胀预期可以迅速调整，那么利率会立刻上升，并在一段时间内持续上升。(　　)

选择题

1. 根据投资组合理论，下列哪种情况会导致资产需求数量减少？(　　)
   a. 购买者的财富增加
   b. 资产相对于其他替代性资产的预期回报率上升
   c. 资产相对于其他替代性资产的回报的风险水平上升
   d. 资产相对于其他替代性资产的流动性增加
2. 某 1 年期贴现债券到期时支付1 000美元，如果持有期为 1 年，购买价格为 955 美元，那么其利率是多少？(　　)
   a. 4.5%
   b. 4.7%
   c. 5.5%
   d. 9.5%
3. 债券价格和利率是(　　)。
   a. 不相关的

b. 正相关的

c. 负相关的

d. 正相关还是负相关取决于市场参与者是债券购买者还是出售者

4. 沿着债券供给曲线，债券价格上升会（　　）。

a. 导致利率下跌，供给量增加

b. 导致利率下跌，供给量减少

c. 导致利率上升，供给量增加

d. 导致利率上升，供给量减少

5. 如果债券价格低于均衡水平，就会出现（　　）。

a. 债券的超额供给，债券价格下跌，利率上升

b. 债券的超额供给，债券价格上升，利率下跌

c. 债券的超额需求，债券价格下跌，利率上升

d. 债券的超额需求，债券价格上升，利率下跌

6. 下列哪个有关债券市场的表述是正确的？（　　）

a. 债券需求与贷款意愿相关

b. 债券供给与借款意愿相关

c. 债券的供给和需求都是以资产“存量”来衡量的，因此资产市场方法是有关资产价格和回报率决定的理论

d. 上述选项都正确

7. 如果债券需求曲线向左位移，债券的价格（　　）。

a. 下跌，利率下跌

b. 下跌，利率上升

c. 上升，利率上升

d. 上升，利率下跌

8. 股票风险增加导致（　　）。

a. 债券需求曲线向右位移

b. 债券需求曲线向左位移

c. 债券供给曲线向右位移

d. 债券供给曲线向左位移

9. 经济体中的财富减少会导致（　　）。

a. 债券需求曲线向右位移，债券价格上升，利率下跌

b. 债券需求曲线向左位移，债券价格下跌，利率上升

c. 债券供给曲线向右位移，债券价格下跌，利率上升

d. 债券供给曲线向左位移，债券价格上升，利率下跌

10. 预期通货膨胀率上升导致（　　）。

a. 债券需求曲线向左位移，债券供给曲线向右位移，利率下跌

b. 债券需求曲线向右位移，债券供给曲线向左位移，利率上升

c. 债券需求曲线向左位移，债券供给曲线向右位移，利率上升

d. 债券需求曲线向右位移，债券供给曲线向左位移，利率下跌

11. 下列哪种情况会导致长期债券需求曲线向右位移？（　　）

a. 股票风险减少

b. 人们预期未来利率会下跌

c. 经纪公司降低股票交易的佣金

d. 人们调高了对通货膨胀的预期

12. 下列哪种情况会导致利率上升？（　　）

a. 股票市场波动性加大

b. 公司不看好新厂房和设备未来的盈利能力

c. 人们调低了对通货膨胀的预期

d. 政府增加了预算赤字

13. 预期通货膨胀率的提高会导致利率上升，这是（　　）。

a. 流动性效应

b. 收入效应

c. 费雪效应

d. 赤字效应

14. 近年来，欧洲和日本的利率一直很低，原因是（ ）。

a. 低通胀和高政府赤字

b. 高通胀和高政府赤字

c. 高通胀和缺乏投资机会

d. 低通胀和缺乏投资机会

15. 根据流动性偏好分析框架，利率是由（ ）的供给和需求决定的。

a. 债券

b. 股票

c. 产出

d. 货币

16. 货币供给增加的下列哪种效应导致利率在短期内下跌？（ ）

a. 收入效应

b. 流动性效应

c. 预期通货膨胀效应

d. 价格水平效应

17. 在流动性偏好分析框架中，下列说法正确的是（ ）。

a. 债券的需求必须等于货币的供给

b. 货币的需求必须等于债券的供给

c. 债券的过度需求意味着货币的过度需求

d. 债券的过度供给意味着货币的过度需求

18. 如果出现了货币供给增速上升，并且流动性效应小于收入效应、价格水平效应和预期通货膨胀效应，通货膨胀预期的调整十分缓慢，那么短期内利率会（ ）。

a. 保持不变

b. 上升

c. 下跌

d. 无法预测

19. 如果出现了货币供给增速上升，并且流动性效应小于收入效应、价格水平效应和预期通货膨胀效应，那么长期内利率会（ ）。

a. 与初始水平相比，保持不变

b. 与初始水平相比，有所上升

c. 与初始水平相比，有所下跌

d. 无法预测

20. 如果长期内收入效应、价格水平效应、预期通货膨胀效应超过了流动性效应，那么美联储若要降低利率，应当（ ）。

a. 保持货币供给的增速不变

b. 提高货币供给增速

c. 降低货币供给增速

d. 上述选项都不正确

21. 在其他条件不变的情况下，如果比特币的价格波动率下降，对债券的需求将（ ），债券的价格将（ ），利率将（ ）。

a. 下降；下降；上升

b. 下降；下降；下降

c. 上升；上升；上升

d. 上升；下降；上升

22. 保持其他条件不变，（ ）。

a. 如果资产A相对于其他资产的风险上升，则对资产A的需求会增加

b. 相对于其他资产，资产A的流动性越强，对资产A的需求就越大

c. 相对于其他资产，资产A的预期收益越低，对资产A的需求就越大

d. 如果财富增加，则对资产A的需求增加，而对替代性资产的需求减少

23. 如果预计房价会上涨，那么在其他条件不变的情况下，对房屋的需求将会（ ），

而对国库券的需求将会(　　)。

a. 增加；增加

b. 增加；减少

c. 减少；减少

d. 减少；增加

24. 当货币供给增长率提高时，如果（　　），利率会持久性地降低。

a. 流动性效应大于其他效应

b. 预期通货膨胀快速调整

c. 预期通货膨胀调整缓慢

d. 预期通货膨胀效应大于流动性效应

25. 当货币供给增长率提高时，如果流动性效应（　　）其他货币供给效应，且存在（　　）的预期通货膨胀调整，则利率将立即下降。

a. 大于；较快

b. 大于；较慢

c. 小于；较慢

d. 小于；较快

第6章　利率风险结构和期限结构

本章回顾

预　习

市场上有很多不同的利率，由于在风险、流动性和所得税政策等方面存在差异，到期期限相同的债券有着不同的利率，这些利率之间的联系被称为利率风险结构。到期期限不同（但其他特征都相同）的债券的利率之间也存在差异，这些利率之间的联系就被称为利率期限结构。

利率风险结构

到期期限相同的债券的利率可能不同，这是因为它们在违约风险、流动性、所得税政策等方面存在差异。

违约是指债券发行人无法支付利息或债券到期时无法偿付面值。美国国债通常被认为不存在违约风险，因而被称为无违约风险债券。在到期期限相同的情况下，有违约风险债券与无违约风险债券之间的利差被称为风险溢价。通过分析期限相同的无违约风险的美国国债市场与公司债券市场，可以推导风险溢价。假定两个市场的价格起初是相等的，因此利率也是相等的。由于公司存在着违约的可能性，公司债券的预期回报率较低。但公司债券回报率具有较大的不确定性。由于相对的预期回报率下降，相对风险上升，根据投资组合理论，公司债券的需求随之减少，需求曲线向左位移。同时，无违约风险国债的相对回报率较高，相对风险较低，因此国债的需求增加，需求曲线向右位移。于是，公司债券的价格下跌，利率上升。而国债的价格则上升，利率下跌。这两个利率之间的差距就是风险溢价。公司债券或市政债券的违约风险上升，会导致这些债券的风险溢价增加。信用评级机构根据违约可能性对公司债券和市政债券的质量做出评级。不同信用等级的债券之间的风险溢价可以被计算出来。

根据投资组合理论，流动性是一个十分好的特征。与可比公司债券相比，美国国债的交易十分广泛，可以十分容易地售出，且费用十分低廉。与上述违约风险的分析相似，美国国债和公司债券在流动性上的差距再次导致公司债券的需求减少、美国国债的需求增加。于是，债券在流动性上的差距增加了“风险和流动性溢价”，但通常人们仍然习惯将其称为“风险溢价”。

市政债券的利息支付可以免缴联邦所得税。在其他因素相同的情况下，如果债券持有人适用的是35%的所得税税率档，那么投资需要缴税的美国国债税后的回报率仅为6.5%。即使市政债券的利率低于10%，但只要高于6.5%，债券持有人就仍然更愿意持有市政债券。利用上述分析，市政债券的免税特征会导致其价格上升，而利率下跌，国债由于需要缴税，会导致其需求减少，而利率上升。因此，市政债券利率通常低于美国国债利率。

利率期限结构

其他特征相同的债券，由于距离到期日的时间不同，其利率也会有所差异。将到期期限不同的特定类型债券的利率连接成一条曲线，即得到收益率曲线，也就是说，收益率曲线反映了利率期限结构。利率期限结构理论需要解释下列三个经验事实：

- 不同期限债券的利率随时间一起波动。
- 若短期利率较低，收益率曲线很可能向上倾斜；若短期利率较高，则收益率曲线很可能向下倾斜，呈现出翻转形状。
- 收益率曲线几乎总是向上倾斜的。

有三种理论可被用于解释利率期限结构。预期理论认为，如果不同期限的债券是完全替代品，那么长期债券的利率等于在其有效期内人们所预期的短期利率的平均值。例如，如果1年期利率为6%，下一年所预期的1年期利率为7%，目前的2年期利率应当为(6%+7%)/2=6.5%。于是，债券持有人相继持有2只1年期债券，即先赚取6%，再赚取7%，与持有可以赚取6.5%利率的2年期债券没有差别。这一理论可以解释上述经验事实中的前两个。然而，既然未来短期利率既可能上升，也可能下降，那么根据预期理论，收益率曲线通常应当是平坦的。

期限结构的分割市场理论认为，如果不同期限的债券根本无法相互替代，那么不同期限债券的利率是完全独立的，每种期限债券的利率取决于该债券的供给与需求。由于短期债券的需求要大于长期债券，短期债券的价格相对较高，利率则低于长期债券。这一理论可以解释上述经验事实中的第三个。

期限结构的流动性溢价理论融合了上述两种理论的要素。该理论认为不同期限的债券可以相互替代，但并非完全替代品。根据流动性溢价理论，长期债券的利率应当等于两项之和：第一项是长期债券有效期内预期短期利率的平均值（预期理论的结论）；第二项是正的流动性溢价（分割市场理论的结论）。与长期债券相比，人们更偏好期限较短的债券，因此，长期债券的流动性溢价更大。如果债券持有人更偏好短期债券，那么期限偏好理论与流动性溢价理论就是相同的。预期理论和分割市场理论只可以解释利率期限结构的部分经验事实，而流动性溢价理论和期限偏好理论则可以解释全部三个经验事实。此外，根据流动性溢价理论/期限偏好理论，我们可以从收益率曲线中预测到短期利率的未来波动，即：

- 陡峭地向上倾斜的收益率曲线表明预期未来短期利率将上升。
- 平缓地向上倾斜的收益率曲线表明预期未来短期利率将保持不变。
- 平坦的收益率曲线表明预期未来短期利率将有所下降。
- 向下倾斜（翻转）的收益率曲线表明预期未来短期利率将大幅下跌。

重要提示

1. 期限结构的分割市场理论基于的假定是，不同期限的债券根本无法相互替代。如果人们不肯承受任何利率风险，那么这个假定就是正确的。投资者要想不承受利率风险，就只能购买与其意愿持有期完全一致的债券。如果你想积攒明年的度假费用，就只能购买 1 年期债券；如果你想积攒退休以后的费用，那么就只能购买 30 年期的债券；依此类推。因此，特定期限债券的利率与其他期限债券的利率不具有相关性。

2. 与流动性溢价理论相比，期限偏好理论是被更广泛接受的利率期限结构理论。期限偏好理论没有限定债券持有人偏好的债券期限。如果在其他条件相同的情况下，我们认为债券持有人通常更偏好短期债券，因此长期债券必须提供利率溢价才能卖得出去，那么，期限偏好理论就与流动性溢价理论是相同的。

术语和定义

为每个术语找到其对应的定义。

关键术语：	**定义：**
________信用评级机构	1. 期限结构的一种理论，该理论认为不同期限债券的市场是完全独立的，因此，特定期限债券的利率完全取决于该债券的供给与需求。
________违约	2. 没有违约风险的债券，例如美国国债。
________无违约风险债券	3. 该理论提出的命题是，长期债券的利率等于在其有效期内人们所预期的短期利率的平均值。
________预期理论	4. 有违约风险债券与无违约风险债券之间的利差。
________翻转的收益率曲线	5. 到期期限不同的特定类型债券的利率轨迹。
________流动性溢价理论	6. 到期期限相同的债券之间的利率联系。
________风险溢价	7. 根据违约的可能性，对公司债券和市政债券的质量做出评级的投资顾问公司。
________利率风险结构	8. 该理论提出的命题是，长期债券的利率应当等于两项之和：第一项是长期债券到期之前预期短期利率的平均值，第二项是正的流动性溢价。

________分割市场理论　　9. 债券发行人无法支付利息或债券到期时无法偿付面值的情况。

________利率期限结构　　10. 到期期限不同的债券之间的利率联系。

________收益率曲线　　11. 向下倾斜的收益率曲线。

思考题和简答题

实践应用题

1. 假定经济体的运行更为稳健，因此企业对其债券违约的概率降低。
   a. 利用下面的坐标图，说明上述事件是如何推动公司债券和美国国债的供求曲线位移的。描述并解释曲线的位移情况。

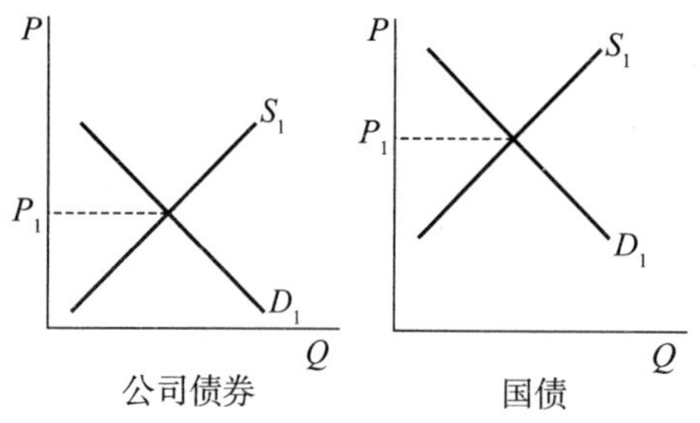

   b. 公司债券的价格和利率是如何变动的？
   c. 国债的价格和利率是如何变动的？
   d. 风险溢价会出现什么变化？请做出解释。
2. 描述下列事件是如何推动金融市场上供求曲线的位移的，并说明其对相应利差或风险溢价的影响。
   a. 1家大的AAA级公司债券违约。公司债券市场、美国国债市场以及它们之间的利差会如何变动？
   b. 公司债券市场的交易量增加，因此公司债券的投资者坚信，如果他们要出手自己所持有的公司债券，会很容易找到买方。公司债券市场、美国国债市场以及它们之间的利差会如何变动？
   c. 最高一档的边际税率由40%调低为30%。市政债券市场、国债市场以及它们之间的利差会如何变动？
   d. 1家大的BBB级公司债券违约。AAA级公司债券市场、BBB级公司债券市场以及AAA级和BBB级债券之间的利差会如何变动？
3. 假定你的边际税率为30%。
   a. 持有收益率为10%的1年期公司债券（至到期）带给你的税后回报率是多少？
   b. 持有收益率为8%的1年期市政债券（至到期）带给你的税后回报率是多少？
   c. 如果这两种债券的风险和流动性相同，你愿意持有哪种债券？
   d. 根据这个案例，市政债券与其他债券的利率之间存在什么联系？
4. 下述问题说明的是利率期限结构。
   a. 假定人们预期在接下来的4年里，1年期债券的利率分别为4%、5%、6%和7%，如果利率期限结构的预期理论是正确的，计算1年期债券、2年期债券、3年期债券和4年期债券的利率。
   b. 如果利率期限结构的预期理论是正确的，根据上述数据在下图中绘制收益率曲线。

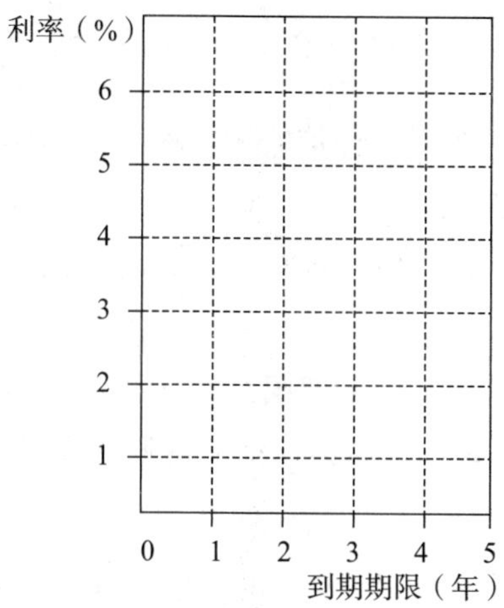

c. 你在 b 中所推导出的收益率曲线能否解释为什么收益率曲线通常是向上倾斜的？请做出解释。

d. 短期利率未来既可能上升，也可能下跌，从长期来看，人们一般预期短期利率是平稳的。假定人们预期在接下来的 4 年里，1 年期债券的利率均为 4%。如果期限结构的流动性溢价理论是正确的，那么你在 b 中所推导出的收益率曲线里的流动性溢价是多少？

5. 假定期限结构的流动性溢价理论是正确的，那么在下述收益率曲线中，市场预测未来的短期利率会发生怎样的变动？请做出解释。

a. 收益率曲线是非常平坦的。

b. 收益率曲线是平缓地向上倾斜的。

c. 收益率曲线是翻转的。

d. 收益率曲线是陡峭地向上倾斜的。

6

简答题

1. 什么是风险溢价？
2. 在利率风险结构中，债券共同具有的三个特征是什么？每个特征的变动是如何影响利差或风险溢价的？
3. 假定公司债券所支付的利率是 10%。如果边际税率为 25%，你预期相同的（期限、风险、流动性等因素相同）市政债券所支付的利率是多少？
4. 主要的信用评级机构是哪两家？这些公司对投资者提出了哪些方面的建议？我们将信用级别在 Baa（或 BBB）及以上的债券称为什么？我们将信用级别低于 Baa（或 BBB）的债券称为什么？
5. 既然美国国债是无违约风险的，而市政债券是具有违约风险的，那么为什么美国国债的利率通常高于市政债券呢？
6. 利率期限结构的预期理论是如何解释不同到期期限债券的利率随时间一起波动的事实的？
7. 利率期限结构的预期理论是如何解释收益率曲线总是向上倾斜的事实的？
8. 利率期限结构的分割市场理论是如何解释收益率曲线总是向上倾斜的事实的？
9. 假定美联储实施了紧缩性货币政策，暂时将短期利率推至非常高的水平。人们预期美联储未来会大幅降低利率。根据期限结构的流动性溢价理论，这种情况下的收益率曲线是什么形状的？
10. 如果经济繁荣时期利率上升，经济衰退时期利率下降，那么陡峭地向上倾斜的收益率曲线之后会出现通货膨胀还是衰退？为什么？

6

评判性思维

你现在面对两个选择：你可以买入到期收益率为 7%的 3 年期债券，或者先买入到期收益率为 6%的 1 年期债券，之后买入到期收益率为 7%的 1 年期债券，第二只债券到期后再买入到期收益率为 8%的 1 年期债券。

1. 在第一种策略中，你预期的年回报率是多少？

2. 在第二种策略中，你预期的年回报率是多少？

3. 你如何评价这两种策略下的预期回报率？

4. 如果利率期限结构的流动性溢价理论是正确的，你会选择上述哪种投资策略？为什么？

自我测试

判断对错题

1. 1 年期美国国债和 20 年期美国国债之间的利差被称为风险溢价。（　　）
2. 如果通用汽车公司意外地出现了债券违约的情况，美国国债和公司债券之间的利差会扩大。（　　）
3. 如果美国边际所得税税率非常低，市政债券支付的利率通常高于同等期限的美国国债。（　　）
4. 如果公司债券市场的参与者增多，则这意味着其流动性会提高，于是，债券持有人会增加对公司债券的需求，减少对美国国债的需求，风险溢价随之降低。（　　）
5. 当债券的流动性降低时，债券需求会下降，从而降低了某只债券与流动性相对更高的其他债券之间的利差。（　　）
6. 如果债券市场上出现了对优质资产的追捧，BBB 级公司债券与美国国债之间的利差会缩小。（　　）
7. 假定公司债券和市政债券支付的利率分别是 10%和 7.5%，如果债券的其他因素都相同，那么边际所得税税率为 15%的债券持有人会更愿意持有市政债券。（　　）
8. 利率期限结构是到期期限不同的债券之间的利率联系。（　　）
9. 不同到期期限的无违约风险的政府债券的利率的轨迹即为期限结构曲线。（　　）
10. 收益率曲线通常是向下倾斜的。（　　）
11. 利率期限结构的预期理论假定，不同期限的债券是完全替代品。（　　）
12. 利率期限结构的分割市场理论不能解释为什么收益率曲线通常是向上倾斜的。（　　）
13. 如果利率期限结构的预期理论是正确的，而且 1 年期债券的利率是 4%，2 年期债券的利率是 5%，那么债券市场的参与者一定认为下一年的 1 年期债券的利率是 6%。（　　）
14. 根据利率期限结构的流动性溢价理论，人们更偏好短期债券，因而长期债券必须提供更高的利率才能吸引投资者。（　　）
15. 根据利率期限结构的流动性溢价理论，平坦的收益率曲线意味着人们预期未来短期利率会保持不变。（　　）

选择题

1. 债券的风险溢价不会受到债券的下列哪个因素的影响？（　　）
   a. 流动性
   b. 违约风险
   c. 所得税政策
   d. 到期期限
2. 下列哪种债券的利率最高？（　　）
   a. 美国国债
   b. Aaa 级公司债券
   c. Aaa 级市政债券
   d. 上述三种债券的利率是相同的
3. 下列哪种情况会导致公司债券的风险溢价减小？（　　）
   a. 债券市场的参与者减少，导致每日的交易量降低
   b. 经纪人佣金增加
   c. 预测人士认为明年经济会加速增长
   d. 美国国债的流动性增强
4. 如果公司债券的违约风险加剧，该债券的需求曲线会（　　）。
   a. 向右位移，美国国债的需求曲线会向左位移，风险溢价增加
   b. 向左位移，美国国债的需求曲线会向右位移，风险溢价减少
   c. 向右位移，美国国债的需求曲线会向左位移，风险溢价减少
   d. 向左位移，美国国债的需求曲线会向右位移，风险溢价增加
5. 如果公司债券的风险溢价增加，那么（　　）。
   a. 公司债券的价格会上升
   b. 无违约风险债券的价格会下跌
   c. 公司债券和无违约风险债券之间的利差会增大
   d. 公司债券和无违约风险债券之间的利差会减小
6. 市政债券所支付的利率通常低于美国国债，原因是（　　）。
   a. 投资市政债券的利息收入可以免缴联邦所得税
   b. 市政债券是无违约风险的
   c. 市政债券的流动性要高于美国国债
   d. 上述解释都正确
7. 所得税税率降低会推动市政债券需求曲线（　　）。
   a. 向左位移，美国国债需求曲线向右位移，市政债券相对于美国国债的利率会上升
   b. 向左位移，美国国债需求曲线向右位移，市政债券相对于美国国债的利率会下跌
   c. 向右位移，美国国债需求曲线向左位移，市政债券相对于美国国债的利率会上升
   d. 向右位移，美国国债需求曲线向左位移，市政债券相对于美国国债的利率会下跌
8. 假定你所适用的边际所得税税率为 25%，如果公司债券支付 10%的利率，那么其他因素相同的市政债券应支付多少利率，才能使得持有公司债券和市政债券没有差别？（　　）
   a. 12.5%
   b. 10%
   c. 7.5%
   d. 2.5%
9. 假定公司债券和市政债券具有相同的期限、流动性和违约风险，在下列哪种情

6

况下，你会选择持有公司债券而非市政债券？（　　）

a. 公司债券支付10%的利率，市政债券支付7%的利率，你的边际所得税税率为35%

b. 公司债券支付10%的利率，市政债券支付7%的利率，你的边际所得税税率为25%

c. 公司债券支付10%的利率，市政债券支付8%的利率，你的边际所得税税率为25%

d. 公司债券支付10%的利率，市政债券支付9%的利率，你的边际所得税税率为20%

10. 下列哪种债券被看做“高收益债券”？（　　）

a. 垃圾债券

b. 投机级证券

c. Caa 级债券

d. 上述选项都正确

11. 风险、流动性、所得税政策都相同，但期限不同的债券的收益率的轨迹被称为（　　）。

a. 期限结构曲线

b. 收益率曲线

c. 风险结构曲线

d. 利率曲线

12. 下列哪种表述是错误的？（　　）

a. 到期期限不同的债券的利率随时间一起波动

b. 收益率曲线通常向上倾斜

c. 如果短期利率较高，收益率曲线通常向下倾斜

d. 如果短期利率较低，收益率曲线通常是翻转的

13. 利率期限结构的预期理论意味着收益率曲线通常应当是（　　）。

a. 向上倾斜的

b. 向下倾斜的

c. 平坦的

d. 垂直的

14. 根据利率期限结构的预期理论，如果1年期债券的利率为3%、2年期债券的利率为4%，那么预期下一年的1年期债券的利率为（　　）。

a. 3%

b. 4%

c. 5%

d. 6%

15. 利率期限结构的分割市场理论所基于的假定是（　　）。

a. 具有不同到期期限的债券是不能相互替代的

b. 具有不同到期期限的债券是可以完全相互替代的

c. 长期债券优于短期债券

d. 长期利率是预期短期利率的平均值

16. 根据利率期限结构的分割市场理论，如果债券持有人更偏好短期债券而非长期债券，收益率曲线应当是（　　）。

a. 平坦的

b. 向上倾斜的

c. 向下倾斜的

d. 垂直的

17. 根据利率期限结构的流动性溢价理论，如果在接下来的3年中，预期的1年期利率分别为4%、5%和6%，而3年期债券的流动性溢价为0.5%，那么3年期债券的利率是（　　）。

a. 4%

b. 4.5%

c. 5%

d. 5.5%

e. 6%

18. 根据利率期限结构的流动性溢价和期限偏好理论，平坦的收益率曲线意味着（ ）。

a. 预期未来的短期利率会上升

b. 预期未来的短期利率会保持不变

c. 预期未来的短期利率会下跌

d. 与长期利率相比，债券持有人不再偏好短期利率

19. 下列哪种利率期限结构的理论能够很好地解释有关不同到期期限债券的利率之间的联系的经验事实？（ ）

a. 流动性溢价理论

b. 预期理论

c. 分割市场理论

d. 风险溢价理论

20. 根据利率期限结构的流动性溢价理论，陡峭地向上倾斜的收益率曲线意味着（ ）。

a. 预期未来短期利率会上升

b. 预期未来短期利率会下跌

c. 预期未来短期利率会保持不变

d. 相对于短期债券，债券持有人偏好长期债券

第7章 股票市场、理性预期理论和有效市场假说

本章回顾

预　习

在股票和其他证券估值领域，有很多基础理论。这些理论要求我们能够理解预期影响股票市场行为的方式，因为要对股票进行估值，人们必须形成对该股票未来分红以及用来贴现未来价值的利率的预期。有效市场假说是理性预期理论应用于金融市场的结果。

计算普通股价格

股东对公司拥有投票权，对公司的现金流拥有剩余索取权。股东还从公司的净收益中获得股利收入。投资的价值可以用整个生命周期内该投资产生的所有现金流的现值来衡量。股票的单期估值模型为 $P_0 = D_1/(1+k_e) + P_1/(1+k_e)$，其中，$P_0$为股票现价，$D_1$ 为第 1 年末支付的股利，k_e为股票投资的必要回报率，P_1为第 1 年末的股票价格。通过贴现未来所有的预期现金流，单期估值模型可以被拓展为广义股利估值模型。如果售价是在很远的将来的一个价格，贴现以后的价值就可以被忽略不计。因此，广义股利估值模型意味着股票现在的售价是所有未来股利流的现值。戈登增长模型是广义股利估值模型的简化版，它假定股利增长率不变。因此，$P_0=D_0(1+g)/(k_e-g)=D_1/(k_e-g)$，其中，$D_0$为最近一次支付的股利，$D_1$为下一期支付的股利，$g$ 为预期的固定股利增长率。

股票市场如何定价?

股票每天的价格都是由股票市场上交易者相互竞价确定的。就像拍卖一样，股票价格是由愿意支付最高价格的买主确定的。根据戈登增长模型，对股票价格估值最高的交易者对未来现金流的不确定性最小，或者是对现金流的估价比其他交易者高。新信息即使对预期股利增长率或者必要回报率影响较小，也会导致股票价格的较大波动。因此，股票市场总是起伏不定。货币政策影响股价有两个渠道：一方面是通过影响股票的必要回报率（k_e）；另一方面是通过刺激经济增长，导致预期股利增长率（g）上升。

理性预期理论

股票估值需要人们形成对公司未来现金流和贴现率的预期。早期的适应性预期理论认为，对某一变量的预期是基于该变量过去的平均值。后来的理论，即理性预期理论认为预期与利用所有可得信息做出的最优预测（即对未来状况的最佳猜测）一致。这并不意味着理性预期是完全准确的。如果有另外一个重要因素但预测者又无法得到它的有关信息，那么预期仍然是合乎理性的。如果这个信息可以得到，但预测者忽略了该信息，或者没有了解到该信息，这个预期就不是理性的。

如果人们的预期不是以最优预测为基础的，就会付出高昂的代价，所以人们希望能够形成理性预期是合理的。因此：

- 如果某一变量的运动方式发生了变化，那么该变量的预期形成方式也将随之改变。
- 预期的预测误差平均为零，且无法事先预知。

有效市场假说：金融市场理性预期

有效市场假说是理性预期在金融市场中的应用。该理论认为证券价格充分反映了所有可得信息。上述表述是这样推导出来的：既然证券的预期回报率等于均衡回报率，并且理性预期意味着预期回报率等于对回报率的最优预测，那么对回报率的最优预测就等于均衡回报率。金融市场当前价格的确定将使得根据所有可得信息对证券回报率的最优预测等于证券的均衡回报率。

在证券市场中，由于证券价格充分反映了所有可得信息，套利会消除所有未被利用的盈利机会。例如，如果对股票明天价格的最优预测高于今天的价格，今天在低价位上买入就可以获取异常高的回报率。这会导致人们买入该股票，并推高该股票的价位，压低其回报率，直至对回报率的最优预测降至均衡回报率的水平。这并不要求金融市场中每位投资者都是消息灵通的，一部分精明的投资者会消除盈利机会。

有效市场假说的升级版本意味着证券价格不只是最优预测的结果，而且反映了该证券真实的基础价值，或者反映了市场基本面（会直接影响证券未来的收入流）。如果这种假定是正确的，那么这意味着不同投资之间没有优劣之分。

有效市场假说说明小道消息以及投资分析师公开发表的分析报告都不能帮助投资者跑赢市场，因为这些信息已经包含在证券价格中了。要跑赢市场，投资者需要在其他投资者之前获得该信息。此外，只有当公告的信息是新的且意料之外的时，股票价格才会对公告有响应。大部分投资者应当采取“买入并持有”策略，从长期看，这种策略可以得到市场平均回报率，但因为可以减少支付的经纪人佣金，因此成本会比较低。

一些经济学家基于股市崩盘对有效市场假说的升级版本产生了怀疑，但其他一些经济学家提出了理性泡沫来解释股票市场的崩溃。泡沫是指资产价格偏离其基本市场价值的状态。投资者如果认为价格在下跌之前还会继续上升，那么即使其价格高于基础价值，他们也仍然会继续持有，这并不是非理性的。

为什么有效市场假说并非指金融市场有效?

有效市场假说并非意味着市场效率观点的升级版本，而只是指股票市场等市场上的价格是无法预测的，并没有排除股价的大幅波动。如果新信息让公司未来估值的最优预测发生戏剧性的下跌，那么就可能导致股票价格大变动。市场暴跌和泡沫（资产价格升高到远超其基础价值的水平）的存在说明市场基本面以外的其他因素可能会对资产价格有影响，但与理性预期或有效市场假说的基本论证（即市场参与者会消除未被利用的盈利机会）并不矛盾。即使股票价格并不总是仅仅反映市场基本面，只要市场崩盘是不可预知的，有效市场假说的基本观点就是成立的。

行为金融

行为金融借助心理学等其他社会科学领域的概念来理解证券价格的行为。损失厌恶心理会阻止精明的投资者即“聪明钱”在股票价值被高估时进行卖空交易。此外，过分自信与社会传染可以解释交易量为什么如此之高，股票为什么会被高估，以及投机泡沫为什么会产生。

重要提示

1. 大部分人听到“理性预期”时，会认为这是不可能的。然而，理性预期理论并不要求所有人，甚至不要求大部分人都是理性的。它只要求有足够的人是理性的，我们称这些人为“精明的投资者”，这些投资者通过将证券价格推至其均衡价值来消除所有的盈利机会。这可以解释为什么调查数据可以说明许多人的行为是非理性的，但股票市场的研究通常说明市场结果可以支持理性预期理论。

2. 理性泡沫与“大傻瓜”理论密切关联。大傻瓜理论说明虽然资产的价格高于其基础价值，但只要投资者相信未来会有更大的傻瓜支付更高的价格，就会买入该资产。因此，假定某投资者认为某股票的基础价值是 50 美元，如果他认为在该股票价格回到 50 美元之前他可以以 150 美元卖出，就会以 100 美元买入该股票。

术语和定义

为每个术语找到其对应的定义。

关键术语：	定义：
________适应性预期	1. 理性预期在金融市场中的应用。
________泡沫	2. 市场参与者消除未被利用的盈利机会的行为。
________现金流	3. 资产价格异于其市场基础价值的状态。
________股利	4. 股东基于股权定期得到的支付。

________剩余索取权	5. 预期股票价格会下跌，因而卖出借入的股票，但后来需要买回股票来平仓。
________有效市场假说	6. 投资者可以赚取高于正常情况的回报率的情形。
________戈登增长模型	7. 对变量的预期是基于该变量的历史平均值。
________广义股利估值模型	8. 直接影响证券未来收入流的因素。
________市场基本面	9. 该预期是利用所有相关信息对未来的最优预测。
________最优预测	10. 现金收入和现金支出之间的差额。
________理性预期	11. 持有公司股票的人。
________行为金融	12. 利用所有相关信息对未来状况的最佳猜测。
________股东	13. 假定股利增长率不变的股票估值模型。
________未被利用的盈利机会	14. 股东对于公司资产在满足了所有债权支付要求后的剩余部分享有的索取权。
________卖空	15. 股票的价格只取决于股利现值的模型。
________套利	16. 在当前价值给定的条件下，变量未来的价值既可能上升，也可能下降，因此变量的未来价值是无法预测（随机）的。
________随机游走	17. 借助人类学、社会学特别是心理学等其他社会科学领域的概念来解释证券价格行为的金融学分支。

思考题和简答题

实践应用题

1. 假定你预期股票在本年末会有1美元的股利，你对该股票投资要求的回报率（必要回报率）是9%。
   a. 如果你预期该股票1年后的售价为17.50美元，利用单期估值模型计算该股票现在的价格。
   b. 如果你预期该股票股利的年增长率为3%，利用戈登增长模型计算该股票现在的价格。
   c. 假定你遇到了该公司的CEO，你发现该公司的风险低于你之前的想象，于是你对该股票投资要求的回报率降低到7%。根据戈登增长模型，你应该为该股票支付多少价格？
   d. 假定该公司的CEO向你提供了一个内部消息，股利每年的增长率为4%。根据戈登增长模型，如果你对该股票投资要求的回报率依然是7%，你应该为该股票支付多少价格？
   e. 比较b、c和d的答案。根据股票估值的戈登增长模型，在股利支付给定的情况下，能够导致该股票价格上升的唯一事件是什么？
   f. 如果美联储实施了降低利率的扩张性货币政策，戈登增长模型中的变量会受到什么影响？股票价格会发生什么

7

变化?

2. 如果有效市场假说是真实的，下列每个事件是如何影响相关资产或证券的价格的? 解释你的答案。

a. IBM公布其利润为1亿美元，股票分析师之前的预测是3亿美元。IBM股票的价格会如何变动?

b. IBM公布其利润为3亿美元，股票分析师之前的预测也是3亿美元。IBM股票的价格会如何变动?

c. IBM宣布将收购贝尔电脑公司。这个并购案十分复杂，因而只有金融分析师和具有高精技术的金融人才才能正确预期到这笔交易能够增加两家公司的效率和盈利，一般人只会感到十分迷惑。IBM股票的价格会如何变动?

d. IBM股票的价格已经连续上涨了3天。到第4天，IBM股票的价格会如何变动?

e. 你的投资分析师告诉你IBM股票的价格被严重低估了，你应该买入。IBM股票的价格未来会如何变动?

f. 你的投资分析师告诉你IBM股票的价格在过去的两个周五都出现了大幅上涨。他建议你周四买入IBM股票。IBM股票的价格在周五可能会如何变动?

g. 美联储新的主席产生了，并将在3个月后就职。新主席宣布计划在就任后提高利率，实施紧缩性货币政策。3个月后，新的美联储主席就任了。该日股票市场会出现什么变动?

简答题

1. 约翰对ABC股票的估价是10美元。苏珊的估价是15美元，比尔的估价是20美元。在自由市场的拍卖中，谁会买入ABC股票? 为什么? ABC股票的价格区间是多少? 请做出解释。

2. 假定某人对一家公司的了解比其他人更多，对于该公司未来的现金流有更大的把握。在其他因素相同的前提下，与其他人相比，这个人对该公司股票的出价会更高、更低还是相同? 请做出解释。

3. 理性预期总是完全正确的吗? 为什么?

4. 假定变量运动的方式发生了变动。如果适应性预期理论是正确的，那么预期的预测误差是零且事先无法预知吗? 请做出解释。

5. 假定变量运动的方式发生了变动。如果理性预期理论是正确的，那么预期的预测误差是零且事先无法预知吗? 请做出解释。

6. 如果对股票明天价格的最优预测高于其今天的价格，市场上会存在未被利用的盈利机会吗? 如果有效市场假说是正确的，市场参与者的行为是如何消除未被利用的盈利机会的呢?

7. 如果有效市场假说的升级版本是正确的，因此股票价格反映了股票真实的基础价值，大部分投资者在投资时应采取什么策略? 请做出解释。

8. 如果有效市场假说是正确的，股票价格是否可以预测? 请做出解释。

9. 股票市场泡沫可能是理性的吗? 请做出解释。

10. 如果有效市场假说是正确的，对大部分投资者来说，什么投资策略是最好的?

评判性思维

你和朋友一起收看CNN的《金融新闻报道》节目。主播提到墨西哥湾的热带风暴卡特里娜刚刚升级为飓风，预计会影响到墨西哥湾区域所有的美国海港，破坏大部分种植甜菜的农场。你的朋友说："我们应该买入C&H糖业公司的股票，这家公司只在海湾以外的地区生产纯蔗糖，风暴会削弱它的竞争者，因此它的股票价格肯定会上涨。"

1. 你基于这一信息买入C&H糖业公司的股票，是否可以获取超高的回报率？为什么？

2. 假定你的朋友供职于美国气象局。深夜她打来电话，闲聊之中她告诉你气象卫星监测到的云层变动表明正在形成一个非常大的风暴。因为还没有制订出疏散计划，气象局担心会引起恐慌，因而尚未公布这一信息。基于这一信息你是否可以获取超高的回报率？为什么？

3. 当你买入C&H糖业公司的股票（其他人跟进）时，该股票的价格和回报率会发生什么变化？超高的回报率是否可以维持？请做出解释。

自我测试

判断对错题

1. 如果某股票每年支付的股利是3美元，你对该项股票投资要求的回报率是13%，并且你相信明年能够以50美元的价格卖出该股票，那么根据股票的单期估值模型，你今天愿意为该股票支付的价格为46.9美元。（　　）
2. 如果某股票明年支付的股利是2美元，预计股利增速为3%，人们对该项股票投资要求的回报率是11%，并且你相信明年你能够以50美元的价格卖出该股票，那么根据股票估值的戈登增长模型，该股票的价格为14.29美元。（　　）
3. 在广义股利估值模型中，当前股价等于未来股利的现值加上未来实际销售价格。（　　）
4. 根据股票估值的戈登增长模型，提高利率的货币政策一方面会提高贴现率，另一方面会降低经济增速，进而放慢股利的增长速度，最终会导致股票价格下跌。（　　）
5. 在其他因素不变的前提下，如果人们调低股票投资的必要回报率，会导致股票价格下跌。（　　）
6. 如果适应性预期准确反映了人们预期的形成方式，那么人们的预期就会与最优预测一致。（　　）
7. 理性预期是完全准确的。（　　）
8. 有效市场假说意味着证券价格充分反映了所有可得信息，因此一般投资者不会发现未被利用的盈利机会。（　　）
9. 只有当金融市场上所有人都是信息灵通和理性预期的时，证券价格才会趋向人们对其的最优预测水平。（　　）
10. 有效市场假说认为过去表现不佳的股票更有可能在未来表现良好。（　　）
11. 有效市场假说认为金融分析师公开发表

的投资报告可以帮助使用者跑赢市场。( )

12. 根据有效市场假说，大部分可以盈利的投资策略要求投资者持续买卖股票。( )

13. 一些实证证据表明，投资者往往过于自信，或者错误地将其赚取的利润归结为投资技巧，因而会导致交易过于频繁。( )

14. 根据有效市场假说，只有未被预期到的新信息的公布才会引起股票价格的变动。( )

15. 股票市场泡沫的存在证明人们是非理性的，因而理性预期理论是不正确的。( )

选择题

1. 如果要求的股票投资回报率为 8%，股票下一年支付的股利是 0.50 美元，预期股票下一年的售价为 30 美元，根据股票的单期估值模型，该股票今天的价格是多少？( )
   a. 27.78 美元
   b. 28.24 美元
   c. 30 美元
   d. 30.50 美元
2. 如果要求的股票投资回报率为 12%，股票下一年支付的股利是 1.80 美元，预期股利将以 3%的不变速度增长，根据股票估值的戈登增长模型，该股票今天的价格是多少？( )
   a. 12 美元
   b. 15 美元
   c. 18 美元
   d. 20 美元
   e. 由于股票未来的售价是未知的，因此该价格是无法计算出来的
3. 如果发达科技公司的股票一直没有支付股利，那么根据广义股利估值模型，该公司的股票仍然是有价值的，原因是：( )。
   a. 对发达科技公司要求的投资回报率为零
   b. 在股票首次公开发行后的 10 年内，法律要求公司必须支付股利
   c. 人们预期发达科技公司未来会支付股利
   d. 所有公司的实物资产都是有价值的
4. 根据股票估值的戈登增长模型，在其他因素不变的前提下，如果股票投资的必要回报率上升，股票价格会 ( )。
   a. 上升
   b. 下跌
   c. 不变
   d. 股票价格是不可预测的，因而可能上升，也可能下跌
5. 下列有关资产价格的表述中，哪个是正确的？( )
   a. 价格是由愿意支付最高价格的买方确定的
   b. 价格是由最能充分利用该资产的买方确定的
   c. 在其他因素相同的前提下，价格是由信息最充分的买方确定的，原因是不确定性减少会降低贴现现金流的利率
   d. 上述选项都正确
   e. 上述选项都不正确
6. 假定美联储为降低利率，实施了扩张性货币政策。下列哪个表述最能反映该事件对股票市场的影响？( )

a. 股票投资的必要回报率下降，股利增长速度上升，导致股票价格上升

b. 股票投资的必要回报率上升，股利增长速度下降，导致股票价格下跌

c. 股票投资的必要回报率下降，股利增长速度下降，导致股票价格下跌

d. 股票投资的必要回报率上升，股利增长速度下降，导致股票价格上升

7. 有效市场假说是下述哪个理论的应用？（　　）

a. 适应性预期理论

b. 完美预期理论

c. 理性预期理论

d. 有效预期理论

8. 过去 4 年的利率一直是 5%，经济进入了衰退周期，于是美联储主席宣布将实施扩张性货币政策，将利率目标定为 3%。你预期下一年的利率为 5%，你的预期属于（　　）。

a. 适应性预期

b. 理性预期

c. 基本预期

d. 预测预期

9. 如果在过去十年中，平均的货币增长率为 5%，平均的通货膨胀率为 5%，在其他条件保持不变时，如果美联储宣布新的货币增长率为 10%，通货膨胀率的适应性预期预测为（　　）。

a. 5%

b. 5%和 10%之间

c. 10%

d. 超过 10%

10. 如果股票市场是有效的，那么（　　）。

a. 小道消息是有价值的

b. 对于一般投资者而言，投资于充分多元化的共同基金是最好的投资策略

c. 投资者要获取平均回报率，需要听取金融分析师的建议

d. 最优的投资策略是频繁地买入和卖出，从价格的波动中获利

11. “最优预测”可以被看做是（　　）。

a. 正确的预测

b. 利用所有可得信息做出的最佳猜测

c. 实际结果

d. 利用变量历史价值做出的最好的预测

12. 下列有关有效市场假说的表述中，哪个是不正确的？（　　）

a. 证券价格反映了所有可得信息

b. 精明的投资者消除了所有未被利用的盈利机会

c. 市场中每个人都必须是信息灵通的

d. 股票市场中的小道消息不可能带来额外的回报

13. 福特汽车公司公布其季度盈利为 2 亿美元。该消息公布后，福特汽车公司的股票价格立即下降，这可能是因为（　　）。

a. 消息公布之前的价格反映了较高的利润预期

b. 预期不是理性的

c. 市场不是有效的

d. 股票价格不是公司未来盈利的准确指标

14. 根据有效市场假说，花钱购买金融分析师的投资建议（　　）。

a. 会显著提高你的预期回报率

b. 不会影响你的回报率

c. 由于经纪人佣金较高，多少会降低你的回报率

d. 对你的回报率的影响无法预测

15. 如果有效市场假说是正确的，（　　）。

a. 股票价格每年都应上升

7

b. 小道消息会帮助投资者赚取异常高的回报率

c. 金融分析师的建议是有用的

d. 买入并持有策略是最优的

16. 未被利用的盈利机会（　　）。

a. 经常可以被找到

b. 会被套利机制迅速消除

c. 会帮助投资者在长期内赚取额外高的回报率

d. 上述选项都不正确

17. 新冠疫情导致股价下跌的原因是（　　）。

a. 预期股息增长率降低

b. 要求的投资回报率降低

c. 更高的预期未来股票价格

d. 更高的当期股息

18. 已知信息的公布（　　）。

a. 会产生未被利用的盈利机会

b. 提升对股票价格的预测质量

c. 降低股票回报率

d. 无法影响股票价格

19. 股票价格泡沫（　　）。

a. 即使市场参与者是理性的，也会出现

b. 说明有效市场假说是不正确的

c. 当股票价格随其基础价值变动时会出现

d. 可以被股票分析师预测到

20. 如果在一个有效市场上价格都是正确的并且反映了市场的基本面，那么以下哪个陈述是错误的？（　　）

a. 过去表现不佳的股票未来更有可能表现良好

b. 一项投资和其他投资一样好，是因为证券的价格是正确的

c. 证券的价格反映了关于证券内在价值的所有可用信息

d. 管理者可以使用证券价格准确评估其资本成本

21. 有效市场假说意味着股票市场的价格（　　）。

a. 遵循一定的模式

b. 上升的可能性大于下降的可能性

c. 总是低估公司的真实资产

d. 是不可预测的

22. 股市崩盘让我们相信（　　）。

a. 市场基本面以外的因素对资产价格有影响

b. 未被利用的盈利机会永远不存在

c. 当市场参与者表现理性时，崩溃总是可以预测的

d. 泡沫是有效市场的自然结果

23. 行为金融学的实证分析发现（　　）。

a. 投资者不担心赔钱，因而会涉入较多的卖空交易

b. 投资者是过分自信的，因而频繁买入和卖出

c. 投资狂热导致股票价格在大部分时间里都是被低估的

d. 上述选项都正确

第8章 金融结构的经济学分析

本章回顾

预　习

金融结构的设计可以提升经济效率。金融体系的效率会影响宏观经济的业绩。

全世界金融结构的基本事实

本章将解释有关金融结构的8个基本事实。

1. 股票不是企业最主要的外部融资来源。股票在美国企业外部融资中仅占11%。在其他发达国家，这个比例更低。

2. 发行可流通的债务和权益证券不是企业为经营活动筹资的主要方式。在美国企业的外部融资中，股票与债券的合计占比仅为43%，在其他国家，这个比例更小。

3. 与直接融资（即企业通过金融市场直接向贷款人募集资金）相比，间接融资（即有金融中介机构参与的融资）要重要许多倍。企业新发行证券中的大部分被销售给金融中介机构，实际利用的直接融资在外部资金中所占的份额只有不到10%。

4. 金融中介机构，特别是银行，是企业外部资金最重要的来源。美国是这样，发展中国家更是如此。

5. 金融体系是经济中受到最严格监管的部门。监管是为了促进信息披露和确保金融体系的健康（稳定）运行。

6. 只有信誉卓著的大公司才容易进入证券市场为其经营活动筹资。小公司从银行获取贷款。

7. 抵押品是居民个人和企业债务合约的普遍特征。抵押债务，又称担保债务（secured debt），要求借款时将财产抵押给贷款人，从而为债务偿付提供担保。

8. 债务合约通常是对借款人的行为设置了大量限制性条款的、极为复杂的法律文件。债务合约通常附有很多限制性条款来限制借款人所能从事的活动。

交易成本

交易成本阻挠了很多小额储蓄者和借款人直接参与金融市场。金融中介机构能够发挥规模经济的优势，而且擅长开发降低交易成本的专门技术，使其存款人和借款人能够因金融市场的存在而获益。

信息不对称：逆向选择和道德风险

信息不对称是指交易的一方对另一方缺乏充分的了解。信息不对称会导致两个问题：交易之前的逆向选择和交易之后的道德风险。逆向选择意味着潜在的不良贷款风险来自最为积极寻求贷款的人。道德风险是指借款人从事了与贷款人意愿相背离的活动。对信息不对称影响经济行为的研究被称为代理理论。

柠檬问题：逆向选择如何影响金融结构

如果买方无法确定市场上出售的商品是否为“柠檬”（二手车市场上的次品车），就只会支付很低的价格。好商品的卖方则不愿意以这么低的价格将商品售出。市场将无法把商品从卖方手中传递到买方手中，交易量自然会萎缩。在金融市场中，逆向选择问题的存在意味着高风险的公司可以从借款中谋取更多的利益。如果贷款人无法区分好公司与差公司，就只愿意为证券支付很低的价格（即收取很高的利率）。好公司自然不愿意以这么低的价格销售证券，因此市场交易量很小，效率非常低。这个原因可以解释为什么股票和债券不是企业融资最主要的来源。

有些工具有助于缓解会滋生柠檬问题的信息不对称问题。这些工具可以帮助贷款人区分好公司和差公司。

- 信息的私人生产与销售。标准普尔、穆迪与价值线等公司可以收集并出售信息。然而，免费搭车问题（一些人虽未付费购买信息，但仍然可以据此获利）的存在会削弱私人的信息生产。

- 旨在增加信息的政府监管。证券交易委员会要求公司必须进行独立审计，遵守标准会计准则，并且要公开有关其销售、资产和收益的信息。因此，金融体系是受到严格监管的。这可以缓解逆向选择问题，但却无法彻底消除这一问题。

- 金融媒介。个人很难获取贷款所需要的全部信息，因此，大部分人选择将钱贷放给银行等金融中介机构，再由这些机构将钱贷放给最终借款人。银行成为甄别信贷质量的专家。银行主要是发放无法交易的私人贷款，而非购买证券，从而可以避免免费搭车问题。公司的规模越大，知名度越高，就越可能发行证券，而不是向金融中介机构借款。

- 抵押品与净值。抵押品是在借款人违约事件发生时交由贷款人处置的财产，从而减少了违约时贷款人的损失。净值或权益资本是公司资产与其负债之间的差额。如果公司净值较高，就可以降低违约概率，从而在违约事件发生时发挥抵押品的作用。

道德风险如何影响债务和权益合约选择？

权益合约面临着一种特殊类型的道德风险，即委托-代理问题。经理（代理人）从自身利益出发，而非按照股东（委托人）的利益行事。下面的方法有助于解决委托-代理问题。

• 信息生产：监督。股东可以审计公司财务和检查公司的管理状况，但这种状态核实成本十分高昂，并且会产生免费搭车问题。

• 旨在增加信息的政府监管。政府要求企业遵守标准会计准则，并对欺诈行为施以惩罚措施。

• 金融中介机构。风险投资公司集聚合伙人的资源，帮助企业家启动其新事业。为此，风险投资公司会要求占有一定的股份，并要求在董事会中派驻人员，从而可以进行低成本的核实活动。

• 债务合约。贷款人收取固定金额的利息，而非利润的一定比例，因此，债务融资中的委托-代理问题要比股权融资中轻得多。这可以说明为什么债务合约比权益合约更普遍。

道德风险如何影响债务市场的金融结构？

虽然与权益合约相比，债务合约的道德风险问题并不严重，但借款人依然有动力参与风险程度超过贷款人意愿的投资项目。下列方法可以实现债务合约的激励相容，因此，有助于解决道德风险问题。

• 净值和抵押品。如果借款人自身处于得失攸关的状况之中，道德风险问题即可缓解。

• 限制性条款的监督和执行。这些条款可以限制违背贷款人意愿的行为（避免冒险行为）、鼓励符合贷款人意愿的行为（要求借款人购买人寿保险）、保持抵押品的价值和提供足够的信息（定期财务报告）。

• 金融中介机构。在限制性条款之下依然存在免费搭车问题。发放私人贷款的金融中介机构则不存在这个问题，这可以解释金融中介机构的重要地位。

重要提示

1. 交易成本和信息成本可以解释外部融资中股票、债券和金融中介机构的比例。高交易成本意味着只有大的借款人和贷款人才会使用直接融资市场，因此，大部分居民和公司会借助金融中介机构。逆向选择和道德风险引致的信息成本进一步解释了为什么大部分外部融资是通过金融中介机构进行的。信息成本还可以解释为什么大部分直接融资是债务融资而非股权融资。

2. 如果所有交易都能够实现互惠互利，市场就是有效的。因此，当存在交易障碍时，市场参与者的数目就会减少，市场就是无效的。在金融市场中，交易成本和信息成本会减少直接融资市场上参与者的数目，削弱直接融资市场的效率，从而为金融中介机构提升效率提供了机会。

8

术语和定义

为每个术语找到其对应的定义。

关键术语：

________代理理论

________抵押品

________规模经济

________范围经济

________免费搭车问题

________激励相容

________委托-代理问题

________限制性条款

________担保债务

________无担保债务

________风险投资公司

________高成本状态核实

定义：

1. 设置了抵押品担保的债务。
2. 随着交易规模的增大，每美元交易的交易成本相应降低。
3. 使用一种资源提供多种不同的产品和服务的能力。
4. 一旦借款人无法偿还债务，则由贷款人占有的财产，从而确保借款人偿付债务。
5. 由经理和股东的激励不相同所导致的经理按照自身利益而非股东利益行事的道德风险问题。
6. 集聚合伙人的资源，帮助企业家启动其新事业的金融中介机构。
7. 不付费的人却享用其他人付过费的信息所导致的问题。
8. 规定借款人可以从事的活动，或者要求借款人不得从事某类活动的条款。
9. 对信息不对称问题如何影响经济行为的分析。
10. 没有设置抵押品担保的债务。
11. 实现合约双方激励一致。
12. 指费时又费钱的高成本监督企业的行为。

思考题和简答题

实践应用题

1. 公司可以通过银行和非银行贷款（合并讨论）、债券和股票来获取资金。回答下列问题中不同国家中外部融资的主要方式。
   a. 在美国，按照普遍程度（从高到低）排列资金的来源。
   b. 在其他工业化国家和发展中国家，按照普遍程度（从高到低）排列资金的来源。
   c. 比较美国、其他工业化国家和发展中国家公司的资金来源。解释它们之间的相同之处和不同之处。
2. 下列问题围绕着由信息不对称所导致的逆向选择问题，即柠檬问题。
   a. 概括地讲，什么是柠檬问题？
   b. 直接融资市场上的柠檬问题是什么？
   c. 什么方法可以缓解直接融资市场上的

柠檬问题？

d. 这些方法是否可以消除这一问题？请做出解释。

3. 下列问题围绕的是委托-代理问题。

a. 什么是委托-代理问题？

b. 什么方法可以缓解直接融资市场上的委托-代理问题？

c. 这些方法是否可以消除这一问题？请做出解释。

4. 逆向选择还是道德风险可以解释金融市场的下列 8 个事实？请做出解释。

a. 股票不是企业最主要的外部融资来源。

b. 发行可流通的债务和权益证券不是企业为经营活动筹资的主要方式。

c. 与直接融资相比，间接融资要重要许多倍。

d. 金融中介机构，特别是银行，是企业外部资金最重要的来源。

e. 金融体系是经济中受到最严格监管的部门。

f. 只有信誉卓著的大公司才容易进入证券市场为其经营活动筹资。

g. 抵押品是居民个人和企业债务合约的普遍特征。

h. 债务合约通常是对借款人的行为设置了大量限制性条款的、极为复杂的法律文件。

简答题

1. 为什么金融中介机构愿意从事信息收集活动，而金融工具投资者可能不愿意这样做？

2. 免费搭车问题是如何削弱金融市场的效率的？

3. 逆向选择是贷款交易之前还是贷款交易之后出现的问题？道德风险是贷款交易之前还是贷款交易之后出现的问题？请做出解释。

4. 政府监管为什么有助于减少股票和债券市场上的逆向选择问题？请做出解释。

5. 哪个是企业外部资金最重要的来源：股票、债券还是银行？银行的重要性是上升还是下降了？为什么？

6. 如果贷款人要求借款人有很高的净值和提供抵押品，其目的是减少逆向选择还是道德风险，还是两者皆有呢？请做出解释。

7. 为什么与权益合约相比，债务合约的委托-代理问题不那么严重？

8. 债务合约中的限制性条款有哪几种类型？

9. 信息不对称的存在如何为政府监管金融市场提供理由？

10. 解释美国公司所有权和控制权的分离如何可能导致管理不善。

评判性思维

假定你暑假去打工赚了 6 000 美元。你希望把这笔钱攒起来，但你明年秋天需要用这笔钱来缴纳学费。你的朋友向你提出了下列建议。

1. 一个朋友说：“你可以把这笔钱借给我的哥哥，他新开了一家餐馆，肯定可以赚大钱。”这是个好建议吗？请做出解释。

2. 另一个朋友说：“你可以用这笔钱买

股票和债券，最近它们的市场表现真的很不错。我介绍我的经纪人给你认识，这是他的名片。”这是个好建议吗？请做出解释。

3. 还有一个朋友说：“你的钱不多，并且要求有很好的流动性，你应当买货币市场基金或者只是存入银行。”这是个好建议吗？请做出解释。

自我测试

判断对错题

1. 发行可流通的债务与权益证券是企业为经营活动筹资的主要方式。（　　）
2. 在美国企业的外部资金来源中，债券的重要性要高于股票。（　　）
3. 虽然在世界各地，银行都是企业外部资金最重要的来源，但银行的地位随着时间的推移有所降低。（　　）
4. 超过90%的美国家庭都拥有证券。（　　）
5. 交易之前的道德风险和交易之后的逆向选择都是由信息不对称引发的问题。（　　）
6. 银行减少了信息生产中的免费搭车问题，原因在于它们是发放非交易的私人贷款，而非买入可在金融市场上交易的证券。（　　）
7. 多样化的资产投资选择可以缓解金融市场中的逆向选择问题。（　　）
8. 与股票相比，债券的道德风险问题更严重。（　　）
9. 标准普尔、穆迪和价值线等公司对借款人信息的私人生产和销售可以消除金融市场上的逆向选择问题。（　　）
10. 如果贷款人无法甄别信贷质量，就会收缩贷款，金融市场自然就是无效的。（　　）
11. 如果经理按照自己的利益而非股东的利益行事，就出现了委托-代理问题。（　　）
12. 净值相对较低、抵押品较少的公司更可能出现贷款违约。（　　）
13. 为了实现债务合约的激励相容，贷款人会在限制性条款中要求保持抵押品的价值。（　　）
14. 与权益合约相比，债务合约的道德风险问题并不严重。（　　）
15. 在限制性条款之下依然存在免费搭车问题。（　　）

选择题

1. 美国公司最大的外部融资来源是（　　）。
   a. 股票
   b. 债券
   c. 银行和非银行贷款
   d. 风险投资公司
2. 下列哪个表述是正确的？（　　）
   a. 公司通过债券比通过银行贷款筹集到的资金多
   b. 公司通过债券比通过股票筹集到的资金多
   c. 股票和债券是公司最大的外部资金来源
   d. 与间接融资相比，直接融资作为公司外部资金来源的重要性更强

3. 在哪个国家，公司对直接融资的使用程度要高于其他国家？（　　）
   a. 美国
   b. 德国
   c. 日本
   d. 加拿大
4. 在事前由非对称信息产生的问题被称为（　　）问题；而在事后由非对称信息产生的问题被称为（　　）问题。
   a. 逆向选择；道德风险
   b. 道德风险；逆向选择
   c. 高成本状态核实；免费搭车
   d. 免费搭车；高成本状态核实
5. 信誉卓著的大公司比小公司更可能通过哪种方式获取资金？（　　）
   a. 直接融资
   b. 银行
   c. 发行抵押品
   d. 非银行金融中介机构
6. 下列哪个表述可以说明逆向选择问题？（　　）
   a. 借款人将贷款资金挥霍在赌场上
   b. 企业管理者将证券销售的资金用于购买艺术品来装饰办公室
   c. 科学家申请贷款，用来研究癌症可能的治愈方案，这个研究成功的概率比较低，但一旦成功，回报率就会很高
   d. 上述选项都正确
7. 你父母借钱给你用于支付学费，你将这笔钱用于玩在线扑克牌游戏。这个案例属于（　　）问题。
   a. 免费搭车
   b. 道德风险
   c. 逆向选择
   d. 金融中介机构
8. 术语“柠檬问题”用来描述（　　）。
   a. 金融市场上的免费搭车问题
   b. 金融市场上的委托-代理问题
   c. 金融市场上的道德风险问题
   d. 金融市场上的逆向选择问题
9. 信贷风险越高的人越可能利用贷款谋取更多的利润，因而他们寻求贷款的积极性最高，这可以用来说明（　　）问题。
   a. 免费搭车
   b. 道德风险
   c. 逆向选择
   d. 金融中介机构
10. 银行缓解信息生产中的免费搭车问题的方法包括（　　）。
    a. 就潜在借款人财务状况的信息向其他人收费
    b. 利用存款人的资金购买可在金融市场上交易的证券
    c. 从标准普尔、穆迪等公司购买信息，这些公司专门收集小额借款人的信息
    d. 发放不可交易的私人贷款，这样其他人就不可能从银行所收集的借款人信息中获取利益
11. 在解决逆向选择问题的过程中，以下有关银行的描述正确的是（　　）。
    a. 银行在克服免费搭车问题上有优势，这有助于解释为什么间接融资比直接融资更重要
    b. 尽管银行成功克服了免费搭车问题，然而直接融资仍然更为重要
    c. 由于存在逆向选择问题，银行更倾向于给知名的大公司而不是新成立的小公司提供外部资金
    d. 为了降低持有不可交易贷款所带来的风险，银行必须买入公司的证券以分散风险

8

12. 委托-代理问题出现的主要原因是：(　　)。
 a. 委托人监督代理人的活动十分困难，且成本很高
 b. 代理人的动机并不总是与委托人兼容
 c. 委托人有搭其他委托人监控支出便车的动机
 d. 上述选项都正确
13. 委托-代理问题会导致（　　）。
 a. 抵押品问题
 b. 道德风险问题
 c. 逆向选择问题
 d. 柠檬问题
14. 下列哪种方法不能用来缓解委托-代理问题？（　　）
 a. 股东审计公司财务和检查公司的管理状况，即进行高成本状态核实
 b. 风险投资公司向新公司提供资金，但要求占有一定股份和向董事会派驻人员
 c. 由于权益合约的委托-代理问题不如债务合约严重，因而公司发行权益证券，而非债务证券
 d. 政府监管，例如要求公司执行标准会计准则和对欺诈行为进行惩罚
15. 下列哪种方法可以帮助风险投资公司和私募股权公司避免免费搭车问题？（　　）
 a. 禁止将公司的股份出售给风险投资公司和私募股权公司以外的任何人
 b. 禁止成员在董事会任职
 c. 禁止筹资公司更换管理层
 d. 要求等于所借资金价值的抵押品
16. 你来到一家电器商店购买大屏幕电视机。销售员非常粗鲁地告诉你他很忙，现在不能向你提供帮助，因此你只能等待。你看到他喝了杯咖啡后开始休息。你所看到的属于（　　）。
 a. 委托-代理问题
 b. 逆向选择问题
 c. 柠檬问题
 d. 抵押品是如何缓解道德风险问题的
17. 下列哪个不是债务合约中限制性条款的例子？（　　）
 a. 要求借款人保持抵押品的价值
 b. 要求借款人购买人寿保险
 c. 要求借款人定期提供财务报告
 d. 要求借款人支付较高的利率
18. 下列哪项可以在债务安排中同时减少逆向选择和道德风险？（　　）
 a. 要求借款人提供抵押品
 b. 要求借款人有较高的净值
 c. 要求借款人使用银行等金融中介机构获取贷款
 d. 上述选项都正确
19. 投资银行利用有关公司信贷风险的信息来帮助推销该公司的证券，之后其经纪人使用相同的信息向购买该证券的投资者提供建议，我们可以发现投资银行利用了（　　）。
 a. 规模经济
 b. 范围经济
 c. 金融经济
 d. 银行经济
20. 金融结构的经济学分析的一个关键发现是（　　）。
 a. 交易证券的免费搭车问题的存在有助于解释为什么银行在为企业活动融资方面起着主导作用
 b. 虽然免费搭车问题限制了证券市场为某些商业活动提供资金的程度，但大多数流向企业的资金都是通过证券市场融资得到的

c. 鉴于证券市场受到很大程度的监管，免费搭车问题在该市场中并不会带来重大的经济后果

d. 经济学家对证券市场为何受到如此严格的监管没有很好的解释

第9章 银行业与金融机构管理

本章回顾

预　习

本章将考察旨在实现利润最大化的商业银行管理。之所以着眼于商业银行，是因为它是最为重要的金融中介机构。

银行的资产负债表

银行的资产负债表是银行的资金来源［负债（例如存款）和资本］和资金运用（资产，例如贷款）的列表。它的特征是：总资产＝总负债＋资本。银行的负债包括：支票存款（活期存款，可转让支付命令账户，货币市场存款账户），非交易存款（储蓄账户，定期存款或定期存单）和借款（贴现贷款，借入联邦基金，向银行控股母公司借款，回购协议，欧洲美元借款）。银行资本在负债方，是银行的净值。1960 年支票存款占到银行负债的 60%以上，到 2020 年 6 月这个比例只有 14%了。2020 年 6 月，非交易存款大约占银行负债的 63%。

银行的资产包括：准备金（银行在美联储的存款与库存现金之和），托收在途现金，银行同业存款（目的是换取一些服务，例如支票托收、购买证券和外汇交易），证券（美国政府和政府机构证券，州和地方政府证券，以及其他证券），贷款（工商业贷款、不动产贷款、消费者贷款、银行同业贷款和其他贷款）和其他资产（实物资本）。法定准备金率或法定准备金制度规定银行必须将所吸收的支票存款的一定比例以法定准备金形式持有，目前这个比例是 10%。银行可以选择持有超额准备金。

基本银行业务

银行通过实施资产转换来赚取利润。它们借短（吸收期限较短的存款）贷长（发放期限较长的贷款）。当银行存款增加时，准备金等额增加。当银行存款减少时，准备金也等额减少。在简化的案例中，银行将进行存款创造的超额准备金贷放出去，它们所收取的贷款利率高于吸收存款时所支付的利率，从而获利。

银行管理的基本原则

银行为应对存款外流，需要进行流动性管理。因此，虽然超额准备金和二级准备金的利息低于流动性稍逊的贷款等资产，银行仍需持有。第一，如果银行有足额的准备金，存款外流就不一定会引起资产负债表其他项目的调整。第二，银行可以以相对较低的交易成本出售一些证券。第三，银行虽然可以向美联储借入贴现贷款，但需向美联储支付利息。第四，银行可以收回贷款，或是将贷款出售给其他银行。但这种筹资方式的成本最高，因此应尽量避免。

银行实施资产管理的目的是追求尽可能高的回报率，降低风险和获取流动性。为此，银行要努力寻找那些既愿意支付高利率、违约风险又很低的借款人；购买高回报和低风险的证券；投资资产组合，通过多样化来降低风险；保有足够的流动资产，避免因存款外流而发生的成本。负债管理曾经是一件四平八稳的事情，因为当时 60%的银行负债是支票存款，银行之间不必以支付利息的方式对存款进行争夺，并且联邦基金市场还不够发达。20 世纪 60 年代之后，大的货币中心银行开始销售可转让定期存单和向其他银行借款。于是，当银行发现有利可图的贷款机会时，就可以积极地搜寻资金来源。

资本充足性管理是银行对所持有的资本规模进行管理，目的是要降低银行破产（资产＜负债）的概率和满足监管当局对银行资本金的要求。银行资本可以缓冲由坏账损失引起的银行资产价值下降的冲击。在其他因素相同的情况下，资本规模越大，银行所能承受的坏账损失就越大，并保持生存（净值为正）。但银行资本越低，银行所有者的股本回报率就越高，因此，股权拥有人的回报率和安全性之间存在着此消彼长的关系。股本回报率（ROE）的定义可以反映这一关系。ROE＝税后净利润/权益资本。资本减少可以提高 ROE。持有资本是要付出成本的，因此监管当局对最低资本金提出了要求。要提高资本相对于资产的比例，银行可以增发普通股，降低银行股利以增加留存收益，或者卖出贷款或证券来降低银行的资产。在金融危机中，银行很难筹集到资本，因此常常会减少贷款，从而引起信用紧缩。

信用风险管理

信用风险是指由贷款违约可能性引发的风险。为避免逆向选择和道德风险等信息不对称问题，银行可以进行下列活动。第一，银行甄别和监督借款人。例如：在发放贷款之前收集借款人的信息；专门向特定行业发放贷款；通过限制性条款的监督和执行，确保借款人按照事先约定的方式使用贷款。第二，银行可以建立长期客户关系，从而可以更加有效地收集借款人的信息，借款人为了未来能够获取贷款，会有动力减少道德风险。第三，银行提供贷款承诺，从而有助于建立长期客户关系。第四，银行要求借款人提供抵押品和补偿余额。补偿余额的作用类似于抵押品，并且有助于银行监控贷款的支出。第五，银行可以实施信贷配给，即即使借款人愿意支付更高的利率，也拒绝向其发放贷款，或者贷款金额低于借款人最初的要求。

利率风险管理

利率风险是由利率变动引起的收益和回报风险。如果银行的利率敏感型负债（短期负债）大于利率敏感型资产，利率上升就会减少银行利润。这是因为银行负债的利息支付上升幅度超过了资产利息收入的上升幅度。相反，利率下跌会增加银行利润。基本缺口分析可以测度银行利润对利率变化的敏感性。缺口＝利率敏感型资产－利率敏感型负债。缺口×利率变动＝银行利润变化。久期分析考察的是银行资产负债总额的市场价值对利率变动的敏感性，从而可以反映利率变动所引起的银行净值变动。证券市值的百分比变动≈－利率的百分点变动×久期（年数）。这两种方法都说明，利率敏感型负债较多的银行会因利率上升而受损，因利率下跌而受益。利率风险管理要求调整银行资产或负债的平均久期，因而成本很高。

表外业务

表外业务并不反映在银行的资产负债表中，但的确会影响到银行利润，例如，贷款出售、收费和金融工具交易等业务。贷款出售或二次参与贷款是指银行出售部分或全部贷款的现金流。收费业务包括代客户买卖外汇、代收代付抵押支持证券的本金和利息、为银行承兑汇票等债务证券提供担保与提供备用信用额度。金融工具交易活动可以使银行盈利，但风险较高，要求银行落实风险评估程序，限制雇员过度冒险。

重要提示

1. 在 1960 年之前，银行 60％以上的负债是支票存款。由于银行不能通过支付利息来积极竞争这些存款，银行的规模在很大程度上取决于它本地的资金来源。在 1960 年之后，银行若拥有大量有利可图的贷款机会，就会通过 20 世纪 60 年代之前没有的一些借款方式来寻找资金。于是，与 1960 年之前相比，银行对其规模和增长率有了更大的影响力。

2. 资本金可以保护银行免于破产或资不抵债。资不抵债是银行资产的价值下降至其负债之下。因此，如果银行资产价值的下降幅度在资本金之内，银行即可承受。如果银行有 10 亿美元资本，其资产价值下降的幅度最大可以达到 10 亿美元，在 10 亿美元以内银行在技术上资产尚可抵债。

术语和定义

为每个术语找到其对应的定义。

关键术语：

________资产管理

定义：

1. 要求存款机构将存款的一定比例以准备金形式持有的强制性规定。

________资产负债表	2. 衡量银行资产负债总额的市场价值对利率变动的敏感性的方法。
________资本充足性管理	3. 借款人违约可能性所产生的风险。
________补偿余额	4. 利率变动所引起的回报率减少的可能性。
________信贷配给	5. 为增加利润而获取违约率较低的资产，以及持有多元化的资产组合。
________信用风险	6. 单位权益资本获取的税后净利润。
________贴现贷款	7. 超过法定准备金的准备金。
________久期分析	8. 银行资产和负债的列表，反映出等式：总资产＝总负债＋资本。
________股本乘数	9. 私人银行持有的短期美国政府证券。
________超额准备金	10. 以较低的资本获取资金以增加利润。
________缺口分析	11. 银行在美联储的存款和库存现金之和。
________利率风险	12. 单位权益资本对应的资产数量。
________负债管理	13. 银行有关应当保有的资本规模以及获取相应资本的决策。
________流动性管理	14. 贷款人拒绝发放贷款，或者将贷款规模限制在申请规模之内。
________法定准备金制度	15. 银行有关保有足够的流动性资产以满足储户偿付请求的决策。
________准备金	16. 银行向美联储的借款。
________股本回报率	17. 计算银行利润对利率变动的敏感性的方法，缺口等于利率敏感型资产减去利率敏感型负债。
________二级准备金	18. 获得贷款的企业必须在贷款银行的支票账户中保有的最低金额的资金。

思考题和简答题

实践应用题

1. 在 T 账户中记录下列事件。

a. 乔将 3 000 美元的支票存入其在当地银行的支票账户中。

当地银行

资产	负债

b. 当地银行将这张支票存入美联储，美联储代当地银行收取这笔资金。

当地银行

资产	负债

c. 银行收取这笔存款后，其准备金会发

生什么变动？

d. 乔提取 500 美元现金，以支付租金。他的房东将这 500 美元存入房东银行。

当地银行

资产	负债

房东银行

资产	负债

e. 当银行存款流失时，其准备金会发生什么变动？

9

f. 假定法定准备金率是 10%。房东银行吸收 500 美元存款后，放出最大可能的贷款。

房东银行

资产	负债

g. 房东银行为获取利润，与发放贷款收取的利率相比，其向存款支付的利率应当是怎么样的？

2. 假定流动性管理下的银行资产负债表如下表所示。存款的法定准备金率为 20%。表中金额的单位是百万美元。

资产		负债	
准备金	25	存款	100
贷款	75	银行资本	10
证券	10		

a. 请反映 500 万美元的存款流出对银行资产负债表的影响。

资产	负债

b. 为了满足法定准备金要求，银行是否必须调整其资产负债表？请做出解释。

c. 请反映又一笔 500 万美元的存款流出对银行资产负债表的影响（银行存款流出总计 1 000 万美元）。

资产	负债

d. 为了满足法定准备金要求，银行是否必须调整其资产负债表？请做出解释。

e. 如果银行选择卖出证券以满足法定准备金要求，它需要卖出多少证券呢？请做出解释。请完成证券出售后的资产负债表。

资产	负债

f. 银行要满足流动性要求，为什么选择卖出证券而非贷款呢？如果银行存款流出的规模很大，证券已经销售殆尽，且无法从其他地方借款，银行不得不卖出一些贷款，那么这会对银行产生什么影响？

3. 下面是高资本金银行和低资本金银行的资产负债表。表中金额的单位为百万美元。

高资本金银行

资产		负债	
准备金	90	存款	540
贷款	510	银行资本	60

低资本金银行

资产		负债	
准备金	90	存款	560
贷款	510	银行资本	40

a. 每家银行在资不抵债之前能够承受多大金额的坏账？哪家银行出现资不抵债的可能性较低？

b. 假定每家银行的税后净利润都为 600 万美元。每家银行的资产回报率（ROA）是多少？每家银行的股本回报率（ROE）是多少？哪家银行的盈利性更强？

c. 这个案例说明股权拥有人的安全性和盈利性之间有什么联系？监管当局如何应对这一状况？

4. 假定利率敏感型银行的资产负债表如下表所示。表中金额的单位为百万美元。

利率敏感型银行

资产		负债	
可变利率贷款	5	可变利率存单	30
短期贷款	10	货币市场存款账户	20
短期证券	15	支票存款	10
准备金	10	储蓄存款	10
长期贷款	30	长期存单	20
长期证券	30	权益资本	10

a. 使用基本缺口分析来确定该银行的“缺口”。

b. 如果利率突然上升 2 个百分点，银行利润的变动幅度是多少？

c. 如果利率突然下跌 3 个百分点，银行利润的变动幅度是多少？

d. 如果银行的利率敏感型负债多于利率敏感型资产，利率变动会对银行利润产生什么影响？

e. 假定该银行资产的平均久期为 4 年，负债的平均久期为 2 年。使用久期分析说明，利率上升 3 个百分点，银行净值的变动是多少。

简答题

1. 二级准备金是什么？持有二级准备金的目的是什么？与超额准备金相比，二级准备金有何优势？
2. 商业银行最大的资金来源是什么？与大约 40 年前相比，支票存款在银行资金来源中的重要性是上升还是下降了？
3. 对于商业银行而言，哪类资产创造的利润最大？银行该类资产的利润为何最多？
4. 如果银行的资产为 1 000 美元，法定准备金率为 10%，银行的法定准备金为多少？银行必须以什么形式持有法定准备金？
5. 银行实施资产管理时，它们追求的是高收益率、低风险和具有充足流动性的资产。这为什么十分困难？
6. 如果储户从银行提取 100 美元存款，银行准备金会发生什么变动？
7. 银行如何降低其信用风险敞口？
8. 银行要提高资本相对于资产的比例，应采取哪些方法？
9. 什么是表外业务？这些业务是在增长还是在逐渐减少？
10. 银行在出现存款外流时，会如何创造流动性？

评判性思维

你正在和朋友收听新闻。新闻主播说美联储已经在连续八次会议上提高利率。你的朋友说：“我肯定银行非常乐于见到利率上升。银行通过高利率可以赚取大量利润。银行股价要冲顶了。”

1. 借助缺口分析，向你的朋友说明利率上升会如何影响银行的利润。

2. 借助缺口分析，向你的朋友说明利率上升会如何影响银行的净值。

自我测试

判断对错题

1. 银行的资产是其资金的来源。（　　）
2. 支票存款是银行资金的主要来源。（　　）
3. 银行资本是银行的净值，它等于银行的总资产减去总负债。（　　）
4. 向美联储的借款即为贴现贷款，借款银行就这一贷款所支付的利率即为贴现率。（　　）
5. 银行的准备金包括现金以及存放在美联储和其他银行的存款。（　　）
6. 贷款创造了银行大部分的利润。（　　）
7. 当银行面临存款外流时，它首要的选择是卖出贷款获取准备金，以应对存款外流的影响。（　　）
8. 银行将50%以上的资产以超额准备金的形式持有，原因是这些资产的流动性很好，能够应对存款外流的影响。（　　）
9. 当银行负债的价值超过其资产的价值时，就会破产。（　　）
10. 从20世纪60年代以来，可转让存单和银行借款在银行资金来源中的重要性开始上升。（　　）
11. 银行资本增加可以强化其安全性和提高其股本回报率。（　　）
12. 美国法律允许银行任命一名人员进入董事会，以降低道德风险问题。（　　）
13. 如果银行资产的平均久期超过负债的平均久期，利率上升会增加银行的净值。（　　）
14. 如果银行的利率敏感型负债大于利率敏感型资产，利率上升会减少银行的利润。（　　）
15. 在过去25年里，银行表外业务的重要性有所下降。（　　）

选择题

1. 下列哪项是商业银行目前最大的资金来源？（　　）
   a. 支票存款
   b. 非交易存款
   c. 借款
   d. 银行资本
2. 美国商业银行持有的美国政府和政府机构证券被称为二级准备金，原因是（　　）。
   a. 可以以较低的交易成本转换为现金
   b. 是银行重要的收入来源
   c. 二级准备金的50%可以用于满足准备金要求
   d. 在银行持有的重要性上，二级准备金仅次于银行金库的现金
3. 下列哪项银行资产的流动性最强？（　　）
   a. 州和地方政府证券
   b. 工商业贷款
   c. 不动产贷款
   d. 美国政府证券
4. 法定准备金是银行（　　）的固定比例。
   a. 资产
   b. 贷款
   c. 支票存款
   d. 资本
   e. 负债

5. 下列哪个有关银行资产负债表的表述是正确的？（　　）
   a. 银行的负债是其资金的来源
   b. 银行的资产是其资金的运用
   c. 总资产－总负债＝银行资本
   d. 上述选项都正确
6. 银行的库存现金与在美联储的存款之和即为（　　）。
   a. 资本
   b. 联邦基金
   c. 准备金
   d. 托收在途现金
   e. 超额准备金
7. 一般来说，下列哪种资金获取方式对银行而言成本是最低的？（　　）
   a. 支票存款
   b. 联邦基金
   c. 非交易存款
   d. 欧洲美元或回购协议等借款
   e. 贴现贷款
8. 你将 3 000 美元支票存入银行，该支票的签发行是另外一家银行，对你的银行的资产负债表最直接的影响是你的银行存款增加了 3 000 美元，你的银行（　　）。
   a. 准备金增加了 3 000 美元
   b. 托收在途现金增加了 3 000 美元
   c. 贷款增加了 3 000 美元
   d. 资本增加了 3 000 美元
   e. 上述选项都不正确
9. 如果银行出现资本外流，且没有超额准备金，银行要筹集资金，会首先采用的措施是（　　）。
   a. 收回一些贷款
   b. 卖出一些贷款
   c. 向美联储借款
   d. 卖出一些证券
10. 下列哪种不属于可管理的负债？（　　）
   a. 可转让存单
   b. 借入联邦基金
   c. 欧洲美元借款
   d. 支票存款
11. 银行有 100 美元支票存款，15 美元准备金，法定准备金率为 10%。假定银行出现了 10 美元存款外流。如果银行选择向美联储借款来满足法定准备金要求，它需要借入（　　）美元。
   a. 0
   b. 1.50
   c. 4
   d. 5
   e. 10
12. 下列哪一个表述最准确地描述了银行资产管理的任务？（　　）
   a. 在获得正的经营回报率的前提下寻求尽可能高的流动性
   b. 在最小化风险和为流动性做充足准备的前提下寻求尽可能高的回报
   c. 不惜一切代价防止倒闭
   d. 寻求以成本最低的方式获得资金
13. 假定银行的资产负债表如下：负债方有 93 美元的存款和 7 美元的资本，资产方有 10 美元的准备金和 90 美元的贷款。银行在资不抵债之前能够承受多少坏账？（　　）
   a. 0 美元
   b. 7 美元
   c. 9.3 美元
   d. 10 美元
   e. 93 美元
14. 在其他因素相同的情况下，资本金较高的银行（　　）。
   a. 破产风险较低

b. 所有者的股本回报率较高

c. 流动性较强

d. 上述选项都正确

15. 下列哪种不是银行降低信用风险的方式？（　　）

a. 收集潜在借款人的信息，甄别出高风险的借款人

b. 使用缺口分析，帮助银行平衡利率敏感型资产和负债

c. 建立与借款人的长期联系

d. 在贷款合约中加入限制性条款

e. 实施信贷配给

16. 银行通常会专门向某一行业的公司提供贷款，这是因为这种活动（　　）。

a. 会降低收集和分析借款人信息的成本

b. 会降低银行的利率风险敞口

c. 会提高银行贷款组合的多元化程度

d. 是法律的要求

e. 上述选项都正确

17. 假定银行的“缺口”为－5 000 万美元。如果利率上升 2%，银行的利润会发生什么变动？（　　）

a. 利润上升 1 亿美元

b. 利润下降 1 亿美元

c. 利润上升 100 万美元

d. 利润下降 100 万美元

18. 下列有关利率风险的表述中，哪个是正确的？（　　）

a. 商业银行的“缺口”通常大于规模相当的储蓄与贷款协会

b. 利率上升通常会增加银行的利润

c. 如果银行的利率敏感型负债大于资产，利率上升会减少银行利润

d. 银行的利率敏感型资产通常大于负债

e. 上述选项都正确

19. 下列哪项描述的不是表外业务？（　　）

a. 银行通过签发银行承兑汇票，为企业债务提供担保

b. 银行发放抵押贷款，并将其出售给人寿保险公司

c. 银行向大企业客户发放贷款

d. 银行为其大企业客户将美元兑换为欧元

20. 如果银行资产的平均久期为 4 年，请使用久期分析，说明利率上升 2%，银行资产的价值会发生什么变动。（　　）

a. 资产的价值上升 8%

b. 资产的价值下跌 8%

c. 资产的价值上升 2%

d. 资产的价值下跌 2%

第 10 章　金融监管的经济学分析

本章回顾

预　习

本章将运用经济学的分析方法，说明为什么金融监管采取目前的形式。然而金融监管并不总是有效的。本章将运用对金融监管的经济学分析，来解释世界范围内的银行业危机，并着眼于如何改革监管体系以预防未来这样的灾难。

信息不对称是金融监管的理论依据

信息不对称会引发逆向选择和道德风险，对金融体系具有重要的影响。信息不对称、逆向选择和道德风险等概念有助于理解政府实施金融监管的原因。

政府安全网

储户缺乏有关银行私人贷款质量的信息。因此，在存款保险出现之前，储户不愿意将资金存放在银行，银行体系即使遭到非常小的负面冲击，也会引发银行恐慌和传染效应。为解决这一问题，联邦存款保险公司于 1934 年成立了。联邦存款保险公司主要采取偿付法和收购与接管法来处理破产银行，为所有储户提供担保。除了存款保险外，中央银行还可以作为陷入困境的机构的“最后贷款人”。

政府安全网的缺点

政府安全网可以解决一些问题，但会引发道德风险（金融机构过度冒险）和逆向选择（偏好风险的企业家可能会选择进入金融业）问题。由于非常大的金融机构的倒闭很可能会导致金融体系的崩溃，一些金融机构被认为“大而不倒”，一旦它们资不抵债，联邦存款保险公司就会采取收购与接管法，从而进一步加剧了道德风险问题。金融并购增加了“大而不倒”的金融机构。综合型金融服务企业意味着政府安全网需要扩展到非银行业务领域。

金融监管类型

旨在缓解信息不对称问题和金融体系的过度风险承担的金融监管有八种基本类型：

• 资产持有限制。金融机构的储户和债权人很难轻而易举地监控银行的资产，因而，监管机构限制银行持有普通股等风险资产，并要求银行提高多元化程度。

• 资本金要求。对银行资本金的要求包括杠杆比率（银行资本与总资产的比率）必须超过5%。已经被100多个国家采用的《巴塞尔协议》规定了以风险为基础的资本金要求，从而增加了风险较高银行的杠杆比率要求。

• 即时整改行动。1991年《联邦存款保险公司改善法》通过了即时整改行动条款，要求联邦存款保险公司在银行陷入困境时应当尽早并且更加强力地进行干预。

• 注册与检查。金融机构注册可以防止不符合要求的人来掌管金融机构，从而可以规避逆向选择问题。定期实地检查和对银行活动进行骆驼评级可以抑制道德风险。银行每季度都要提交报告。

• 风险管理评估。由于银行的风险可以高于资产负债表所反映的程度，因此，监管者十分关注银行的风险管理程序，包括控制欺诈风险、风险交易活动和利率风险。

• 信息披露要求。免费搭车问题说明，单个储户和债权人没有足够的动机来生产有关金融机构资产质量的私人信息。为此，监管者要求银行服从标准会计准则和披露各种各样的信息。2002年《萨班斯-奥克斯利法案》将信息披露要求进一步推向深入，具体做法是：提高了对公司利润表和资产负债表进行准确审计的激励，成立了旨在监督审计行业的公众公司会计监督委员会（PCAOB），以及规范了限制金融服务业利益冲突的监管要求。

• 消费者保护。为应对信息不对称问题，《贷款真实性法》要求所有贷款人向消费者提供有关借款成本的信息。1974年的《平等信用机会法案》与1977年的《社区再投资法案》等其他法律则禁止贷款歧视。2008年对《贷款真实性法》的补充规定则增加了有关借款人偿债能力和贷款真实项目的信息要求。

• 对竞争的限制。竞争的加剧会助长金融机构为追逐利润而过度冒险的行为，从而加剧道德风险问题。历史上，美国银行被限制开立分支机构，《格拉斯-斯蒂格尔法》则禁止非银行机构从事银行业务。但这些限制措施降低了效率，导致消费者成本的增加。

重要提示

1. 银行将储户的钱贷放出去时会面临逆向选择和道德风险问题，储户在将钱存入银行时面临着同样的问题。为规避私人金融市场上的信息不对称问题，银行对借款人进行甄别，利用限制性条款防止借款人从事高风险投资活动，在限制性条款中要求借款人保有最低限度的净值，并且对借款人的活动进行监督。同银行一样，监管者代表储户对银行的注册提出要求，限制银行持有风险较高的资产，对银行施加资本金要求和对银行进行检查。

2. 银行在濒临资不抵债的境地时，其道德风险问题会进一步加剧。当银行在技术上已经资不抵债时，银行的净值已经不再是正值了，此时银行拥有的贷放资金完全来自储户，而不是所有者的钱了。也就是说，所有者已经没有什么可以损失的了。于是，银行就有了寻求尽可能高风险贷款的动机。如果贷款无法履约，损失的是储户和联邦存款保险公司的钱，所有者不会承担任何损失。如果贷款状态正常，所有者可以获得收益。这就好像银行可以用其他人的钱来赌博。如果赌输了，因为用的是别人的钱，银行不会在乎。但如果赌赢了，银行就赚了。

术语和定义

为每个术语找到其对应的定义。

关键术语：	**定义：**
________银行破产	1. 对金融机构及其业务活动的监管。
________银行恐慌	2. 按照 1/100 的概率，计算一个交易组合在较短时间区间内（例如，2 周内）可能出现的损失规模。
________“大而不倒”问题	3. 金融机构利用该模型计算在虚拟的极端可怕情景下的潜在损失与资本金补充需求。
________金融监管（审慎监管）	4. 银行无法履行对储户和其他债权人的支付义务，只得停止营业。
________《巴塞尔协议》	5. 要求银行持有的资本至少占其风险加权资产的 8%的协议。
________巴塞尔银行监管委员会	6. 银行资本与总资产之比。
________杠杆比率	7. 在金融危机期间，许多银行同时倒闭的情形。
________监管套利	8. 指监管者不愿意关停大型金融机构的问题，因为这样做可能会引发金融危机。
________压力测试	9. 由位于瑞士巴塞尔的国际清算银行发起的一个国际银行业监管委员会。
________在险价值	10. 银行在其账面资产中会保留那些资本规定中风险权重相同但风险较高的资产（如向信用评级较低的公司发放的贷款），而会剔除风险较低的资产（如向信用评级非常高的公司发放的贷款）。在监管套利的过程中，高风险资产和低风险资产的以风险为基础的资本金要求是相同的。

思考题和简答题

实践应用题

1. 储户和监管者同贷款市场上的银行和个人贷款人一样，面临着逆向选择和道德风险问题。(见重要提示的第一点。)
   a. 金融监管者减少银行的逆向选择和道德风险问题的四种方法是什么？每种方法所解决的是什么问题——逆向选择还是道德风险？
   b. 将a的答案与银行和个人贷款人用于解决贷款市场上相同问题的方法匹配起来。

2. 美国的一些银行被监管者认定为“大而不倒”。
   a. 联邦存款保险公司用哪两种方法来处理资不抵债的银行？如果监管者认定某银行“大而不倒”，当该银行资不抵债时，监管者会如何处理？这对银行的储户和债权人而言意味着什么？
   b. “大而不倒”政策的目的是什么？
   c. 该政策加剧了什么问题？请做出解释。
   d. 金融并购会对“大而不倒”政策产生什么影响？请做出解释。
   e. 联邦存款保险公司可以使用两种方法来处理资不抵债银行。哪种方法所引起的道德风险问题最小？为什么？

简答题

1. 存款保险可以解决什么问题？请做出解释。
2. 存款保险会引发哪两个问题？请做出解释。
3. 监管者为何对银行规定了最低杠杆比率？
4. 骆驼评级可以用于评估什么？
5. 银行业的过度竞争会导致什么问题？监管者过去是如何限制竞争的？这些监管措施导致了什么问题？
6. 为什么国际银行业的监管十分困难？《巴塞尔协议》试图达到什么目的？
7. 政府安全网造成了逆向选择和道德风险问题。请做出解释。
8. 为什么银行监管的趋势从关注资本金要求转向了关注风险管理？

评判性思维

假定你正在看电视，风险银行的广告说明，该银行投资于风险较高的投机性贷款和垃圾债券，它为定期存单支付的利率是10%。之后播出的是安全银行的广告。安全银行甄别和监控借款人，因而其发放的贷款肯定可以偿付，但它所支付的定期存单利率只有5%。

1. 如果联邦存款保险公司为所有存款提供保险，你会选择在哪家银行存款？为什么？

2. 如果不存在存款保险制度，你会选择在哪家银行存款？为什么？

3. 这个案例如何反映各国对其银行实施注册和监管制度的原因？要求银行注册和对银行实施监管可以解决什么问题？

自我测试

判断对错题

1. 联邦存款保险公司的存款保险制度可以减少银行业的逆向选择和道德风险问题。（　　）
2. 如果联邦存款保险公司使用收购与接管法来处理资不抵债的机构，那么纳税人的成本会较低。（　　）
3. “大而不倒”政策为非常大的银行提供了竞争优势。这是因为该政策事实上是担保大银行的所有储户和债权人在银行破产时能够得到偿付，而非只为投保储户和债权人提供担保。（　　）
4. 要求银行注册可以减少银行业的逆向选择问题，原因是，这一政策降低了不符合要求或偏好风险的人控制银行的概率。（　　）
5. 《巴塞尔协议》要求所有签约国为其存款机构提供存款保险。（　　）
6. 银行资产负债表自身就可以准确反映银行所遭受的风险程度。（　　）
7. 限制资产持有的银行监管，如果限制措施变得太过烦琐，可能会削弱金融体系的运行效率。（　　）
8. 资本金要求旨在降低银行业的道德风险，因为银行破产时，其所有者要付出很高的成本。（　　）
9. 发生在 20 世纪 80 年代的金融自由化是导致美国、挪威、瑞典和芬兰等国家银行业危机的一个重要因素。（　　）
10. 根据银行资本，银行可分为“资本雄厚型”“资本充足型”“资本不足型”“资本严重不足型”。（　　）
11. 用风险权重规定的银行风险监管指标与银行面对的真实风险可能差异明显，会导致监管套利。（　　）
12. 政府安全网最严重的缺点来自逆向选择。（　　）
13. 巴塞尔银行监管委员会规定，其他国家的监管者如果认为某家外国银行缺乏有效监管，可以限制其业务活动。（　　）
14. 1991 年《联邦存款保险公司改善法》要求存款保险实施基于风险的保费制度。（　　）
15. 金融监管困难的其中一个原因是被监管机构可能会游说政治人物对监管机构施压放它们一马。（　　）

选择题

1. 对于拥有存款保险制度的银行体系而言，下列哪个表述是不正确的？（　　）
   a. 储户更可能将钱存入银行
   b. 在危机时期，储户不大可能将钱从银行中提取出来
   c. 储户不大可能收集有关银行贷款质量的信息
   d. 银行业中的道德风险问题得以缓解
2. 如果银行资不抵债，联邦存款保险公司重组该银行的方式是找到有意愿的并购合伙人，这种处理资不抵债银行的方法被称为（　　）。
   a. 偿付法
   b. 安全网方法

c. 收购与接管法
d. 骆驼方法

3. 存款保险制度之所以会加剧银行业中的逆向选择问题，是因为该制度（　　）。
a. 吸引了偏好风险的人成为银行的所有者
b. 增加了银行业中的风险贷款
c. 减少了银行的资本
d. 缩小了银行的存款规模

4. 如果联邦存款保险公司将某资不抵债的银行认定为“大而不倒”，那么处理该银行的方法是（　　）。
a. 偿付法，为所有存款提供担保
b. 偿付法，只对不超过 10 万美元的存款提供担保
c. 收购与接管法，为所有存款提供担保
d. 收购与接管法，只对不超过 10 万美元的存款提供担保

5. 联邦存款保险公司“大而不倒”政策（　　）。
a. 降低了大银行的道德风险动机
b. 增加了大银行的道德风险动机
c. 降低了小银行的道德风险动机
d. 增加了小银行的道德风险动机

6. 下列哪种银行监管最为关注减少银行业中的逆向选择问题？（　　）
a. 消费者保护法
b. 要求银行使用标准会计准则的信息披露要求
c. 定期的现场检查
d. 银行注册要求

7. 银行的资本/总资产比率又被称为（　　）。
a. 杠杆比率
b. 利润比率
c. 股权比率
d. 负债比率

8. 监管者针对银行规定了资本金要求，这是因为较低的资本/资产比率会严重（　　）。
a. 加剧银行的逆向选择
b. 加剧银行的道德风险
c. 提高银行的骆驼评级
d. 降低银行的股本回报率
e. 上述选项都正确

9. 银行间的竞争（　　）。
a. 助长了银行的风险承担行为
b. 鼓励银行保守经营
c. 增强了银行的盈利能力
d. 降低了政府监管的需要

10.《巴塞尔协议》的主要目的是要统一（　　）。
a. 国际范围内的存款保险制度
b. 国际范围内的银行检查
c. 国际范围内的银行资本金要求
d. 国际范围内开立分支机构的限制

11. 金融整合导致的金融机构规模扩大增加了（　　）问题的严重性，因为现在有更多的大型机构的倒闭将使金融系统面临系统性风险。
a. 大而不倒
b. 资产转换
c. 交易成本
d. 规模经济

12. 监管机构试图通过以下方式降低银行资产组合的风险：（　　）。
a. 限制特定种类贷款或单个借款人的贷款规模
b. 鼓励银行持有普通股等风险资产
c. 制定银行可以从某些资产中赚取的利率的下限
d. 要求所有贷款都设置抵押品

13.《巴塞尔协议》要求银行持有至少相当于其风险加权资产的（　　）的金额作为资本。

a. 10%

b. 8%

c. 5%

d. 3%

14. 定期的银行检查和对资产持有的限制有助于间接减少（　　）问题，因为在承担风险的机会较少的情况下，容易产生风险的企业家将被阻止进入银行业。

a. 道德风险

b. 逆向选择

c. 事后逃避

d. 后契约机会主义

15. 旨在向市场提供信息以便投资者做出明智决策的法规被称为（　　）。

a. 信息披露要求

b. 有效的市场需求

c. 资产限制

d. 资本金要求

16. 导致全球金融危机的一个重要因素是（　　）。

a. 宽松的消费者保护法规

b. 对抵押贷款发起人的繁重规定

c. 抵押贷款经纪人使用复杂抵押贷款产品的动机薄弱

d. 强烈鼓励抵押贷款经纪人核实收入信息

17. 联邦存款保险公司处理银行破产所使用的方法中，哪种引发的道德风险问题最大？（　　）

a. 偿付法

b. 收购与接管法

c. 骆驼方法

d. 安全网方法

18. 银行的表外业务（　　）。

a. 是违法的

b. 会减少银行的利润

c. 会加剧银行的风险

d. 是不受监管的

19. 当前对银行风险管理的监管实践侧重于（　　）。

a. 资产负债表的质量

b. 确定是否满足资本金要求

c. 评估银行风险管理过程的稳健性

d. 消除所有风险

20. 监督谁在经营银行以及经营得怎么样被称为（　　）。

a. 审慎监管

b. 灾害保险

c. 监管干预

d. 贷款损失准备金

第 11 章 银行业：结构与竞争

本章回顾

预　习

银行是追求利润的金融中介机构。与其他国家相比，美国拥有更多的小银行。本章将考察美国银行数目众多的原因，并强调银行竞争力、效率和健全性的重要性。

银行体系的历史发展

美国第一家商业银行成立于 1782 年。1791—1811 年，美利坚银行扮演了私人银行和中央银行的双重角色。中央银行是负责整体经济中货币和信贷供应量的政府机构。1816—1832 年，美利坚第二银行发挥了中央银行的作用。在 1863 年之前，银行都是由所在州颁发执照的，因此它们被称为州银行。1863 年，通货监理署负责监管联邦注册银行，这些银行被称为国民银行。因此，在 1863 年之后，美国出现了双重银行体系，即国民银行同州银行并行运作。今天的中央银行，即联邦储备体系（简称美联储）成立于 1913 年。基于 1933 年的法律，联邦存款保险公司于 1934 年成立，旨在防止储户因银行破产而遭受损失。1933 年，《格拉斯-斯蒂格尔法》将商业银行和证券业完全分离开来。目前，通货监理署负责管理国民银行，美联储和州银行监管当局共同管理作为美联储会员的州银行，联邦存款保险公司和州银行监管当局共同监管非美联储会员的投保银行。州银行监管当局独自监管少数未投保的州银行，美联储监管银行控股公司。

金融创新与“影子银行体系”的发展

金融环境的变化会推动金融机构进行具有盈利性的创新。新的金融产品和服务的研究和开发即为金融工程。金融创新来自三个方面的动机，它们之间经常相互交织。

• 适应需求变化的金融创新：20 世纪 70 年代，利率波动性日益增强，从而加剧了利率风险，引发了对利率风险规避产品的需求，例如，可变利率抵押贷款和期货合约等金融衍生工具。

• 适应供给变化的金融创新：信息技术的发展会降低处理金融交易的成本，因此，金融机构可以提供新金融产品和服务，并且使投资者更容易获取信息，从而为企业发行证券提供了便利。于是，对银行信用卡和借记卡、自动柜员机（ATM）等电子银行设施以及虚拟银行的使用增加了。知名度略差的公司可以发行垃圾债券和商业票据。证券化将不具有流动性的金融资产打包成标准化金额，并出售给第三方。这个创新在 21 世纪的次贷危机中发挥了核心作用。

• 规避现行监管的金融创新：两类规章制度引发了“钻空子”和创新行为，分别是法定准备金制度（事实上是对存款所征收的税负）和《Q 条例》规定的存款利率上限（导致了存款的流失，即脱媒）。货币市场共同基金和流动账户得以迅速发展。

金融创新降低了银行资金获取的成本优势和资产的收入优势。竞争压力导致《Q 条例》的废除，从而降低了银行获取资金的成本优势。垃圾债券、证券化和商业票据市场的竞争引起了银行资产收入优势的下降。于是，银行的传统业务（吸收存款和发放贷款）的盈利能力日益下降，引发银行传统业务的衰落和影子银行体系的拓展。银行为应对这一局面，积极发放风险较高的不动产贷款，增加了对企业并购和杠杆收购等交易的贷款以及开展表外业务。

11

美国商业银行业的结构

为抑制竞争，美国实施了限制开办分支机构的政策，这导致美国商业银行数目远远多于其他国家。1927 年《麦克法登法案》与 1956 年《道格拉斯修正案》禁止银行跨州开办分支机构。以农业为主的中西部各州对开办分支机构的限制较多，因而拥有大量小银行。之所以会有大量银行存在，原因是对市场领域实施了保护，因而这是竞争缺乏而非竞争的证据。银行控股公司和自动柜员机是对限制开办分支机构政策的回应，从而削弱了这些政策对竞争的制约作用。

银行并购与全国性银行业

经过 1934 年至 20 世纪 80 年代中期的稳定期后，商业银行的数目开始大大减少。1985—1992 年间，银行破产和银行并购是银行数目缩减的两个原因。在这一阶段，银行并购属于钻空子的行为，从而降低了分支机构限制措施的有效性。允许银行拓展其市场领域，使得银行可以获取多元化、规模经济和范围经济的收益。州际互惠性协定允许银行的跨州扩张，从而创造了超地域银行。20 世纪 90 年代发生银行并购的原因是，有利于大银行的信息技术发展和 1994 年《里格-尼尔州际银行业务与分支机构效率法案》的通过。这一法案通过允许跨州设立分支机构，为建立全国性银行体系奠定了基础。大部分经济学家认为，未来美国银行的数量将会减少，但仍有几千家。经济学家还认为，银行并购可以通过多元化获得效率提升和风险规避的好处，但也会造成抑制竞争和减少对小企业的贷款这类成本，不过其好处要超过其成本。事实上，大部分经济学家认为全国性银行可以加剧竞争。

银行业与其他金融服务业分离

1933 年《格拉斯-斯蒂格尔法》将银行业与其他金融服务业（例如证券业、保险业和不动产业）分离开来。长期以来，商业银行和其他金融机构都试图向对方的领地渗透。1987 年，美联储允许银行控股公司承销证券，但规定其收入不得超过一定规模。1999 年的《格兰姆-里奇-布利利金融服务现代化法案》废除了《格拉斯-斯蒂格尔法》，目的是要让美国银行与外国银行站到同一起跑线上，这些外国银行所能从事的业务种类受到的限制较少。新法令进一步增强了银行业的并购。次贷危机后，商业银行与投资银行的合并增多，越来越多的复杂银行组织迅速诞生。

储蓄业：监管与结构

储蓄业与商业银行业的监管和结构十分相似。储蓄与贷款协会主要由储蓄监管局监管，其存款保险由联邦存款保险公司提供。历史上，对储贷协会开办分支机构的监管要比商业银行宽松。与银行从美联储获取的贷款相比，储贷协会可以从联邦住宅贷款银行体系获取期限较长、利率较低的贷款。互助储蓄银行由州政府负责监管，但通常在联邦存款保险公司投保。信用社是根据某种联系（例如雇佣关系）组成的组织。它由全国信用社管理局予以监管，并在全国信用社股份保险基金投保存款保险。信用社规模一般较小。

国际银行业务

国际银行业务的迅猛发展可以归结为以下三个因素。第一，国际贸易和跨国公司的飞速发展意味着公司需要海外的银行服务。第二，美国银行积极从事全球投资银行业务。第三，美国银行积极参与欧洲美元市场。欧洲美元是存放在美国以外的外国银行或美国银行的国外分支机构的美元存款。大部分欧洲美元是定期存款，这些存款之后会被贷放给美国的银行，最低交易额为 100 万美元。美国的银行通过在海外设立分支机构、建立《埃奇法案》公司，以及在美国设立国际银行业设施来从事国际银行业务。外国银行通过其代表处、附属的美国银行或其分行在美国开展银行业务。1978 年的《国际银行法》取消了外国银行的一些优势，在法定准备金和开设分支机构政策上将美国银行和外国银行置于同一起跑线上。

重要提示

过去，美国的银行开立分支机构面临着限制，于是银行就借助银行控股公司的方式进行拓展。控股公司是持有其他公司股票的企业。银行控股公司持有银行以及与其相关的公司的股票。一些希望拓展业务的领先银行不能开办分支机构，因而创造了银行控股公司，将自己的股票卖给银行控股公司。这些领先的银行起初的股东如今拥有的不是银行的股票，而是银行控股公司的股票。银行不能收购其他银行，但银行控股公司可以。由银行控股公司拥有的银行被看做是银行控股公司的“附属机构”，而非分支机构。也就是说，附属机构在法律上与公司是分离的，不同附属机构之间的资金流通是受到限制的。如果允许银行开办分支机构，由于分支机构只是同一家银行的不同办公室而已，因而分支机构之间的资金可以自由流动，某个分支机构吸收的存款可以由另一个分支机构贷放出去。银行控股公司被看做是分支机构效率较低的替代品，如果银行有自主权，那么会选择开立分支机构，而不会借助银行控股公司的形式。

术语和定义

为每个术语找到其对应的定义。

关键术语：

________银行控股公司

________分支机构

________中央银行

________社区银行

________存款利率上限

________脱媒

________双重银行体系

________范围经济

________期货合约

________对冲

________国民银行

________证券化

________影子银行体系

________州银行

________超地域银行

________流动账户

定义：

1. 由州批准成立的银行。
2. 由联邦政府管理的银行同由各州政府管理的银行并行运作的美国银行体系。
3. 银行开展业务的其他场所。
4. 对银行向存款支付的最高利率的限制。
5. 由联邦政府批准成立的银行。
6. 在这种安排之下，每个工作日结束时，企业支票账户余额中一定金额以上的部分都会被“清除”出该账户，并投资于隔夜证券，从而可以向企业支付利息。
7. 将不具流动性的金融资产转化为可流通的资本市场工具的过程。
8. 拥有一家或多家银行的公司。
9. 根据这种合约，卖方承诺在未来某一时间按照约定价格向买方提供某种标准化的商品。
10. 负责监管银行体系以及管理整体经济中货币和信贷供应量的政府机构。
11. 保护自身免受风险。
12. 利用同样的资源提供许多不同的产品和服务的能力。
13. 总部不位于货币中心城市，但规模与货币中心银行类似的银行控股公司。
14. 流入银行体系的资金规模缩小，导致金融中介机构数量减少。
15. 银行贷款被通过证券市场的放款所代替的金融体系。
16. 小银行。

思考题和简答题

实践应用题

1. 下列问题围绕着美国银行业的金融创新。
   a. 列举金融创新的三个主要原因，并用案例说明银行对上述情况所做出的反应。
   b. 在2008年之前，美联储不对银行准备金支付利息。假定银行贷款的利率为8%，法定准备金率为10%，那么由于存在法定准备金制度，银行每吸收1 000美元的存款，会损失多少利息（机会成本）？
   c. 假定银行贷款的利率为12%，法定准备金率为20%，那么由于存在法定准备金制度，银行每吸收1 000美元的存款，会损失多少利息（机会成本）？
   d. 运用b和c的答案，总结利率和法定准备金率是如何影响银行持有法定准备金的成本的。
2. 下列问题说明的是银行传统业务的发展趋势。
   a. 银行吸收存款和发放贷款的传统业务是扩张还是萎缩了？为什么？
   b. 什么因素削弱了银行获取资金的成本优势？请做出解释。
   c. 哪三个因素削弱了银行资产的收入优势？
   d. 银行是如何应对上述情况的？
3. 下列问题说明的是银行并购和全国性银行。
   a. 从20世纪80年代中期到90年代初期，美国银行数目减少的原因是什么？
   b. 自20世纪90年代初期以来，银行数目减少的原因是什么？
   c. 在1994年之前，银行通过什么方式扩张？为什么？
   d. 在1994年之后，银行一般通过什么方式扩张？为什么？

简答题

1. 美国是一直都有中央银行吗？美国中央银行的名称是什么？成立于何时？
2. 什么是双重银行体系？美国为什么会形成这样的银行体系？
3. 《格拉斯-斯蒂格尔法》的内容是什么？为什么会出台？为什么又被废除？
4. 《Q条例》的内容是什么？它的废除对银行体系产生了哪两个方面的影响？
5. 1927年《麦克法登法案》和1956年《道格拉斯修正案》的内容是什么？
6. 银行的哪两个金融创新有助于规避开立分支机构的限制？
7. 为什么垃圾债券和商业票据市场可以减少对银行贷款的需求？
8. 什么是储蓄机构？与商业银行相比，对储蓄机构的监管及其结构有何特征？
9. 哪三个因素导致了国际银行业务的迅速发展？
10. 商业银行从事国际银行业务的三种主要方式是什么？

评判性思维

你的室友正在读《华尔街日报》上有关银行业发展趋势的论文。这篇论文介绍，今天美国的银行数目只有20年前的一半左右。考虑到并购以及跨州设立分支机构等因素，银行的数目未来还会减少。你的室友说："银行数目的减少显然可以减少竞争。借款人未来将不得不支付更高的利率。银行数目的减少对消费者而言是件坏事。"

1. 与其他国家相比，美国有多少银行？为什么会有这么大的差异？

2. 下列哪种银行体系竞争程度更高：1 000个城市有1 000家银行，每个城市有1家银行；或者有10家银行，每家银行有1 000个分支机构，服务于1 000个城市，因此每个城市有10家银行可供选择？为什么？

3. 一般情况下，大银行和社区银行中，哪个银行的效率更高和风险更低？为什么？

4. 银行数目的减少是否可以证明缺少竞争？请做出解释。

5. 你的室友的评论是否正确？也就是说，是否银行数目少不利于消费者？请做出解释。

自我测试

判断对错题

1. 商业银行的数目比储蓄机构多得多。（ ）
2. 大部分国民银行的规模大于州银行。（ ）
3. 成立于1791年的美联储是美国第一家中央银行，也是唯一的一家。（ ）
4. 银行控股公司是由美联储监管的。（ ）
5. 经济理论说明，银行试图规避限制其盈利能力的监管措施。（ ）
6. 1933年《格拉斯-斯蒂格尔法》将商业银行的业务活动同证券业分离开来。（ ）
7. 《Q条例》和《麦克法登法案》的出台是为了增加银行业的竞争。（ ）
8. 过去20年美国银行数目的减少说明了与20年前相比银行体系的竞争减少了。（ ）
9. 商业票据市场的发展、垃圾债券市场以及证券化降低了银行传统资产的回报率，迫使银行在其他地方找寻利润。（ ）
10. 假定美联储不对银行准备金付息。如果银行贷款的利率和法定准备金率都是10%，那么由于法定准备金制度的存在，银行每吸收100美元的存款，就会损失1美元的利息。（ ）
11. 大部分经济学家认为，长期来看，美国会与大部分国家一样，只有5家或10家银行，每家银行会有上千个分支机构。（ ）
12. 苏联将美元存款从美国转移到欧洲，进而创造了欧洲美元市场。（ ）
13. 1994年，《里格-尼尔州际银行业务与分支机构效率法案》废除了《格拉斯-斯蒂格尔法》。（ ）
14. 历史上，对储贷协会开立分支机构的监管要比商业银行宽松得多。（ ）
15. 在1978年之前，在美国经营的外国银行

比美国银行拥有更多的优势，原因是，外国银行可以跨州设立分支机构，外国银行也不必受法定准备金制度的制约。（　　）

选择题

1. 美国被认为拥有双重银行体系，原因是，（　　）。
   a. 存款体系包括商业银行和储蓄机构
   b. 商业银行既提供银行服务，也提供证券市场服务
   c. 州银行和国民银行并行运作
   d. 美联储和联邦存款保险公司都对银行负有监管和检查的职责
   e. 银行体系既包括银行控股公司的附属机构，也包括银行的分支机构

11

2. 通货监理署负责为（　　）进行注册和实施监管。
   a. 国民银行
   b. 州银行
   c. 银行控股公司
   d. 投资银行
3. 利率风险上升（　　）。
   a. 增加了金融创新的成本
   b. 增加了金融创新的需求
   c. 降低了金融创新的成本
   d. 减少了金融创新的需求
4. 美联储是一家（　　）。
   a. 国民银行
   b. 双重银行
   c. 州银行
   d. 中央银行
   e. 银行控股公司
5. 1933 年《格拉斯-斯蒂格尔法》（　　）。
   a. 建立了美联储
   b. 将国民银行的业务与州银行分离开来
   c. 将商业银行的业务与证券业务分离开来
   d. 将商业银行的业务与储蓄机构分离开来
6. 下列哪种金融创新有助于银行减少由 20 世纪 70 年代以来利率波动性加剧所引发的利率风险？（　　）
   a. ATM
   b. 银行控股公司
   c. 可变利率抵押贷款和期货合约等金融衍生工具
   d. 垃圾债券和商业票据
7. 《Q 条例》（　　）。
   a. 设置了银行支付的存款利率的上限
   b. 限制跨州开设分支机构
   c. 将商业银行和投资银行分离开来
   d. 设置了银行收取的贷款利率的上限
8. 如果储户因找到更具盈利性的替代品而不将资金存入银行或是将资金从银行中提取出来，这意味着出现了（　　）。
   a. 证券化
   b. 范围经济效应
   c. 金融创新
   d. 脱媒
9. 假定美联储不对银行准备金支付利息。如果银行贷款的利率为 7%，法定准备金率为 10%，那么由于存在法定准备金制度，银行每吸收 1 000 美元的存款会损失（　　）美元利息。
   a. 7
   b. 10
   c. 70
   d. 100

10. 下列哪个不是削弱银行传统资产收入优势的竞争的根源？（ ）
  a. 商业票据市场的发展
  b.《Q 条例》的取消
  c. 垃圾债券市场的发展
  d. 增加使用证券化
11. 1927 年《麦克法登法案》（ ）。
  a. 成立了联邦存款保险公司
  b. 成立了美联储
  c. 限制跨州设立分支机构
  d. 限制银行控股公司跨州扩张
12. 美国传统银行业务的衰落导致了（ ）。
  a. 银行盈利能力的下降
  b. 风险较大的银行贷款和表外业务的发展
  c. 银行数目的增加
  d. 储贷协会数目的增加
13. 美国历史上，对开设分支机构的法律限制最多的是（ ）。
  a. 西北地区
  b. 西南地区
  c. 西海岸诸州
  d. 东南地区
14. 美国银行数目众多，（ ）。
  a. 证明美国的银行体系是高度竞争的
  b. 原因在于法律限制开设分支机构致使竞争受到削弱
  c. 未来几十年，银行数目会大量增加
  d. 与其他发达国家的银行数目大致相同
15. 下列哪个法律为美国全国性的银行体系奠定了基础？（ ）
  a. 1994 年《里格-尼尔州际银行业务与分支机构效率法案》
  b. 1999 年《格兰姆-里奇-布利利金融服务现代化法案》
  c. 1978 年《国际银行法》
  d. 1933 年《格拉斯-斯蒂格尔法》
  e. 1927 年《麦克法登法案》
16. 将一揽子抵押贷款或学生贷款打包成可流通的资本市场工具，这个过程是（ ）。
  a. 计算机化
  b. 并购
  c. 范围经济
  d. 证券化
17. 下列哪种金融创新可以帮助银行规避限制开设分支机构的法律规定？（ ）
  a. 金融衍生工具
  b. 证券化
  c. 银行控股公司和 ATM
  d. 流动账户
18. 下列有关储贷协会的表述中，哪个是正确的？（ ）
  a. 储贷协会的数目多于银行
  b. 储贷协会不投保存款保险
  c. 历史上，对储贷协会开设分支机构的法律限制比银行更严格
  d. 储贷协会由储蓄监管局负责监管
19. 自 1970 年以来，美国商业票据市场快速增长的原因是（ ）。
  a. 商业票据没有违约风险
  b. 信贷风险筛选技术进步，风险控制变得更容易
  c. 政府监管
  d. 联邦存款保险公司为商业票据提供保险
20. 下列有关国际银行业务的表述中，哪个是不正确的？（ ）
  a. 国际银行业务发展，部分是由于国际贸易的增长
  b. 在美国经营的外国银行与美国银行相比处于劣势，这是因为它们的法定准

11

备金率更高，并且在开立分支机构方面受到更严格的法律限制

c. 欧洲美元是存放在美国以外的外国银行或者美国银行的国外分支机构的美元存款

d. 美国银行通过开立海外分行，建立《埃奇法案》公司和使用美国的国际银行业设施，从事国际银行业务

第 12 章 金融危机

本章回顾

预　习

金融危机是以资产价格急剧下跌与企业破产为特征的金融市场严重混乱。本章将构建一个理解金融危机发展过程的理论框架，解释为什么会发生金融危机、为什么金融危机如此普遍、历史上的金融危机提供了哪些启示、为什么金融危机之后几乎总是出现经济活动的严重收缩等问题。

什么是金融危机?

当金融市场上的信息流动遭到特别大规模的破坏时，就会显著加剧金融摩擦，从而导致金融市场无法向具有生产性投资机会的家庭和企业融通资金，并引起经济活动严重收缩，此时金融危机就爆发了。

金融危机的发展过程

发达经济体的金融危机一般经过两至三个阶段：

阶段一：危机爆发初期。

金融危机可能以两种方式开始：信贷繁荣和萧条，或者主要金融机构破产造成不确定性普遍增加。

- 信贷繁荣和萧条。当经济引入金融创新时，或者当国家致力于金融自由化时，短期内金融机构可能受到推动而疯狂放贷，信贷繁荣迟早会超出金融机构以及政府监管者筛选和监控信贷风险的能力，导致出现过高风险借贷。最终，贷款损失累积，银行资本减少，引发贷款收缩。受此影响，逆向选择和道德风险问题显著增加，借款人-支出者无法再为其生产性投资机会融资，导致经济活动收缩。
- 资产价格暴涨暴跌。信贷繁荣引发的资产价格泡沫会推动资产价格远远超过其基础经济价值。一旦泡沫破裂，借款人-支出者的净值就会减少，从而加剧信息不对称程度，导致贷款收缩。金融机构资产负债表的恶化也会导致贷款收缩。

• 不确定性增加。大量金融机构破产或股票市场震荡导致不确定性增加。高不确定性时期信息难以获取，而信息量减少会加剧逆向选择和道德风险问题，导致贷款收缩。

接下来，企业经营状况和银行资产负债表的恶化触发危机进入第二个阶段。

阶段二：银行业危机。

由于对银行健康的不确定性，储户纷纷从银行提取存款，导致银行恐慌。由此会恶化逆向选择和道德风险问题，从而引起贷款收缩。

阶段三：债务紧缩。

如果经济低迷引起价格水平急剧下降，复苏进程就会受到阻碍。价格水平出人意料地大幅下跌，加重了企业的债务负担，引起企业净值的进一步恶化，发生债务紧缩。美国历史上最严重的债务紧缩就是大萧条。

全球金融危机：2007—2009 年

2007—2009 年全球金融危机是由对次级住房抵押贷款等金融创新管理不当以及房地产价格泡沫破裂引爆的。主要考虑三个核心要素：

• 抵押贷款市场的金融创新。信息技术的进步为次级抵押贷款的证券化提供了便利，推动了次贷抵押支持证券市场的爆炸式增长，金融工程后续不断开发出新的复杂金融工具。

• 抵押贷款市场的代理问题。抵押贷款经纪人，也即贷款发起人，通常不会费力去评估借款人能否偿还贷款，因为他们的计划是尽快将贷款以抵押支持证券的形式出售（分销）给投资者。这种发起—分销商业模式存在委托-代理问题，其中抵押贷款经纪人作为投资者（委托人）的代理人，追求的不是投资者利益最大化。逆向选择成了重大问题。

• 信息不对称和信用评级机构。信用评级机构基于违约概率评估债务证券的质量，是金融市场信息不对称的另外一个来源。

2007—2009 年金融危机使得消费者和企业都深受其害。危机向全球蔓延，银行和其他金融机构的资产负债表严重恶化，影子银行体系遭遇挤提，许多知名公司破产。

金融危机在 2008 年 9 月达到了顶点。在政府救助、美联储非同寻常的行动以及财政刺激的共同作用下，从 2009 年 3 月开始，股票牛市渐露端倪，信贷利差开始回落。

金融监管的反应

鉴于 2007—2009 年金融危机的经济成本、救助规模以及诸多金融机构的国有化，金融监管体系目前正在发生巨变。

首先是从着眼于单个金融机构安全性和稳健性的微观审慎监管向着眼于金融体系整体安全性和稳健性的宏观审慎监管转变。

其次，2010 年《多德-弗兰克法案》是大萧条以来最为全面的金融改革法案。它做出了 7 个方面的规定：消费者保护、年度压力测试、清算权力、限制美联储贷款、系统性风险监管、沃尔克法则和衍生品。

"大而不倒"和未来监管

未来的监管需要解决几个问题：(1)"大而不倒"问题，至少可以通过分拆大型金融机构或者实施更高的资本金要求而部分解决；(2)《多德-弗兰克法案》的许多规定；(3)改革政府发起企业，降低其未来要求政府救助的可能性。

重要提示

金融危机与金融自由化或金融创新紧密相连，与政府安全网结合在一起。缺乏监管的金融自由化会引起信贷繁荣。政府安全网表面上似乎降低了贷款风险，但实际上却加剧了这一问题。

在金融危机的一定时期，信贷繁荣会导致贷款崩溃。最终，无论来源如何，信贷市场上逆向选择和道德风险问题的加剧都会导致贷款下降，引发投资和经济活动的严重萎缩以及失业率的上升。

术语和定义

为每个术语找到其对应的定义。

关键术语：	定义：
________资产价格泡沫	1. 着眼于单个金融机构安全性和稳健性的监督管理。
________金融摩擦	2. 资产价格被推升至高于其基础经济价值的状态。
________信贷繁荣	3. 价格水平出乎意料地大幅下跌从而加剧债务负担的过程。
________债务紧缩	4. 家庭和企业贷款的利率与美国国库券等肯定可以偿付的安全资产的利率之间的差额。
________去杠杆化	5. 金融机构迅速扩张其贷款的状况。
________信贷利差	6. 信息不对称问题阻碍了资本的有效配置。
________金融危机	7. 抵押品金额超出贷款金额的部分。
________微观审慎监管	8. 取消对金融市场的管制。
________信用违约互换	9. 金融机构削减贷款。
________估值折扣	10. 如果债券违约，这种金融保险合约可以赔付债券的持有者。
________金融自由化	11. 以资产价格急剧下跌与众多企业破产为特征的金融市场的大动荡。

思考题和简答题

实践应用题

1. 解释下列事件是如何影响借款企业的资产负债表的，以及是如何影响金融体系中信息不对称的程度的。
   a. 股票市场下跌。
   b. 价格水平的意外下跌。
   c. 本币价值的意外下跌。
   d. 资产价值被冲销。
2. 下列问题是有关债务紧缩的。
   a. 什么是债务紧缩？
   b. 债务紧缩是如何影响经济活动的？请做出解释。
   c. 美国历史上最严重的债务紧缩是哪个事件？
   d. 这一时期价格下跌了多少？该时期的失业率是多少？
3. 下列问题是有关 2007—2009 年金融危机的。
   a. 什么是抵押支持证券？
   b. 解释发起—分销商业模式中的代理问题。
   c. a、b 两个问题中所描述的因素是如何引发房地产价格泡沫的？
   d. 资产价格泡沫破裂时会发生什么情况？

简答题

1. 为什么逆向选择和道德风险问题的加剧会导致总体经济活动萎缩？
2. 政府的财政失衡如何导致金融危机？
3. 利率上升如何导致金融危机？
4. 为什么金融危机往往源自金融自由化或金融创新？
5. 政府安全网是会增加还是减少逆向选择和道德风险问题？请做出解释。

评判性思维

你和你的室友正在讨论 2007—2009 年美国发生的金融危机，你的室友说："不知道为什么当年很难找到这场金融危机的原因和解决对策。20 世纪 30 年代美国爆发过大萧条这一金融危机，1998 年的俄罗斯和 2001—2002 年的阿根廷都爆发了金融危机。只需要研究这些危机，学习它们的应对之策，就能避免未来的金融危机，因为所有金融危机都是一样的。"

1. 美国 2007—2009 年爆发金融危机的最主要原因是什么？

2. 处于不同发展阶段的国家所爆发的金融危机的原因（进而应对之策）是相同的吗？请做出解释。

自我测试

判断对错题

1. 信贷市场上逆向选择和道德风险问题的加剧会导致贷款增加。（ ）
2. 利率上升会将高风险借款人赶出信贷市场，导致逆向选择和道德风险问题的加剧。（ ）
3. 金融危机往往源自金融自由化或金融创新。（ ）
4. 价格水平的意外下跌会加剧企业实际的债务负担，因为这些债务支付在名义价值上是固定的。（ ）
5. 逆向选择和道德风险问题的加剧会增加贷款人甄选和监控的成本，进而会减小贷款发放的规模。（ ）
6. 信贷市场上的政府安全网为借款人偿付债务提供担保，会导致银行在贷款业务实践上更为保守，进而减少其风险敞口。（ ）
7. 由于资产的价格不可能永远在其基础经济价值之上，因而资产价格泡沫迟早会破裂。（ ）
8. 发起—分销商业模式会减少抵押贷款市场上的代理问题。（ ）
9. 抵押支持证券可以降低被证券化的抵押贷款的违约风险。（ ）
10. 2007—2009 年的全球金融危机不仅导致全球经济衰退，还导致欧元区国家陷入主权债务危机。（ ）

选择题

1. 投资于高风险项目的借款人对贷款的需求最为迫切，由此出现的问题是（ ）。
   a. 不确定性
   b. 利率风险
   c. 逆向选择
   d. 道德风险
2. 借款人获取贷款后，倾向于将这笔贷款投放于高风险的用途，该用途的风险要高于贷款合约的规定，由此产生的问题是（ ）。
   a. 金融工程
   b. 去杠杆化
   c. 逆向选择
   d. 道德风险
3. 下列哪个事件不会减少贷款市场上借款企业的净值？（ ）
   a. 股票市场下跌减少了企业的价值
   b. 价格水平的意外上升降低了企业负债的价值
   c. 在企业债务是以外币计价的情况下，本币的价值意外下跌
   d. 企业减记资产负债表上资产的价值
4. 在银行业危机中，恐慌的传染源来自（ ）。
   a. 免费搭车问题
   b. “大而不倒”问题
   c. 交易成本问题
   d. 信息不对称问题
5. 下列哪种情况属于债务紧缩？（ ）
   a. 信贷繁荣演变为信贷萧条
   b. 价格水平的意外下跌加剧了企业的债务负担

c. 发生了资产价值的冲销

d. 出现了资产价格泡沫破裂和通货紧缩

6. 次级抵押贷款（　　）。

a. 是利率低于优惠利率的贷款

b. 是证券化的贷款

c. 以外币计价

d. 是向信用质量不佳的借款人发放的贷款

7. 在证券化过程中，（　　）。

a. 联邦存款保险公司为储户提供违约保险

b. 贷款被提供了违约保险

c. 贷款被打包为标准化证券

d. 证券被评为投资级和低于投资级

8. 抵押贷款中发起—分销商业模式存在的主要问题是（　　）。

a. 利率被推至非常高的水平，导致借款人违约

b. 减少了流入抵押贷款市场中的资金

c. 有严重的委托-代理问题

d. 只有打包次级抵押贷款才能有效运行

9. 导致大萧条持续如此长时间的经济过程是（　　）。

a. 债务紧缩

b. 证券化

c. 股票市场崩溃

d. 资产价格泡沫破裂

10. 无论金融危机最初的原因是什么，所有信贷繁荣最终都会演变为信贷萧条，原因是（　　）。

a. 抵押产业的崩溃

b. 贷款市场中逆向选择和道德风险问题的加剧

c. 严重的财政赤字

d. 担保债务凭证

11. 金融危机为什么最终会导致经济活动的严重收缩？（　　）

a. 政府为应对危机会实施过度监管

b. 只有腐败的银行家才能在危机中生存下来

c. 金融危机会导致财政赤字

d. 金融危机引发的信贷萧条会导致生产活动中投资的严重萎缩

12. 下列哪个事件不可能导致贷款下降？（　　）

a. 股票市场下跌

b. 银行恐慌

c. 利率下跌

d. 价格水平的意外下跌

13. 下列哪个因素不是美国历史上金融危机的原因？（　　）

a. 严重的政府财政收支失衡

b. 金融自由化或金融创新的不当管理

c. 利率上升

d. 资产价格泡沫破裂

14. 在去杠杆化的过程中，银行（　　）。

a. 贷款上升

b. 贷款收缩

c. 资本增加

d. 降低贷款发放的利率

15. 下列选项中，哪一个不是次级抵押贷款市场的代理问题？（　　）

a. 房主可以在房子升值时获得规模更大的贷款再融资

b. 抵押贷款发起人几乎没有动机去确保抵押人具有较低的信用风险

c. 次级证券的承销商没有足够的动机来确保证券持有人得到偿还

d. 信用评级机构存在利益冲突

16. 严重的政府财政收支失衡会引发金融危机，这是因为财政收支失衡会导致政府（　　）。

a. 增加税收

b. 减少支出

c. 将高风险的政府证券卖给国内银行

d. 限制金融创新

17. 处理“大而不倒”问题的一种方法是恢复下列哪个法案的限制？（　　）

a.《格拉斯-斯蒂格尔法》

b.《麦克法登法案》

c.《埃奇法案》

d.《联邦储备法》

18. 系统重要性金融机构有过度冒险的动机，降低其风险承担的一种方法是，在信贷快速扩张时（　　）资本金要求，在信贷紧缩时（　　）资本金要求。

a. 降低；提高

b. 提高；无

c. 提高；降低

d. 降低；无

19.《多德-弗兰克法案》解决了许多导致金融危机的问题。下列哪项不属于《多德-弗兰克法案》的内容？（　　）

a. 建立消费者金融保护局

b. 成立由私人所有的政府发起企业，如房利美和房地美

c. 建立大型金融机构的破产清算机制

d. 对从事衍生品交易的公司提出更高要求

20. 美国国会有提案要求废除有序清算权力。该提案的支持者认为有序清算权力使得对大型金融企业的联邦救助合法化了，从而增加了（　　）问题。

a. “大而不倒”

b. 监管宽容

c. 柠檬

d. 信托人

第 13 章 中央银行与联邦储备体系

本章回顾

预　习

本章将介绍联邦储备体系（简称美联储）、欧洲中央银行和其他国家中央银行的目标和组织结构。了解中央银行的组织结构有助于我们理解谁控制中央银行、哪些因素会影响其行为、谁驾驭中央银行权力的缰绳等问题。中央银行组织结构的一个关键特征是它们面对来自政府官员等外部政治压力时的独立性程度。本章将考察中央银行独立性的好处和弊端。

联邦储备体系的起源

由于美国公众对中央集权十分恐惧、对金融界持怀疑态度，19 世纪期间美国两次试图建立中央银行的努力都失败了。

自 1836 年美利坚第二银行的执照到期之后，美国金融市场就会定期发生银行恐慌。1907 年大范围的银行恐慌教育了美国公众：需要建立中央银行，以防止未来的恐慌。根据 1913 年国会的一个法案《联邦储备法》，美国创立了联邦储备体系。为了克服公众对中央集权的担忧和对金融界的不信任，国会在《联邦储备法》中设立了一套相互制衡的精巧体系。为缓解对中央集权的担忧，该法令的一个重要特征是建立了遍布全国的 12 家地区联邦储备银行。

联邦储备体系的结构

联邦储备体系包括下列实体：联邦储备银行、联邦储备委员会、联邦公开市场委员会、联邦咨询委员会以及会员商业银行。这些会员商业银行占美国商业银行总数的比例大约为 1/3。联邦储备银行有 12 家。最大的 3 家分别是纽约联邦储备银行、芝加哥联邦储备银行和旧金山联邦储备银行。各联邦储备银行都是部分私有、部分政府所有。联邦储备银行行长代表的是美国公众中的所有选民：职业银行家；工业企业的知名人士；劳工界、农业和消费部门；公众利益的代表。12 家联邦储备银行的职责如下：

- 进行支票清算；
- 发行新通货；
- 回收流通中破损的通货；
- 管理本区商业银行并向其发放贴现贷款；
- 评估银行提出的合并提案与银行扩展业务的申请；
- 充当工商界和联邦储备体系之间的媒介；
- 检查银行控股公司和州注册会员银行；
- 收集地方经济状况数据；
- 组织本行的专职经济学家从事关于货币政策操作的课题研究。

12 家联邦储备银行的董事“确定”贴现率和决定可以获得贴现贷款的银行。联邦储备委员会由 7 名成员组成，这些成员经参议院同意，由总统任命。他们的任期为 14 年，但不得连任。美联储主席是这 7 名成员中的 1 名，任期为 4 年。

联邦公开市场委员会由联邦储备委员会的 7 名成员、12 名联邦储备银行行长中的 5 名组成。在这 5 名联邦储备银行行长中，纽约联邦储备银行行长总是联邦公开市场委员会的成员，其他 4 名成员由剩下 11 名联邦储备银行行长轮流担任。联邦公开市场委员会每年举行 8 次会议。在每次会议上，由联邦储备委员会研究和统计部提交的“绿皮书”对国民经济进行预测；由联邦储备委员会货币事务部提交的“蓝皮书”列举了不同场景下的货币政策立场。联邦公开市场委员会就货币政策的走向和货币政策的陈述进行投票，之后向纽约联邦储备银行公开市场交易室就如何实施公开市场操作以实现政策目标发出指令。

13

联邦储备体系有多独立？

如果中央银行拥有选择货币政策工具的能力，就意味着中央银行具有工具独立性。如果中央银行可以确定货币政策的目标，就意味着中央银行具有目标独立性。美联储具有上述两种独立性。美联储具有独立性的一个重要原因是，支撑其运作的资金来源主要是它所拥有的证券资产的利息收入。国会可以通过立法影响美联储。总统可以通过任命委员会主席，在一定程度上对美联储施加影响。

美联储应当独立吗？

政治压力会引发过高的通货膨胀率或者政治经济周期，而独立的美联储可以较少受到政治压力的影响。美联储增强独立性，还可以抵制财政部要求美联储购买政府证券以解决其财政赤字问题的压力。反对提高美联储独立性的人认为，由一批不对任何人负责的精英分子控制货币政策是不民主的。他们的另外一个理由是，将美联储置于国会的控制之下，有利于财政政策和货币政策的协调。独立并不意味着美联储总是成功的。近来的研究发现独立性强的中央银行有助于降低通货膨胀率，并且，通货膨胀率的降低并非以高失业或严重的产出波动为代价。

解释中央银行的行为

官僚行为理论认为，官僚的行为目标是自身福利的最大化。根据该理论，美联储会坚决捍卫自己的自主权，为避免冲突，它会缓慢地提升利率来放慢经济增长，而不会莽撞地一步到位。美联储成功地将其管辖权拓展到所有银行，从而增强了其权力。

欧洲中央银行的结构和独立性

欧洲中央银行与联邦储备体系在众多中央银行中的重要性是相当的。欧洲中央银行与联邦储备体系在结构上十分相似，但两家中央银行之间存在重要差异。欧洲中央银行所拥有的权力不如联邦储备体系，并且不承担对金融机构的监管责任。欧洲中央银行的理事会类似于美国联邦公开市场委员会。理事会在协商一致的基础上行事，而不进行投票。另一个差异是，在理事会的每次货币政策会议后，欧央行行长和副行长都会立即召开新闻发布会，回答新闻媒体提出的问题。（美联储主席也召开类似的新闻发布会，但频率没有那么高，每年只有 4 次。）欧洲中央银行是世界上独立性最强的中央银行。《马斯特里赫特条约》规定物价稳定是欧洲中央银行压倒一切的长期目标。

其他外国中央银行的结构和独立性

从理论上讲，由于加拿大银行必须遵从财政部长发布的指令，因而其工具独立性逊于美联储。但事实上，这种指令还没有发布过。加拿大银行只有降低通货膨胀率这一个目标，因而其目标独立性逊于美联储。1997 年英格兰银行被赋予制定利率的权力，但它并没有全部的工具独立性，原因是，英国政府在“紧急经济状态的有限期间”内可以推翻英格兰银行的利率决策。由于英格兰银行只有降低通货膨胀率的目标，而通货膨胀目标由财政大臣（相当于美国的财政部长）决定，因此英格兰银行在目标独立性方面也不及美联储。1998 年日本银行拥有了更大的目标独立性和工具独立性。在此之前，政府在货币政策委员会中有两名投票成员。现在政府的代表依然会参加委员会会议，但不再有投票权。全世界都出现了增强中央银行独立性的趋势。理论和经验都说明，中央银行越独立，就越能够更好地实施货币政策。

重要提示

物价稳定是货币政策最重要的目标。中央银行借助货币目标、通货膨胀目标、双重目标和单一目标成功地实现物价稳定目标。理解美联储和其他中央银行组织结构的关键是，该组织结构与独立性之间的关联。一方面，独立性较强的中央银行不大可能制造过度的通货膨胀和政治经济周期。另一方面，独立的中央银行不太对其政策行为负责。近年来，世界范围内都出现了中央银行独立性增强的趋势。根据理论的预测，中央银行独立性的增强与通货膨胀率的降低是联系在一起的。

术语和定义

为每个术语找到其对应的定义。

关键术语：	定义：
________双重目标	1. 由联邦储备委员会、纽约联邦储备银行行长和其他 4 名联邦储备银行行长组成的委员会。
________单一目标	2. 货币政策制定者追逐自由放任的货币政策，实施的扩张性政策在短期内是有利的，但会导致长期的不良后果。
________自然失业率	3. 将某一目标置于高于其他所有目标的优先地位的货币政策实践。
________货币政策的紧缩	4. 上调联邦基金利率。
________货币政策的宽松	5. 中央银行确定货币政策目标的能力。
________时间不一致性问题	6. 与充分就业相一致的失业率水平，此时劳动力供求相等。
________联邦储备委员会	7. 由 7 名成员组成的委员会，负责领导联邦储备体系。
________联邦公开市场委员会	8. 联邦储备体系买卖政府证券，从而对利率和银行体系的准备金规模产生影响。
________联邦储备银行	9. 旨在实现两个地位相等的目标的货币政策实践。
________目标独立性	10. 货币政策在选举之前扩张、在选举之后收缩的状况。
________工具独立性	11. 降低联邦基金利率。
________公开市场操作	12. 中央银行确定货币政策工具的能力。
________政治经济周期	13. 联邦储备体系的 12 家银行。

思考题和简答题

实践应用题

1. 美国最早建立中央银行的两次尝试都失败了。
   a. 在 20 世纪之前美国政策的什么特征导致了这两次失败？
   b. 在 19 世纪后半叶由于缺乏中央银行而引发了什么经济问题？
   c. 联邦储备体系是什么时候成立的？
   d. 联邦储备体系建立时美国政策的特点导致联邦储备体系具备什么特征？
2. 1913 年《联邦储备法》的起草者设计了一个分权的中央银行体系，反映了对金融中央集权的恐惧。今天，在不同联邦储备机构之间的权责分配依然清晰地表明了这种分权特征。将联邦储备体系的机构所代表的序号填写在下表中左侧权责前面的空格处。

权责	联邦储备机构
____ 1. 支票清算	a. 联邦储备委员会
____ 2. “确定”贴现率	b. 联邦公开市场委员会
____ 3. 审查贴现率	c. 联邦储备银行
____ 4. 成员由美国总统任命	
____ 5. 委员的任期为 14 年	
____ 6. 每年召开 8 次会议	
____ 7. 决定货币政策	
____ 8. 评估银行并购申请	
____ 9. 决定保证金	
____ 10. 发行新货币	

3. 之所以要研究中央银行的组织结构，一个重要理由是这一组织结构与中央银行独立性之间有着密切的关联。
   a. 中央银行独立性有哪两种类型？
   b. 造成联邦储备体系独立性的组织特征是什么？
4. 成立于 1999 年 1 月的欧洲中央银行效仿了联邦储备体系的模式，但两家中央银行之间也存在着很重要的差异。
   a. 欧洲中央银行和联邦储备体系之间有哪些相似之处？
   b. 欧洲中央银行和联邦储备体系之间有哪些不同之处？
   c. 欧洲中央银行的独立性强于还是逊于联邦储备体系？为什么？
5. 在理论上，加拿大银行和英格兰银行似乎都缺乏工具流动性。
   a. 解释为何这两家中央银行在理论上都缺乏工具流动性，并解释为什么这两家中央银行在事实上都具有工具流动性。
   b. 加拿大银行和英格兰银行的什么组织特征使得这两家中央银行的目标独立性逊于联邦储备体系？
6. 在研究中央银行的行为时，理解官僚的目标是非常重要的。
   a. 官僚行为理论认为官僚会追求什么目标？
   b. 列举美联储的行为与官僚行为理论一致的两个方面。
7. 对美联储的独立性，既有支持意见，也有反对意见。
   a. 对美联储独立性的支持意见有哪些？
   b. 对美联储独立性的反对意见有哪些？

简答题

1. 为什么纽约联邦储备银行在联邦储备体系中扮演着特殊的角色？
2. 为什么联邦公开市场委员会很重要？谁是联邦公开市场委员会的投票成员？这个委员会的权力由谁行使？
3. 解释中央银行独立性的两个概念。
4. 美联储实施的是双重目标还是单一目标？
5. 欧洲中央银行实施的是双重目标还是单一目标？
6. 成为联邦储备体系的会员，对商业银行而言有什么要求？
7. “绿皮书”里有什么？“蓝皮书”里有什么？
8. 总统和国会通过什么方式影响联邦储备体系？
9. 1998 年生效的《日本银行法》是如何影响日本银行的独立性的？
10. 拥有独立性较强的中央银行的国家是否会有较高的失业率或较强的产出波动性？

评判性思维

假定你所在州的参议员向国会提交了一个议案，内容是要求美联储实施唯一的目标，即低通货膨胀。

1. 如果这一议案得以通过，它会对美联储的目标独立性和工具独立性产生什么影响？

2. 如果这一议案得以通过，美联储会与欧洲中央银行更相像还是更不像？请解释你的答案。

3. 如果这一议案得以通过，美联储更可能还是更不可能实施会导致政治经济周期的货币政策？请解释你的答案。

自我测试

判断对错题

1. 纽约联邦储备银行作用特殊的原因之一是它积极参与债券市场和外汇市场。（　　）
2. 联邦公开市场委员会通常每年举行 8 次会议（大约 6 周一次），对公开市场操作、确定政策利率——联邦基金利率，以及确定对准备金支付的利率等事宜进行决策。（　　）
3. 欧洲中央银行拥有双重目标。（　　）
4. 联邦储备体系拥有双重目标。（　　）
5. 只有联邦储备体系的会员银行受联邦储备体系规定的准备金要求约束。（　　）
6. 《联邦储备法》创建了由地区银行组成的中央银行，反映了对金融界的传统不信任和消除银行恐慌两种考虑之间的权衡。（　　）
7. 纽约联邦储备银行行长在联邦公开市场委员会中总是有投票权。（　　）
8. 欧洲中央银行的理事会的作用类似于联邦储备体系的联邦公开市场委员会。（　　）
9. 欧洲中央银行的独立性不如联邦储备体系。（　　）
10. 英格兰银行的目标独立性比联邦储备体系强。（　　）
11. 1998 年日本银行被赋予更大的工具独立性和目标独立性。（　　）
12. 近年来，世界范围的中央银行都出现了独立性增强的趋势。（　　）
13. 官僚行为理论有助于解释美联储为何会抵制国会控制其预算的尝试。（　　）
14. 独立性较强的中央银行不大可能会引发政治经济周期。（　　）
15. 中央银行独立性的缺点是容易导致较高的通货膨胀率。（　　）

选择题

1. 美利坚银行（　　）。
   a. 1811 年被解散
   b. 1832 年牌照展期申请被否决
   c. 是帮助联邦政府资助 1812 年战争的基础
   d. 上述选项都不正确
2. 如果中央银行实施的是时间不一致性政策，最终会导致（　　）。

13

a. 低通胀，高产出
b. 低通胀，没有产出收益
c. 高通胀，高产出
d. 高通胀，没有产出收益

3. 下列哪项不是货币政策的目标？（　　）
a. 高就业
b. 经济增长
c. 低利率
d. 外汇市场稳定

4. 实施单一目标的中央银行（　　）。
a. 经常运用公开市场操作，很少使用贴现率
b. 使用公开市场操作和贴现率的频率差不多
c. 在追求第二目标之前，会先追求首要目标
d. 所有目标的重要性是相同的

5. 物价稳定（　　）。
a. 只有在单一目标下才会追求实现
b. 只有在双重目标下才会追求实现
c. 只要短期和长期的首要目标都是物价稳定，那么无论是在单一目标下还是在双重目标下，就都会追求实现
d. 只要长期的首要目标是物价稳定，那么无论是在单一目标下还是在双重目标下，就都会追求实现

6. 联邦储备体系由下列三个实体组成：（　　）。
a. 联邦储备银行、联邦储备委员会和美国财政部
b. 联邦储备银行、理事会和美国财政部
c. 联邦储备银行、理事会和联邦公开市场委员会
d. 联邦储备银行、联邦储备委员会和联邦公开市场委员会

7. 联邦公开市场委员会由（　　）组成。
a. 5 名联邦储备委员会成员，以及 12 名联邦储备银行行长中的 7 名
b. 7 名联邦储备委员会成员，以及 12 名联邦储备银行行长中的 5 名
c. 5 名联邦储备委员会成员，以及 12 名联邦储备银行行长
d. 7 名联邦储备委员会成员，以及 12 名联邦储备银行行长

8. 联邦储备银行行长（　　）。
a. 代表美国公众的所有选民
b. 都是职业银行家
c. 是由美国总统任命的
d. 是联邦储备银行的所有股东

9. 货币政策的决定是由（　　）。
a. 联邦储备委员会做出的
b. 12 名联邦储备银行行长做出的
c. 联邦公开市场委员会做出的
d. 联邦咨询委员会做出的

10. 下列有关联邦储备委员会委员 14 年任期的表述中，哪个是错误的？（　　）
a. 14 年任期不可连任
b. 14 年任期赋予了相对于政治因素而言更大的独立性
c. 美国总统提名的委员有 14 年任期
d. 大部分委员任满 14 年

11. 联邦储备体系面对政治压力，有着十分显著的独立性，原因是（　　）。
a. 它有独立的收入来源
b. 国会不能通过立法改变它的结构
c. 与最高法院的成员相似，联邦储备委员会的成员的任期是终身的
d. 联邦储备委员会主席是由联邦储备银行行长任命的

12. 中央银行确定法定准备金率的能力说明了（　　）。
a. 目标独立性
b. 工具独立性

c. 官僚行为理论

d. 独立性观点

13. 美联储虽然是独立性较强的政府机构，但仍然感受到总统和国会的政治压力，这是因为（　　）。

a. 国会每隔 3 年会重新任命联邦储备委员会的成员

b. 美联储必须每年去国会申请预算

c. 国会通过法律限制美联储的权力

d. 总统可以随时撤销联邦储备委员会的成员

14. 加拿大银行（　　）。

a. 工具独立性在理论上逊于联邦储备体系，目标独立性逊于联邦储备体系

b. 工具独立性在理论上强于联邦储备体系，目标独立性逊于联邦储备体系

c. 工具独立性在理论上逊于联邦储备体系，目标独立性强于联邦储备体系

d. 工具独立性在理论上强于联邦储备体系，目标独立性强于联邦储备体系

15. 日本银行（　　）。

a. 有两个目标：物价稳定和低通货膨胀

b. 只有一个目标：低失业

c. 只有一个目标：物价稳定

d. 是不具有独立性的中央银行

16. 官僚行为理论有助于解释为什么美联储（　　）。

a. 有时提高利率十分缓慢

b. 将法定准备金的规定局限在会员银行中

c. 近年来独立性不断增强

d. 游说将其预算的权力上交国会

17. 就委托-代理问题而言，（　　）。

a. 与政治家相比，独立性较强的中央银行的这一问题更为显著

b. 与独立性较强的中央银行相比，政治家的这一问题更为显著

c. 它解释了中央银行确定法定准备金率的原因

d. 它解释了中央银行在提高利率时会十分缓慢的原因

18. 独立的联邦储备体系（　　）。

a. 更可能导致较高的通货膨胀率，但不大可能造成政治经济周期

b. 更可能导致较高的通货膨胀率，且更可能造成政治经济周期

c. 不大可能导致较高的通货膨胀率，且不大可能造成政治经济周期

d. 不大可能导致较高的通货膨胀率，但更可能造成政治经济周期

19. 下列哪项并非主张将美联储置于总统或国会控制下的人的观点？（　　）

a. 加强控制有助于协调财政政策和货币政策

b. 美联储不能成功地运用其自主权

c. 由精英集团来控制货币政策是不民主的

d. 独立的美联储不大可能导致较高的通货膨胀率，且不大可能造成政治经济周期

20. 具有下列哪一特征的国家，其通胀表现得更好？（　　）

a. 独立的中央银行

b. 实行带有政治目标的货币政策

c. 实行预算赤字的货币政策

d. 实行低利率的货币政策

第 14 章 货币供给过程

本章回顾

预　习

本章将描述货币供给过程。银行存款是货币供给的最大组成部分，因此本章首先介绍银行体系如何创造存款，以及存款创造如何影响货币供给。之后推导出货币乘数。本章在推导出更符合现实情况的货币乘数后，将描述基础货币、货币乘数和货币供给量变动的根源。

在本章中，货币（M）被定义为 M1，即流通中的通货与支票存款之和。

货币供给过程的三位参与者

货币供给过程的三位参与者分别是：中央银行（在美国指联邦储备体系）、银行（存款机构）与储户（即存款人）。在这三位参与者中，中央银行最为重要。

美联储的资产负债表

美联储简化的资产负债表如下：

联邦储备体系

资产	负债
证券	流通中的通货
向金融机构发放的贷款	准备金

美联储的负债之和（流通中的通货 C 加上准备金 R）与美国财政部的货币性负债（流通中的财政通货，主要是硬币）被称为基础货币。准备金等于法定准备金和超额准备金之和。法定准备金和存款的比率被称为法定准备金率。法定准备金率是由美联储制定的，在存款创造过程中扮演了十分重要的角色。

控制基础货币

美联储通过在公开市场上买卖政府证券（即公开市场操作）与向银行发放贴现贷款，对基础货币实施控制。美联储对基础货币总量的控制力强于对基础货币组成部分的控制力，但也并非能够完全控制基础货币总量。非银行公众的行为可以改变流通中的通货和准备金的比例，但无法影响基础货币总量。假定美联储实施公开市场购买，从银行那里买入 100 美元债券，准备金和基础货币相应增加 100 美元。如果美联储是向非银行公众购买 100 美元债券，基础货币同样也是增加 100 美元。如果非银行公众将销售所得资金存入支票账户，就会增加准备金，但如果非银行公众将销售所得资金以通货形式持有，就会增加流通中的通货。当然，一些中间情况也会出现：非银行公众可以持有部分通货和部分存款，但重要的是基础货币都会增加 100 美元。非银行公众（而非美联储）的行为可以影响准备金和流通中通货的组合。如果美联储向银行发放 100 美元的贴现贷款，基础货币会增加 100 美元。如果银行偿付美联储的贴现贷款，基础货币就会减少 100 美元。美联储对贴现贷款所收取的利率被称为贴现率。

在美联储的财政存款和浮款是影响基础货币变动的两个重要项目，但美联储完全不能控制它们。如果美国财政部将存款从商业银行转移到美联储的账户上（财政部在支出这笔资金之前必须这样做），银行体系的准备金和基础货币会暂时减少（一旦财政部将这笔资金支出，准备金就会重新增加）。美联储清算支票时，就会出现浮款。美联储往往先在支票存入行贷记支票金额，之后才借记支票签发行的账户。在借记发生之前的短暂时期里，银行体系的准备金会增加。在美联储的财政存款和浮款短期内可能出现巨大波动，但这些波动通常可以预见，因而可以通过公开市场操作抵消。所以，虽然在美联储的财政存款和浮款会使控制基础货币的行为变得复杂，但它们没有阻碍美联储对基础货币的精确控制。

多倍存款创造：简化模型

为了推导出简单存款乘数，我们假定银行不持有超额准备金（一旦出现超额准备金，就立刻贷放出去）和非银行公众不持有通货（只持有存款）。为了说明存款乘数的机理，假定美联储实施公开市场购买，从第一国民银行购买 100 美元债券。第一国民银行把多出的 100 美元准备金贷放出去，并创造了借款人的 100 美元支票账户存款。这一支票账户存款被创造出来后，第一国民银行就创造了 100 美元的新货币，包括支票账户余额的货币供给量就相应增加了 100 美元。银行的货币“创造”是理解多倍存款创造过程的关键所在，但货币创造不会止于第一国民银行这一存款的创造。借款人可能会把这 100 美元支出，于是货币就会通过某种途径流入其他银行的账户中（例如，如果拿这 100 美元买东西，那么钱就会流入商店老板的银行账户中）。假定商店老板的开户银行是 A 银行，于是，A 银行的存款就增加了 100 美元。如果法定准备金率为 10%，A 银行就会将 100 美元中的 10 美元作为法定准备金，将其余 90 美元贷放给新的借款人。同第一国民银行一样，A 银行也会创造借款人的支票账户存款。于是，在这个阶段，A 银行又创造了 90 美元的货币。90 美元仍然会被支出，这个过程还在持续。在下一个阶段，B 银行的存款会增加 90 美元，在将 10%的存款即 9 美元作为法定准备金后，会将剩下的 81 美元贷放出去，于是 B 银行创造了 81 美元的存款。继续这个过程，C 银行、D 银行、E 银行还会继续创造货币，每次都将超额准备金全部贷放出去。当这个过程完成时，银行体系所创造的存款（还有货币）总额将达到 1 000 美元。简单存款乘数就是银行体系准备金增加所引起的存款增加倍数。在这个案例中，简单存款乘数是 10，等于法定准备金率的倒数。存款多倍扩张的公式 $\Delta D=\frac{1}{r}\times\Delta R$ 可以概括银行体系准备金的变动规模与支票存款的总变动规模之间的联系，支票存款增加的规模数倍于准备金的增加。其中，ΔR 为银行体系准备金的变动，r 为法定准备金率，ΔD 为银行体系支票存款总额的变动。虽然这个公式有助于理解多倍存款创造过程，但实际的存款创造不像简化模型这样机械。如果一部分贷款资金是以通货形式持有的，或者如果银行选择持有全部或部分超额准备金，那么，货币供给量就不会增加到简化的多倍存款创造模型中那么多。

货币供给的决定因素

货币供给与非借入基础货币（MB_n）、向美联储借入准备金（BR）正相关。货币供给与法定准备金率（r）负相关。货币供给与通货持有水平、超额准备金的规模负相关。

货币供给过程概览

14

三位参与者（美联储、储户和银行）都对货币供给有着直接的影响。美联储通过控制非借入基础货币、法定准备金率来影响货币供给。储户通过有关通货持有水平的决策影响货币供给，而银行主要通过对借入准备金和超额准备金的决策影响货币供给。储户的行为也会影响银行有关超额准备金的决策。

货币乘数

基础货币和货币供给之间的联系是 $M=m\times MB$，m 代表货币乘数。由于基础货币每变动 1 美元所引起的货币供给的变动超过 1 美元，因此基础货币又被称为高能货币。货币乘数 m 与法定准备金率 r 负相关。货币乘数同通货比率 c（等于公众持有的通货与支票存款的比率 C/D）和超额准备金率 e（等于银行持有的超额准备金与支票存款的比率 ER/D）也是负相关的。货币乘数的公式是 $m=(1+c)/(r+e+c)$。

货币乘数和简单存款乘数的一个重要差异是，在 $M=m\times MB$ 中，货币乘数乘以的是基础货币，而非支票存款，因而货币乘数比简单存款乘数小。如果 e 较小（这也是较为典型的一种情况），那么 e 对货币供给和货币乘数的影响就会比较小。但在次贷危机与新冠疫情期间，e 要高得多，此时它的变动对货币供给和货币乘数的影响十分大。

重要提示

基础货币包括美联储的两项负债之和：准备金和流通中的通货。美联储是通过公开市场操作和贴现贷款这两种主要方式来影响基础货币的。美联储对基础货币的控制力强于对流通中的通货和准备金的组合的控制力。

理解简单存款乘数的关键是，当银行发放贷款时，它就创造了存款，而存款是货币供给的一部分。货币乘数反映了基础货币转化为货币供给的倍数。任何会减少银行贷款发放的事件都会导致货币乘数的下降和货币供给的萎缩。r、e 和 c 的上升会减小可供银行贷放的资金规模，因而会导致货币乘数和货币供给的下降。

术语和定义

为每个术语找到其对应的定义。

关键术语：	定义：
________借入准备金	1. 基础货币减去借入准备金。
________通货比率	2. 超额准备金与存款的比率。
________超额准备金率	3. 货币供给的变动与给定基础货币的变动的比率。
________货币乘数	4. 银行从美联储的借款。
________非借入基础货币	5. 公众持有的通货与支票存款的比率。
________贴现率	6. 在美联储的存款加上银行实际持有的通货。
________超额准备金	7. 美联储负债的总和（即流通中的通货和准备金之和）与美国财政部的货币性负债（流通中的财政通货）。
________浮款	8. 美联储对政府证券的购买。
________高能货币	9. 美联储要求银行持有的准备金。
________基础货币	10. 法定准备金与存款的比率。
________多倍存款创造	11. 在假定没有超额准备金和公众不持有通货的简化模型中，银行体系准备金增加所引起的存款增加倍数。
________公开市场操作	12. 除了美联储要求的以外，银行持有的准备金。
________公开市场购买	13. 美联储向银行发放的贷款的利率。
________公开市场出售	14. 基础货币的另外一个名字。
________法定准备金率	15. 在美联储的支票清算过程中，银行准备金的暂时性净增加。
________法定准备金	16. 美联储出售政府证券。
________准备金	17. 美联储在公开市场上买卖政府证券。
________简单存款乘数	18. 美联储增加 1 美元的银行体系准备金所引起的存款扩张是 1 美元的数倍的过程。

思考题和简答题

实践应用题

1. a. 绘制简化的美联储资产负债表。
   b. 定义美联储资产负债表上的每个科目。
   c. 资产负债表上的哪几个科目是基础货币的组成部分？
2. a. 美联储向银行购买 100 美元政府证券，请列举这一行为对美联储和商业银行 T 账户的影响。
   b. 基础货币会变动多少？
3. a. 美联储向非银行公众购买 100 美元政府证券，请列举这一行为对美联储、商业银行和非银行公众 T 账户的影响。假定非银行公众将销售政府证券所得资金存入当地银行账户。
   b. 基础货币会变动多少？
   c. 非银行公众将政府证券销售给美联储后把收到的支票兑换成通货，即持有通货而非银行存款。请列举美联储和非银行公众的 T 账户。
   d. 基础货币会变动多少？
   e. 比较 a 和 c 中基础货币组成部分的变动。就美联储对基础货币组成部分的控制能力而言，这一比较意味着什么？
4. 假定美联储从第一国民银行买入 100 美元政府证券，并且银行不持有超额准备金，非银行公众不持有通货（只持有存款）。
   a. 列举将证券出售给美联储后，第一国民银行的 T 账户。
   b. 列举第一国民银行将证券出售给美联储，再将所得所产生的超额准备金贷放出去后的 T 账户。
   c. 当借款人将从第一国民银行的贷款提取出来并存放到 A 银行时，请列举第一国民银行和 A 银行的 T 账户。
   d. 如果 A 银行将新存款所产生的超额准备金全部贷放出去，请列举 A 银行的 T 账户。
   e. 第一国民银行和 A 银行所创造的“新”货币是多少？
   f. 假定这一过程持续到 B 银行、C 银行和 D 银行。B 银行、C 银行和 D 银行所创造的新货币分别是多少？
   g. 计算美联储 100 美元的公开市场购买所引起的存款总增量。
5. a. 请写下货币乘数的公式。
   b. 根据下列数值，计算通货比率、超额准备金率和货币乘数：$r=0.20$，$C=$ 3 200 亿美元，$D=1$ 万亿美元，$ER=$ 600 亿美元。

   $c=$________________

   $e=$________________

   $m=$________________

   c. 计算法定准备金（RR）、准备金（R）和基础货币（MB）。

   $RR=$________________美元

   $R=$________________美元

   $MB=$________________美元

   d. 假定美联储将法定准备金率调低为 0.10，计算新的货币乘数和新的货币供给。

   $m=$________________

   $M=$________________美元

   e. 计算新的存款和流通中的通货水平。

   $D=$________________美元

   $C=$________________美元

f. 计算新的法定准备金（RR）和超额准备金（ER）水平。

RR＝________美元

ER＝________美元

6. a. 请解释通货比率上升对货币供给和货币乘数的影响，并描述这一变动背后的机制。

   b. 请解释超额准备金率上升对货币供给和货币乘数的影响，并描述这一变动背后的机制。

7. 假定基础货币为 8 000 亿美元，借入准备金是 50 亿美元。

   a. 计算非借入基础货币的数量。

   b. 美联储能更精确地控制基础货币的规模还是非借入基础货币的规模？

   c. 美联储使用什么货币政策工具来控制非借入基础货币的数量？

   d. 假定借入准备金保持不变，那么非借入基础货币的上升对货币供给有什么影响？

   e. 假定非借入基础货币保持不变，那么借入准备金的上升对货币供给有什么影响？

8. 请填写下表中的空白信息。

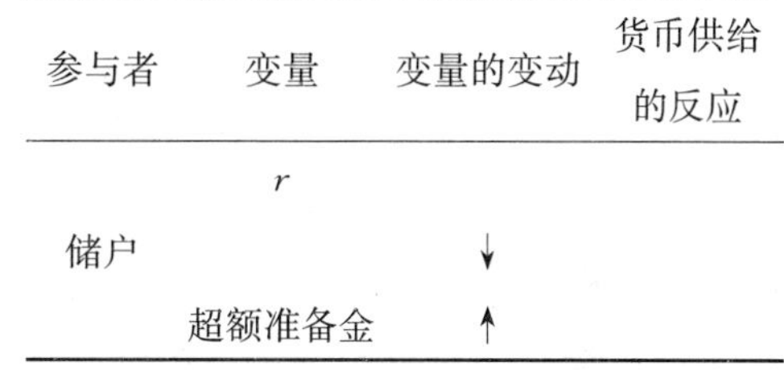

参与者	变量	变量的变动	货币供给的反应
	r		
储户		↓	
	超额准备金	↑	

简答题

1. 列举货币供给过程中的三位参与者。哪位参与者是最重要的？
2. 如果某人从支票账户中提取 100 美元的现金，请描述这对基础货币各个组成部分的影响。这会对基础货币总量产生什么影响？
3. 美联储卖出 100 美元政府证券会对基础货币产生什么影响？
4. 美联储向银行发放 100 美元的贴现贷款会对基础货币产生什么影响？
5. 利用简单存款乘数，说明美联储 100 美元的公开市场购买对银行体系存款总量的影响。假定银行体系不持有任何超额准备金，非银行公众不持有通货，并且法定准备金率为 10%。
6. 影响银行超额准备金持有决策的主要因素是什么？该因素的变动会对超额准备金产生什么影响？
7. 通货增加或准备金增加所引起的基础货币扩张分别会如何影响货币供给总量？
8. 通货持有决策会如何影响货币乘数和货币供给？
9. 为什么非借入基础货币和借入准备金的区别十分重要？
10. 美联储的哪种货币政策工具会影响非借入基础货币？

评判性思维

回到 20 世纪 50 年代，经济学家米尔顿·弗里德曼提议将法定准备金率调整为 100%。

1. 在弗里德曼的提议中，货币乘数是多少？

2. 描述在弗里德曼的提议中，银行、储户和美联储在控制货币供给中的角色。

3. 对比弗里德曼的提议中和法定准备金率低得多的现实情况中美联储对货币供给的控制能力。

4. 弗里德曼的提议会如何改变银行的性质？

自我测试

判断对错题

1. 准备金包括在美联储的存款和库存现金。（ ）
2. 高能货币是基础货币的另外一个名字。（ ）
3. 贴现贷款是银行体系的资产。（ ）
4. 公开市场操作对基础货币的影响要比对准备金的影响确定得多。（ ）
5. 如果你从支票账户中提取 100 美元，那么银行体系的存款就减少了 100 美元。（ ）
6. 如果你从支票账户中提取 100 美元，那么基础货币就减少了 100 美元。（ ）
7. 浮款和在美联储的财政存款没有阻碍美联储对基础货币的精确控制。（ ）
8. 如果银行选择买入证券，而非发放贷款，那么存款扩张就不存在了。（ ）
9. 货币供给变动量与基础货币给定变动量的比率被称为货币乘数。（ ）
10. 由通货增加引起的基础货币增加具备乘数作用，而对存款可以起到支持作用的基础货币增加不能够引起多倍扩张过程。（ ）
11. 法定准备金率上升会引起乘数下降。（ ）
12. 超额准备金率和现金比率的上升都会引起乘数上升。（ ）
13. 如果美联储向银行体系注入的准备金被作为超额准备金持有，那么货币供给未发生变化。（ ）
14. 在次贷危机和新冠疫情期间，超额准备金率 e 大幅下降。（ ）
15. 美联储对基础货币总量的精确控制能力强于对非借入基础货币的控制能力。（ ）

14

选择题

1. 货币供给过程的三位参与者是（ ）。
   a. 美联储、银行和储户
   b. 美联储、财政部和商业银行
   c. 美联储、通货监理署和储户
   d. 通货监理署、美国财政部和商业银行
2. 下列哪个项目位于美联储资产负债表的负债方？（ ）
   a. 证券
   b. 贴现贷款
   c. 准备金
   d. 上述选项都不正确
3. 下列哪个项目位于美联储资产负债表的资产方？（ ）
   a. 证券
   b. 流通中的存货
   c. 准备金

d. 上述选项都不正确

4. 下列哪项是基础货币的组成部分？（　　）
   a. 贴现贷款和美联储持有的政府证券之和
   b. 流通中的通货和准备金之和
   c. 流通中的通货和银行体系的存款之和
   d. 贴现贷款和银行体系的超额准备金之和

5. 库存现金和银行在美联储的存款的总额扣除法定准备金后，被称为（　　）。
   a. 基础货币
   b. 货币供给
   c. 超额准备金
   d. 准备金总额

6. 美联储在公开市场上出售政府证券，被称为（　　）。
   a. 公开市场购买
   b. 贴现贷款
   c. 浮款
   d. 公开市场出售

7. 如果美联储计划减少银行体系的准备金，可以（　　）。
   a. 购买政府证券
   b. 出售政府证券
   c. 向银行发放贴现贷款
   d. 印制更多的货币

8. 如果美联储向银行发放 100 美元贴现贷款，则（　　）。
   a. 美联储的负债减少 100 美元
   b. 流通中的通货增加 100 美元
   c. 基础货币减少 100 美元
   d. 基础货币增加 100 美元

9. 从 2007 年全球金融危机开始至今，通货比率（　　）。
   a. 急剧上升
   b. 急剧下降
   c. 略有上升
   d. 略有下降

10. 浮款增加，导致（　　）。
   a. 流通中的通货减少
   b. 基础货币扩张
   c. 基础货币减少
   d. 上述选项都不正确

11. 当银行（　　）时，可以创造货币。
   a. 向美联储出售证券
   b. 发放贷款，创造支票存款
   c. 向美联储借入准备金
   d. 持有超额准备金

12. 在银行的资产负债表上，支票存款属于（　　）。
   a. 资产
   b. 负债
   c. 既非资产，也非负债
   d. 既是资产，也是负债

13. 如果非银行公众在存款之外还持有通货，那么公开市场操作会导致（　　）。
   a. 存款总量的变动小于简单存款乘数的推导结果
   b. 存款总量的变动大于简单存款乘数的推导结果
   c. 美联储对基础货币拥有更强的控制力
   d. 美联储对基础货币拥有较弱的控制力

14. 货币乘数说明了（　　）。
   a. 给定规模的基础货币变动所引起的非借入基础货币的变动规模
   b. 给定规模的存款变动所引起的货币供给的变动规模
   c. 给定规模的存款变动所引起的非借入基础货币的变动规模
   d. 给定规模的基础货币变动所引起的货币供给的变动规模

15. 超额准备金率的降低会导致货币乘数（　　）。
   a. 上升，货币供给减少
   b. 上升，货币供给增加
   c. 下降，货币供给减少
   d. 下降，货币供给增加
16. 基础货币减去借入准备金被称为（　　）。
   a. 非借入基础货币
   b. 高能货币
   c. 准备金
   d. 借入基础货币
17. 如果法定准备金率为 0.03，流通中的通货为 6 000 亿美元，存款为 7 000 亿美元，超额准备金为 10 亿美元，那么货币乘数等于（　　）。
   a. 3.09
   b. 3.29
   c. 2.29
   d. 2.09
18. 下列哪项会导致银行准备金的减少？（　　）
   a. 法定准备金率上升
   b. 超额准备金率上升
   c. 通货比率上升
   d. 基础货币增加
19. 假设法定准备金率为 0.12，通货比率为 0.6，超额准备金率为 0.03。如果美联储减少 50 亿美元的基础货币，那么货币供给会减少（　　）。
   a. 153.4 亿美元
   b. 106.7 亿美元
   c. 98.7 亿美元
   d. 56.7 亿美元
20. 在全球金融危机和新冠疫情的量化宽松时期，超额准备金率都大幅上升的原因是（　　）。
   a. 美联储创造的准备金远远超过银行满足其准备金要求所需的准备金，而超额准备金的机会成本接近于零
   b. 消费者持有更多的现金
   c. 美联储没有为银行创造足够的准备金来满足它们的准备金要求
   d. 银行通过持有准备金赚取了更多的利息

第 15 章 货币政策工具

本章回顾

预　习

本章将从准备金市场的供求分析着手，说明美联储的四种货币政策工具（公开市场操作、贴现贷款、法定准备金要求、超额准备金利息）如何决定联邦基金利率。之后将介绍在最近的金融危机这种极其特殊的情况下，美联储不得不使用的非常规货币政策工具。最后将讨论美联储以外的其他中央银行所使用的货币政策工具。

准备金市场和联邦基金利率

联邦基金利率是银行在准备金市场上隔夜同业拆借所收取的利率。联邦基金利率由准备金需求曲线和供给曲线的交点决定。美联储的三种货币政策工具（公开市场操作、贴现贷款和法定准备金要求）通过影响准备金的供给或需求来影响联邦基金利率。准备金的需求曲线（见下图中的 R^d）是向下倾斜的。但当联邦基金利率达到美联储所支付的超额准备金利率 i_{oer} 的水平时，准备金需求曲线就变为水平线了。准备金的供给曲线（R^s）在贴现率（i_d）之下是垂直的，但达到 i_d 时就变为水平线了。供给曲线的垂直部分是由非借入准备金（NBR）的数量决定的，其中，非借入准备金是美联储通过公开市场操作所控制的准备金。如果准备金需求曲线和供给曲线的交点位于准备金供给曲线的垂直部分和准备金需求曲线的向下倾斜部分（如下图所示），那么联邦基金利率就取决于非借入准备金的数量。在这种情况下，公开市场购买可以增加非借入准备金，进而降低均衡联邦基金利率，反之，公开市场出售可以减少非借入准备金，进而导致均衡联邦基金利率上升。贴现率是联邦基金利率的上限，超额准备金利率是联邦基金利率的下限。因此，在美联储目前的运行机制下，联邦基金利率的波动就被控制在 i_{oer} 与 i_d 之间。

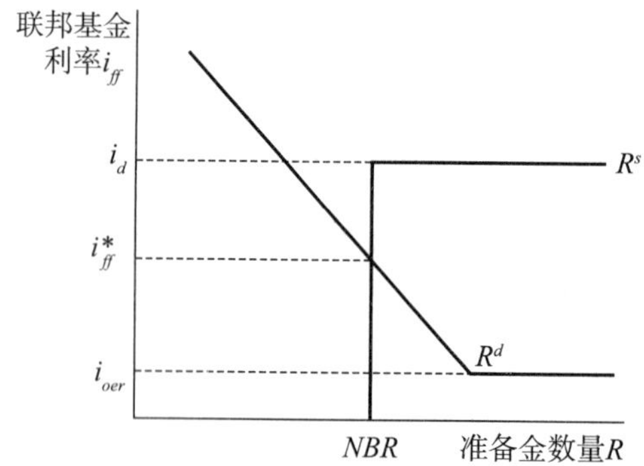

常规货币政策工具

公开市场操作是美联储影响准备金市场和联邦基金利率的主要工具，操作灵活且精确。公开市场操作有两种类型：旨在改变准备金和基础货币规模的主动性公开市场操作；旨在抵消影响准备金和基础货币的其他因素（例如在美联储的财政存款和浮款）变动的防御性公开市场操作。与银行占据主动的贴现窗口借款不同，公开市场操作是美联储主动进行的。美联储如果想暂时性地增加准备金，就会运用回购协议。在回购协议中，美联储购买证券，而卖出方承诺在短期内（1～15 天之内）买回这些证券。要想暂时性地减少准备金的供给，美联储可以实施以买回为条件的出售交易（有时也被称为逆回购协议）。回购协议和逆回购协议都用于防御性公开市场操作。

美联储向银行发放的贴现贷款有三种类型：一级信贷，也称常备贷款，财务健全的银行可以按照贴现率向美联储借入；二级信贷，是向那些陷入财务困境的银行发放的贷款，利率高于贴现率 50 个基点；季节性信贷，是美联储正在考虑将取消的贷款。贴现贷款使得美联储可以发挥最后贷款人的作用，这在金融危机期间是极其重要的。

法定准备金率可以影响货币乘数，因而在原则上美联储可以通过改变法定准备金率来调整货币供给和利率。但近年来，法定准备金率的重要性有所下降。对很多银行而言，法定准备金率的约束作用不强。此外，提高法定准备金率会导致银行出现严重的流动性问题。美联储不再将法定准备金率作为调整货币供给和利率水平的重要工具。

超额准备金利率虽然出现的时间较短，只是作为联邦基金利率的下限，尚未被美联储当作货币政策工具使用，但将来可以大有作为。

非常规货币政策工具与量化宽松

当有效下限问题出现时，常规货币政策工具不再有效。在这种情况下，中央银行只能使用非常规货币政策工具，包括流动性提供、资产购买、前瞻性指引和在中央银行的银行存款的负利率。流动性提供和资产购买导致中央银行资产负债表扩张，被称为量化宽松。中央银行资产负债表扩张本身不会对经济产生显著影响，但中央银行在提供流动性和购买资产的过程中会实现对资产负债表构成的调整，造成所谓的信贷宽松，这对促进特定信贷市场的运转具有很大影响。

欧洲中央银行的货币政策工具

欧洲中央银行的被称为目标融资利率的隔夜现金利率目标及其货币政策工具（公开市场操作、向银行发放贷款和法定准备金要求）与联邦储备体系的十分相似。主要再融资操作是在两周内可以进行反向操作的公开市场操作，这些类似于美联储回购协议和逆回购协议的操作是欧洲中央银行用于实现隔夜现金利率目标的重要工具。欧洲中央银行的常备便利被称为存款便利，它对超额准备金付息，利率通常低于目标融资利率 100 个基点。超额准备金利率是欧洲中央银行目标融资利率的下限。

重要提示

联邦基金利率是由准备金的供给和需求决定的。要理解美联储的货币政策工具是如何影响联邦基金利率的，需要分析这些工具是如何影响准备金的需求和供给的。美联储通过使用公开市场操作来控制非借入准备金，从而实现联邦基金利率目标。贴现率是联邦基金利率的上限，并帮助美联储履行其最后贷款人的职责。美联储对超额准备金支付的利率是联邦基金利率的下限。法定准备金率不再被美联储用于控制货币供给和利率。

术语和定义

为每个术语找到其对应的定义。

关键术语：	定义：
________防御性公开市场操作	1. 欧洲中央银行体系的常备便利，银行可以据此得到低于目标融资利率 100 个基点的固定利率。
________存款便利	2. 调整美联储资产负债表的构成，以促进某些特定的信贷市场正常运转。
________贴现窗口	3. 美联储向银行办理贴现贷款的工具。
________主动性公开市场操作	4. 欧洲中央银行的常备贷款便利，银行（需要提供合格抵押品）借此可以向国家中央银行借入隔夜贷款，利率高于目标融资利率 100 个基点。
________常规货币政策工具	5. 欧洲中央银行边际贷款便利所收取的利率。
________最后贷款人	6. 根据这种协议，美联储或其他市场参与者购买证券，而卖出方承诺在短期内（1～15 天之内）买回这些证券。
________长期再融资操作	7. 欧洲中央银行的隔夜现金利率目标，其中，隔夜现金利率是指欧元区超短期银行间贷款利率。
________主要再融资操作	8. 旨在改变准备金和基础货币规模的公开市场操作。

15

________边际贷款便利　　9. 中央银行对未来政策利率路径做出承诺。

________边际贷款利率　　10. 欧洲中央银行首要的货币政策工具，是指每周的反向交易（按照回购或者以合格资产为抵押品的信贷操作方式买卖合格资产），在两周内进行反向操作。

________以买回为条件的出售交易　　11. 在该交易中，美联储出售证券，买方承诺在不久的将来将这些证券回售给美联储。有时也被称为逆回购协议。

________信贷宽松　　12. 借助这一贷款工具，健康银行可以从中央银行借入它们所需要的所有借款。

________隔夜现金利率　　13. 欧洲中央银行实施的一种公开市场操作，与美联储的直接买卖证券类似。

________前瞻性指引　　14. 在其他人都不愿意的时候向金融机构提供准备金的贷款人，发放这种贷款通常是为了防止金融危机。

________回购协议　　15. 欧元区超短期银行间贷款利率。

________反向交易　　16. 欧洲中央银行按照回购或者以合格资产为抵押品的信贷操作方式买卖合格资产，在两周内进行反向操作。

15

________常备贷款便利　　17. 美联储用来控制货币供给和利率的经典货币政策工具，包括公开市场操作、贴现贷款和法定准备金要求。

________目标融资利率　　18. 旨在抵消其他因素变动（例如在美联储的财政存款变动或浮款变动）对基础货币的影响而实施的公开市场操作。

________非常规货币政策工具　　19. 中央银行用来刺激经济的非利率工具：流动性提供，资产购买，前瞻性指引，以及在中央银行的银行存款的负利率。

思考题和简答题

实践应用题

1. 假定准备金的需求最初为下图中的R_0^d。
   a. 根据下图，确定下列数值：
   非借入准备金＝________美元
   借入准备金＝________美元
   联邦基金利率＝________%
   贴现率＝________%
   b. 假定准备金的需求上升为R_1^d。在这个较高的准备金需求水平上，重新计算下列数值：

非借入准备金＝________美元

借入准备金＝________美元

联邦基金利率＝________%

贴现率＝________%

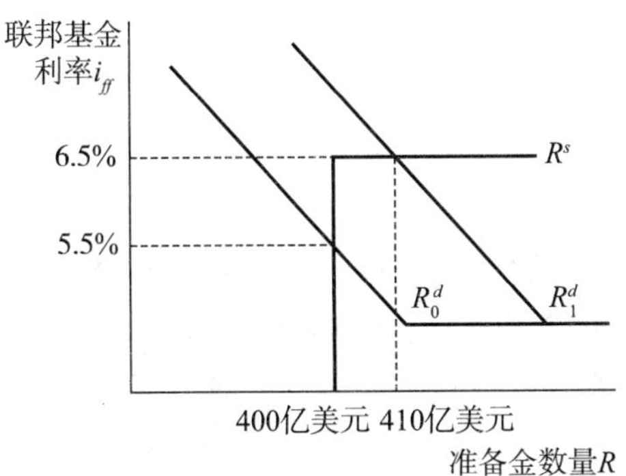

2. a. 假定联邦基金利率的均衡水平低于贴现率，高于超额准备金利率，请绘制相应的准备金供求图。

   b. 重新绘制 a 中的坐标图，需要反映出美联储的公开市场购买对联邦基金利率均衡水平的影响。请解释为何联邦基金利率会发生变动。

   c. 重新绘制 a 中的坐标图，需要反映出贴现率上升的影响。贴现率的上升是否会影响联邦基金利率？为什么？

   d. 现在假定均衡联邦基金利率等于贴现率，请绘制相应的准备金供求图。请说明贴现率下降对均衡联邦基金利率的影响。

   e. 解释为何贴现率的变动有时会、有时不会引起联邦基金利率的变动。

   f. 重新绘制 a 中的坐标图，说明法定准备金率上升对均衡联邦基金利率的影响。请解释为何会出现这种情况。

3. 假定美联储预测财政存款会导致准备金在未来一周减少 20 亿美元。之后，准备金会回到其初始水平。

   a. 在财政存款导致准备金减少的一周里，介绍美联储用来保持准备金水平不变的公开市场操作类型。

   b. 现在假定由于恶劣天气阻碍了支票传递，导致浮款在未来 1 天会上升。浮款的上升会如何影响准备金？在浮款增加导致准备金短暂变动期间，介绍美联储用来保持准备金水平不变的公开市场操作类型。

4. a. 什么是一级信贷？

   b. 一级信贷下的放款出现在什么地方？

   c. 一级信贷在联邦基金市场上发挥了什么作用？

   d. 二级信贷是什么？它与一级信贷有何差异？

5. a. 欧洲中央银行盯住的利率指标被称为什么？

   b. 欧洲中央银行的主要再融资操作与长期再融资操作有何差异？

   c. 请解释欧洲中央银行的边际贷款便利和存款便利是如何限制短期利率偏离其指标水平的变化幅度的。

15

简答题

1. 美联储使用哪种货币政策工具来控制非借入准备金的规模？

2. 美联储实施公开市场购买时，非借入准备金和联邦基金利率会如何变动？

3. 在什么情况下，贴现率的变动会影响到联邦基金利率？

4. 在什么情况下，联邦基金利率等于对超额准备金支付的利率？

5. 法定准备金率下降是如何影响准备金需求和联邦基金利率的？
6. 公开市场操作有何优点？
7. 解释为什么联邦存款保险公司保险的存在使得美联储的最后贷款人职责没有流于形式。
8. 美联储的贴现政策有何优点和缺点？
9. 将法定准备金率作为改变联邦基金利率的政策工具有何不利之处？
10. 欧元体系中与美联储贴现率对应的是什么？

评判性思维

1. 请使用准备金的供求曲线来反映和解释美联储现行的贴现率和超额准备金利率的政策是如何限制联邦基金利率的波动的。
2. 请解释美联储的三种货币政策工具，思考它们各自如何改变货币供给。每种工具影响的是基础货币还是货币乘数？
3. 解释主动性和防御性公开市场操作。它们各自的目的是什么？描述两种使用防御性公开市场操作的情况。防御性公开市场操作通常如何进行？

自我测试

15

判断对错题

1. 公开市场操作是美联储最重要的货币政策工具。(　　)
2. 贴现率的下降总是会导致联邦基金利率的下降。(　　)
3. 联邦基金利率的上升不会超过美联储对超额准备金支付的利率。(　　)
4. 美联储通过公开市场操作控制非借入准备金。(　　)
5. 主动性公开市场操作旨在抵消浮款变动的影响。(　　)
6. 防御性公开市场操作旨在抵消财政存款变动的影响。(　　)
7. 美联储使用以买回为条件的出售交易进行短期的公开市场购买。(　　)
8. 公开市场操作由纽约联邦储备银行实际执行。(　　)
9. 联邦基金利率通常高于贴现率 100 个基点。(　　)
10. 二级信贷的利率通常高于贴现率 50 个基点。(　　)
11. 边际贷款利率是欧洲货币联盟隔夜市场利率的上限。(　　)
12. 美联储经常改变法定准备金率，目的是要影响货币供给。(　　)
13. 对超额准备金支付的利率的上升总是会导致联邦基金利率的上升。(　　)
14. 欧洲中央银行公开市场操作最主要的形式是长期再融资操作。(　　)
15. 欧洲中央银行没有规定法定准备金率。(　　)

选择题

1. 公开市场购买会导致（　　）。
   a. 非借入准备金减少，联邦基金利率上升
   b. 非借入准备金增加，联邦基金利率下降
   c. 借入准备金减少，联邦基金利率上升
   d. 借入准备金增加，联邦基金利率下跌
2. 法定准备金率上升会导致（　　）。
   a. 非借入准备金增加，联邦基金利率上升
   b. 非借入准备金减少，联邦基金利率下跌
   c. 非借入准备金保持不变，联邦基金利率上升
   d. 非借入准备金保持不变，联邦基金利率下跌

下图对应选择题 3～7。

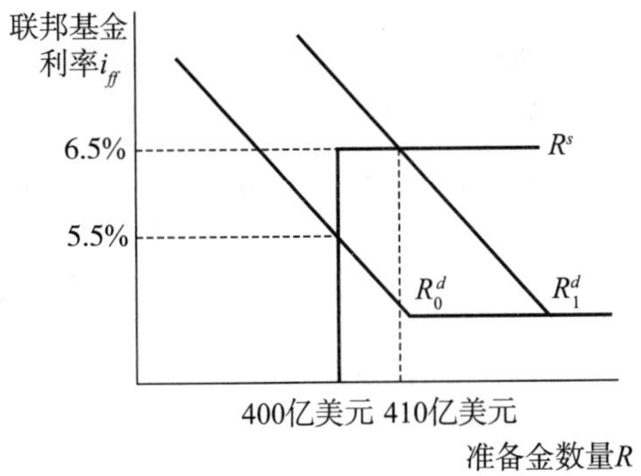

3. 上图中准备金需求曲线向右位移最可能是由于（　　）。
   a. 法定准备金率上升
   b. 法定准备金率下降
   c. 公开市场购买
   d. 公开市场出售
4. 当上图中的准备金需求为 R_1^d 时，借入准备金为（　　）。
   a. 400 亿美元
   b. 410 亿美元
   c. 0 美元
   d. 10 亿美元
5. 当左图中的准备金需求为 R_0^d 时，借入准备金为（　　）。
   a. 400 亿美元
   b. 410 亿美元
   c. 0 美元
   d. 10 亿美元
6. 当左图中的准备金需求为 R_1^d 时，非借入准备金为（　　）。
   a. 400 亿美元
   b. 410 亿美元
   c. 0 美元
   d. 10 亿美元
7. 当左图中的准备金需求为 R_0^d 时，非借入准备金为（　　）。
   a. 400 亿美元
   b. 410 亿美元
   c. 0 美元
   d. 10 亿美元
8. 季节性信贷的利率等于（　　）。
   a. 联邦基金利率
   b. 一级信贷利率
   c. 二级信贷利率
   d. 联邦基金利率和定期存款利率的平均值
9. 下列哪项会推动准备金供给曲线向右位移？（　　）
   a. 提高法定准备金率
   b. 提高贴现率
   c. 实施公开市场购买
   d. 上述选项都正确
10. 通过向超额准备金付息，美联储能够将联邦基金利率控制在（　　）。
   a. 与超额准备金利率相等的水平上
   b. 与贴现率相等的水平上

15

c. 等于或低于超额准备金利率的水平
d. 等于或高于超额准备金利率的水平

11. 美联储旨在保持准备金水平不变的公开市场操作被称为（　　）。
a. 防御性公开市场操作
b. 主动性公开市场操作
c. 长期再融资操作
d. 反向交易

12. 欧洲中央银行旨在保持准备金水平不变的公开市场操作被称为（　　）。
a. 防御性公开市场操作
b. 主动性公开市场操作
c. 长期再融资操作
d. 反向交易

13. 美联储为了短期增加银行体系的准备金，可以实施（　　）。
a. 回购协议
b. 逆回购协议
c. 以买回为条件的出售交易
d. 反向交易

14. 美联储借助下列哪种工具来履行其最后贷款人的职责？（　　）
a. 贴现贷款
b. 法定准备金要求
c. 公开市场操作
d. 联邦存款保险公司的保险

15. 二级信贷的利率（　　）。
a. 低于联邦基金利率
b. 高于贴现率，目的是惩罚陷入财务困境的银行
c. 等于联邦基金利率
d. 低于贴现率，但高于联邦基金利率，目的是帮助陷入财务困境的银行

16. 美联储的一级信贷便利使得联邦基金利率不会过多地超过其目标水平，这是因为（　　）。
a. 美联储常规性地将贴现率设定在联邦基金利率水平之下
b. 美联储按照贴现率向健康银行发放没有限制的贷款，这意味着联邦基金利率不会超过其目标水平
c. 美联储禁止银行向其他银行收取超过其目标水平的贷款利率
d. 当联邦基金利率过高时，二级信贷就无法存在

17. 从 2007 年 9 月金融危机爆发前到 2009 年底危机结束，美联储的资产规模增大，导致（　　）。
a. 基础货币大幅增加
b. 货币供给大幅增加
c. 经济扩张
d. 高通货膨胀

18. 美联储的回购协议是指（　　）。
a. 美联储从财政部买回证券的协议
b. 暂时性地进行公开市场出售，不久后会进行反向交易
c. 暂时性地进行公开市场购买，不久后会进行反向交易
d. 非常适合从事主动性公开市场操作

19. 当经济面临有效下限问题时，下列哪一种货币政策工具更有效？（　　）
a. 公开市场操作
b. 贴现贷款
c. 法定准备金要求
d. 美联储的流动性提供

20. 欧洲中央银行向商业银行发放贷款是通过它的（　　）。
a. 贴现窗口
b. 边际贷款便利
c. 常备贷款便利
d. 存款便利

15

第 16 章　货币政策操作：战略与战术

本章回顾

预　习

我们已经了解了联邦储备体系等中央银行实施货币政策时所使用的工具，现在要思考中央银行应当如何实施货币政策。本章我们将首先考察货币政策的目标，然后介绍其中一种最重要的货币政策实施战略——通货膨胀目标制，之后再讨论政策工具的选择和设置。

物价稳定目标与名义锚

通货膨胀会增加经济中的不确定性，可能妨碍经济增长。在过去的几十年中，全世界的政策制定者越来越多地注意到通货膨胀的社会成本和经济成本，而且更加关注将保持稳定的价格水平作为经济政策的目标。因此，物价稳定，即稳定的低水平通货膨胀，越来越被看做是货币政策最重要的目标。

强有力的名义锚是成功货币政策的关键要素。强大的名义锚通过锁定通货膨胀预期和限制时间不一致性问题而帮助促进物价稳定。时间不一致性问题是指货币政策制定者相机操作货币政策，着眼于短期目标但是导致糟糕的长期后果。

货币政策的其他目标

虽然物价稳定是大部分中央银行的首要目标，但这不是制定货币政策时唯一应当考虑的因素，还有其他重要的货币政策目标需要实现，分别是：(1) 高就业和产出稳定，(2) 经济增长，(3) 金融市场稳定，(4) 利率稳定，(5) 外汇市场稳定。

物价稳定应当为货币政策首要目标吗?

物价稳定目标与之前提到的其他目标之间在长期里并不存在不一致的问题，但是在短期，物价稳定常常与产出稳定和利率稳定等目标冲突。例如，当经济扩张且失业下降时，经济可能变得过热，导致通货膨胀率上升。为了追求物价稳定目标，中央银行会通过提高利率来防止经济过热，这样的举措起初会降低产出并提高利率的不稳定性。

对于中央银行应当如何解决目标之间的这种冲突，目前存在单一目标和双重目标两种说法，哪种类型的目标对中央银行更好取决于如何运用，只要在操作中将物价稳定作为长期而非短期的首要目标，任何一种类型的目标就都是可以接受的。

通货膨胀目标制

物价稳定应当是货币政策首要的长期目标，名义锚是有助于实现这一目标的有用工具，由此引出的货币政策战略被称为通货膨胀目标制。新西兰、加拿大和英国在 20 世纪 90 年代早期都采用了通货膨胀目标制。此种货币政策战略是透明的，易于为公众所理解，且降低了中央银行陷入时间不一致性陷阱的概率，但也存在四个缺点：信号迟滞、过于僵化、增加产出波动的可能性以及低经济增长。

美联储货币政策战略的演进

美联储的货币政策战略随时间推移而发展变化。从 20 世纪 80 年代直至 2006 年，艾伦·格林斯潘领导下的美联储实施的是先发制人的货币政策。美联储没有使用明确的名义锚，但其“尽管去做”方法具有通货膨胀目标制的一些重要元素，所以同样也有许多优点，取得了一定的成功。但美联储“尽管去做”的货币政策战略的一个缺点是透明度逊于通货膨胀目标制。由于市场不断猜测特定情况下美联储的行动，因而加剧了金融市场的波动性。“尽管去做”方法的另外一个缺点是它十分依赖美联储主席的个人能力。因此，在新的主席接管美联储后，不能确保这种方法依然能够成功。美联储“尽管去做”方法的最后一个缺点是与民主原则不一致。美联储的政策制定晦涩模糊使得国会和普通公众难以向美联储问责：如果没有预先设定美联储表现的判断标准，就不能要求美联储对其决策负责，这种缺乏责信度与民主原则不符。低责信度也可能使中央银行更易受时间不一致性问题的影响，由此可能牺牲长期目标而去追求短期目标。

2006 年伯南克就任美联储主席后，增强美联储透明度和通货膨胀目标制都得到了有力的支持。该时期，美联储转向灵活版本的通货膨胀目标制，与其双重目标保持一致。

全球金融危机对货币政策战略的启示

全球金融危机对于经济学家和政策制定者而言提出了有关经济运行的四点启示：(1) 金融部门发展对经济活动的影响远远超出我们之前的认识，金融震荡对经济活动的负面效应远比当初预想的更糟糕；(2) 利率有效下限可能是一个严重的问题，迫使美联储不得不动用更复杂的非常规货币政策工具；(3) 金融危机后的清理成本很高，而且复苏进程缓慢；(4) 物价和产出稳定不能确保金融稳定，甚至助燃了全球金融危机。全球金融危机的启示对更加灵活的通货膨胀目标制提供了支持，可能会有更高的通货膨胀目标。

中央银行是否应制止资产价格泡沫？

资产价格泡沫有两种类型：一种是由信贷所驱动的，另一种则单纯来自非理性繁荣。信贷驱动型泡沫对金融体系造成的危害要大于单纯由非理性繁荣所驱动的泡沫。政策制定者也许能够确定信贷驱动型泡沫正在形成，但可能无法确认由非理性繁荣引发的泡沫。有一些强有力的理由可以说明，货币政策不应刺破资产价格泡沫。宏观审慎管理看起来确实是抑制信贷驱动型泡沫的恰当工具。

战术：选择政策工具

中央银行借助货币政策工具（公开市场操作、法定准备金要求和贴现贷款）来实现其目标。但中央银行的货币政策工具并不是直接和立刻发挥作用的，因而中央银行会使用货币政策工具来影响政策工具（也被称为操作工具），并反映货币政策状态是宽松的还是紧缩的。政策工具可以较为直接地向中央银行说明它是否接近其目标。政策工具的例子是准备金总量与利率。政策工具与中介指标联系在一起。与政策工具相比，中介指标与货币政策目标之间有着更为直接的联系，但与实际的货币政策工具之间的联系较少。中央银行可以选择准备金总量或利率作为政策工具，但不能同时选择这两者，这是因为盯住其中之一，意味着中央银行可以自由地调整另外一个。中央银行选择政策工具时遵循三条标准：(1) 它必须是可观察且可测量的；(2) 它必须可以由中央银行控制；(3) 它必须对目标有着可以预计的影响。

战术：泰勒规则

16

泰勒规则是描述美联储设定联邦基金利率目标的数学等式。根据泰勒规则，联邦基金利率等于通货膨胀率加上一个“均衡”的实际联邦基金利率再加上通货膨胀缺口和产出缺口的加权平均。产出缺口之所以会出现在泰勒规则中，原因之一是美联储除了要保持低而稳定的通货膨胀率外，还十分关注稳定产出波动。产出缺口出现在泰勒规则中的另一个原因是，它反映了未来的通货膨胀压力。为了应对通货膨胀率的上升，货币当局提高名义利率的幅度应高于通货膨胀率上升的幅度，这就是泰勒原理。如果不遵循泰勒原理，就会引发不稳定的通货膨胀率。根据菲利普斯曲线理论，如果产出高于潜在水平（缺口为正），通货膨胀压力就会上升，但如果产出低于潜在水平（缺口为负），通货膨胀压力就会下降。泰勒规则很好地描述了格林斯潘和伯南克领导下的美联储制定联邦基金利率的机制。但有一些原因可以说明，美联储不能仅依靠机械的泰勒规则公式来制定货币政策。

重要提示

中央银行货币政策的战略和战术在不同国家和不同时期都是不一样的。非常重要的是要记住，所有战略都既有优点，也有缺点。并且，根据对美联储过去政策的讨论，有时某政策只有在引发了经济萧条或严重通货膨胀后，它的缺点才会暴露出来。

术语和定义

为每个术语找到其对应的定义。

关键术语：	定义：
________双重目标	1. 经济学家约翰·泰勒提出的有关联邦基金利率目标设置的货币政策规则。
________名义锚	2. 对中央银行工具做出反应，并反映货币政策立场的变量，又被称为操作工具。
________通货膨胀目标制	3. 劳动力供求相等时的失业率水平，这一水平消除了通货膨胀率变化的趋势。
________资产价格泡沫	4. 对外公布中期通货膨胀目标数值的货币政策战略。
________中介指标	5. 美联储试图影响的、对就业和物价水平会产生直接作用的一组变量中的任何一个，例如货币总量或长期利率。
________时间不一致性问题	6. 指货币政策制定者相机实施货币政策时出现的问题，追求扩张性政策在短期里有吸引力，但可能导致糟糕的长期后果。
________菲利普斯曲线理论	7. 该理论认为，相对于生产能力的经济状况和其他因素会影响通货膨胀率的变动。
________政策工具	8. 中央银行将物价稳定和就业最大化两个目标放到平等的地位上。
________单一目标	9. 该原理指出，货币当局提高名义利率的幅度应当超出通货膨胀率的上升幅度。
________泰勒规则	10. 货币政策制定者用来锁定物价水平的名义变量，例如通货膨胀率、汇率或者货币供给。
________泰勒原理	11. 中央银行将物价稳定看做首要目标，只有在实现物价稳定的情况下才能追求其他目标。
________非加速通货膨胀失业率	12. 资产价格的显著上升背离了其基本价值。
________宏观审慎管理	13. 可以影响信贷市场总体状况的监管政策。

思考题和简答题

实践应用题

1. 解释时间不一致性问题。相机抉择政策的可能结果是什么？时间不一致性问题的解决方案是什么？

2. 解释什么是通货膨胀目标制。这种货币政策战略的优缺点是什么？

3. a. 描述美联储“尽管去做”的货币政策

方法。

b. 美联储方法有什么优点？

c. 美联储方法有什么缺点？

4. a. 绘制准备金的供求曲线，说明美联储以非借入准备金为指标对联邦基金利率的影响。

b. 绘制准备金的供求曲线，说明美联储以联邦基金利率为指标对非借入准备金的影响。

c. 使用a和b的答案，解释为什么美联储不能同时以联邦基金利率和非借入准备金为指标。

5. 假定通货膨胀率为2%，均衡的实际联邦基金利率为2%，产出缺口为−1.5%，目标通货膨胀率为2.5%。

a. 运用上述数据，根据泰勒规则，计算联邦基金利率目标。

b. 根据上述数值，失业率等于、大于还是小于非加速通货膨胀失业率？这意味着通货膨胀率未来预期会上升、下跌还是保持不变？

c. 根据泰勒规则的计算，货币政策是中性的、紧缩的还是宽松的？

6. a. 列举和描述泡沫的两种类型。

b. 哪种类型的泡沫给金融体系带来的风险更大？

c. 反对用货币政策刺破单纯由非理性繁荣所驱动的泡沫的理由是什么？

d. 货币政策应如何应对信贷驱动型泡沫？

7. a. 解释20世纪60年代和70年代以货币市场利率为指标的政策如何导致顺周期的货币政策。

b. 解释20世纪80年代以借入准备金为指标的政策如何导致顺周期的货币政策。

8. 用图说明以非借入准备金为指标如何导致联邦基金利率不稳定。

简答题

1. 德意志联邦银行经常无法实现其货币总量增长目标，请解释为什么它的以货币总量为指标的制度被认为是成功的。
2. 中央银行选择政策工具应遵循哪三条标准？
3. 解释中央银行为何必须选择准备金总量或者利率作为其政策工具，而不能同时选择两者。
4. 操作工具和中介指标之间有何不同？
5. 当哪种类型的泡沫出现时，政策制定者最可能确认该泡沫？
6. 早期美联储首要的政策工具是什么？
7. 什么是真实票据原则？为何美联储会在20世纪20年代早期放弃该原则？
8. 20世纪30年代期间，美联储的货币政策出现了哪两个错误？
9. 美联储和财政部达成的“一致协议”是什么？“一致协议”会如何改变美联储货币政策的实施方式？
10. 描述美联储成功地先发制人阻止了通货膨胀率上升的时期。描述美联储没能成功地先发制人阻止通货膨胀率上升的时期。

16

评判性思维

假定中央银行的通货膨胀目标是2%，均衡联邦基金利率为2%。

1. 假定GDP目前正处于其潜在水平，通货膨胀率为2%。利用泰勒规则，计算联邦基金利率目标和与该目标一致的实际联邦基金利率。货币政策是宽松的、紧缩的还是中性的？这一货币政策会如何影响 GDP 增长率和通货膨胀率？

2. 现在假定目前的 GDP 低于其潜在水平 1%，通货膨胀率为 1%。利用泰勒规则，计算联邦基金利率目标和与该目标一致的实际联邦基金利率。货币政策是宽松的、紧缩的还是中性的？这一货币政策会如何影响 GDP 增长率和通货膨胀率？

3. 现在假定目前的 GDP 高于其潜在水平 1%，通货膨胀率为 3%。利用泰勒规则，计算联邦基金利率目标和与该目标一致的实际联邦基金利率。货币政策是宽松的、紧缩的还是中性的？这一货币政策会如何影响 GDP 增长率和通货膨胀率？

自我测试

判断对错题

1. 1978—1987 年期间，日本银行的货币政策绩效比美联储强得多。(　　)
2. 以通货膨胀为指标的透明度不如以货币为指标的透明度。(　　)
3. 以通货膨胀为指标降低了中央银行陷入时间不一致性陷阱的概率。(　　)
4. 美联储“尽管去做”战略的一个优点是，它依赖于稳定的货币-通货膨胀联系。(　　)
5. 美联储“尽管去做”战略与民主原则是一致的。(　　)
6. 遵循泰勒规则会使得通货膨胀率更为稳定。(　　)
7. 中央银行可以以联邦基金利率为指标，也可以以非借入准备金为指标，但不能同时以二者为指标。(　　)
8. 灵活性是选择政策工具的必要条件。(　　)
9. 单纯由非理性繁荣所驱动的泡沫对金融体系的风险要大于信贷驱动型泡沫。(　　)
10. 与信贷驱动型泡沫相比，货币政策制定者更可能确认由非理性繁荣所驱动的泡沫。(　　)
11. 美联储持续使用真实票据原则来指导货币政策实践。(　　)
12. 与财政部达成“一致协议”后，美联储开始盯住低水平的利率。(　　)
13. 许多采用通货膨胀目标制的国家（例如新西兰）在遏制住通货膨胀之后经济增长强劲。(　　)
14. 1994 年 2 月以来，美联储宣布在每次联邦公开市场会议后都会公布其联邦基金利率目标。(　　)
15. 在格林斯潘时代，美联储成功地将经济波动控制在十分温和的水平上。(　　)

选择题

1. 货币政策制定者对价格稳定最常用的定义是（　　）。
   a. 低而稳定的通货紧缩
   b. 通货膨胀率为零
   c. 高而稳定的通货膨胀
   d. 低而稳定的通货膨胀
2. 通货膨胀的结果（　　）。
   a. 使得为未来规划更容易

16

b. 使得随着时间的推移比较价格变得容易

c. 降低名义利率

d. 难以解释相对价格的变动

3. 货币政策被认为是时间不一致的，因为（ ）。

a. 与货币政策实施及其对经济的影响相关的滞后时间

b. 决策者倾向于追求在短期内更具收缩性的相机抉择政策

c. 政策制定者倾向于追求在短期内更具扩张性的相机抉择政策

d. 认识到潜在的经济问题和执行货币政策的滞后时间

4. 如果中央银行奉行的货币政策比企业和公众预期的更具有扩张性，那么央行一定在努力（ ）。

a. 在短期内提高产出

b. 在短期内限制产出

c. 限制价格

d. 在短期内提高价格

5. 即使美联储能够完全控制货币供给，货币政策也会受到批评，因为（ ）。

a. 美联储被要求实现许多目标，其中一些目标与其他目标不相容

b. 美联储的目标不包括高就业率，这使得工会对美联储持批评态度

c. 美联储的主要目标是稳定汇率，导致它忽视国内经济状况

d. 美联储需要保持国债价格高企

6. 如果美联储遵循的是泰勒原理，它就会（ ）。

a. 使名义利率的提高幅度小于通货膨胀率的上升幅度

b. 使名义利率的提高幅度大于通货膨胀率的上升幅度

c. 在通货膨胀率低于名义利率时，实施泰勒规则

d. 在通货膨胀率高于名义利率时，实施泰勒规则

7. 美联储不能机械地按照泰勒规则来实施货币政策，原因是（ ）。

a. 美联储考察的数据十分丰富，超过了泰勒规则所覆盖的范围

b. 没有人知道经济体系的真实模型

c. 经济危机时期对货币政策有不同的要求

d. 上述选项都正确

8. 当工人自愿离开工作岗位去寻找更好的工作时，由此产生的失业被称为（ ）。

a. 摩擦性失业

b. 结构性失业

c. 周期性失业

d. 就业不足

9. 2006 年伯南克成为美联储主席后的主要行动为（ ）。

a. 增加了美联储的透明度

b. 放弃了通胀目标制货币政策

c. 采用了“尽管去做”的货币政策

d. 增加了政策制定的不透明性

10. 下列哪种属于政策工具？（ ）

a. 公开市场操作

b. 准备金总量

c. 通货膨胀率

d. 贴现率

11. 中介指标（ ）。

a. 介于货币政策工具和政策工具之间

b. 介于政策工具和政策目标之间

c. 表明货币政策是紧缩的还是宽松的

d. 与以通货膨胀为指标是不一致的

12. 政策工具最重要的特征是它（ ）。

a. 是可测量的

16

b. 是可控的

c. 对目标有着可以预计的影响

d. 是名义锚

13. 根据泰勒规则，如果均衡实际联邦基金利率为2%，通货膨胀率为3%，目标通货膨胀率为2%，产出缺口为1%，那么联邦基金利率目标为（　　）。

a. 2%　　b. 4%

c. 5%　　d. 6%

14. 当失业率高于非加速通货膨胀失业率时，（　　）。

a. 产出低于其潜在水平，通货膨胀率上升

b. 产出低于其潜在水平，通货膨胀率下跌

c. 产出高于其潜在水平，通货膨胀率上升

d. 产出高于其潜在水平，通货膨胀率下跌

15. 根据泰勒规则，如果通货膨胀率低于其目标水平，产出低于其潜在水平，那么（　　）。

a. 联邦基金利率目标下降

b. 联邦基金利率目标上升

c. 均衡的实际联邦基金利率下降

d. 均衡的实际联邦基金利率上升

16. 与单纯由非理性繁荣所驱动的泡沫相比，信贷驱动型泡沫（　　）被确认，对金融体系的威胁（　　）。

a. 较易；较小

b. 较易；较大

c. 较难；较小

d. 较难；较大

17. 当信贷驱动型资产价格泡沫出现时，恰当的政策应是（　　）。

a. 紧缩的货币政策

b. 宽松的货币政策

c. 宏观审慎管理

d. 不做反应，最好是放任泡沫发展

18. 1979年10月—1982年10月期间，货币供给增长率的波动（　　），联邦基金利率的波动（　　）。

a. 加剧；减少

b. 加剧；加剧

c. 减少；减少

d. 减少；加剧

19. 美联储不再使用货币总量指标来作为货币政策的指引，原因是（　　）。

a. 金融创新的快速推进导致很难对货币进行测量

b. 它导致顺周期的货币政策

c. 它与真实票据原则相悖

d. 它与联邦基金利率指标相悖

20. 1987年美元贬值后，美联储放慢了货币增长速度，这是（　　）的案例。

a. 先发制人阻止通货膨胀

b. 先发制人防止负向的总需求冲击

c. 国际政策协调

d. 真实票据原则

第 17 章 外汇市场

本章回顾

这是有关国际金融与货币政策的两章中的第一章。本章考察的是外汇市场。下一章考察的是国际金融体系。

预　习

以另外一种货币衡量的一种货币的价格被称为汇率。汇率波动会影响通货膨胀和产出，这些都是货币政策决策者非常关注的问题。本章将分析外汇市场上汇率是如何决定的。

外汇市场

如果美国企业购买外国的商品或者资产，需要将美元（或以美元计价的存款）兑换成外国货币（或以外国货币计价的存款）。这些交易是在外汇市场上进行的。外汇市场上的交易有两种形式：即期交易（银行存款立即交易）与远期交易（在未来某个特定时间发生的银行存款交易）。即期汇率是即期交易使用的汇率，而远期汇率则是远期交易使用的汇率。如果某一货币价值上升，就称为升值；如果它的价值下跌，就称为贬值。如果一国货币升值，该国商品在国外就会变得更加昂贵，而外国商品在该国就会变得更加便宜；相反，如果一国货币贬值，其商品在国外就会变得更加便宜，而外国商品在该国就会变得更加昂贵。

长期汇率

购买力平价理论（PPP）认为，任意两国货币之间的汇率使得一篮子产品和服务（无论在哪国生产）在两个国家的花费都相同。根据购买力平价理论，如果日本的物价水平相对于美国的物价水平上升 10%，则美元升值 10%，即如果一国物价水平相对于另一国上升一定比例，则另一国货币升值同样的比例。

由于部分产品和服务为非贸易品、两个国家的相似商品通常不完全一样以及存在贸易壁垒，购买力平价理论无法充分解释短期汇率。即使是对长期汇率的解释，购买力平价理论也不够充分。长期汇率的影响因素包括：相对物价水平、贸易壁垒、对国内外商品的偏好以及生产能力。

短期汇率：供给-需求分析

理解汇率短期行为的关键是要认识到，汇率是以外国资产衡量的国内资产价格。短期汇率主要取决于国内资产的需求和供给。国内资产的供给是固定的。国内资产的需求量主要取决于国内资产的相对预期回报率。将美国视做本国，假定预期未来汇率水平保持不变，当前汇率（欧元/美元）越低意味着美元价值越有可能上升，也就是美元资产的预期回报率越高，从而美元资产的需求量越大。

市场在美元资产供给量等于需求量时达到均衡，对应的汇率为均衡汇率。当汇率高于均衡汇率时，美元资产的需求量小于供给量，出现了超额供给，美元价值将下降，直至超额供给消失，美元价值重新回到均衡汇率处；反之，当汇率低于均衡汇率时，美元资产的需求量大于供给量，出现了超额需求，美元价值将上升，直至超额需求消失，美元价值重新回到均衡汇率处。

解释汇率变动

随着国内利率 i^D、外国利率 i^F 以及预期未来汇率 E^e_{t+1} 的变动，国内资产的需求曲线会发生位移。国内利率水平 i^D 上升会推动国内资产的需求曲线向右位移，导致本币升值。外国利率水平 i^F 上升会推动国内资产的需求曲线向左位移，导致本币贬值。预期未来汇率 E^e_{t+1} 上升会使国内资产的需求曲线向右位移，并导致本币升值。

17

长期汇率决定因素也会影响美元资产的相对预期回报率和当前汇率。以下变动都将提高 E^e_{t+1}，增加对国内商品相对于外国商品的需求：（1）预期美国物价水平相对于外国物价水平下降；（2）预期美国贸易壁垒相对于外国贸易壁垒更高；（3）预期美国的进口需求更低；（4）预期外国对美国出口商品的需求更高；（5）预期美国生产能力相对于外国生产能力更高。

重要提示

汇率的长期波动主要是由不同国家之间的相对通货膨胀率推动的。汇率的短期波动主要是由不同国家之间资产的相对预期回报率推动的。

术语和定义

为每个术语找到其对应的定义。

关键术语：	定义：
________升值	1. 外汇市场上银行存款的即时交易。
________资本流动性	2. 货币价值下跌。
________贬值	3. 外国人可以很容易地购买美国资产，美国人可以很容易地购买外国资产。
________有效汇率指数	4. 该命题认为从长期来看，货币供给一次性的增加会引起物价水平同等比例的上升。
________汇率	5. 以另外一个国家的货币表示的一国货币的价格。
________外汇市场	6. 远期外汇交易所使用的汇率。
________远期汇率	7. 对进口商品的征税。
________实际汇率	8. 外汇市场上的银行存款在未来特定的时期交割。
________远期外汇交易	9. 货币的价值增加。
________货币中性	10. 两国货币汇率应当根据两国物价水平的变动而予以调整的理论。
________配额	11. 相对于一篮子外国货币的美元价值。
________即期汇率	12. 汇率决定的市场。
________即期交易	13. 即期交易所使用的汇率。
________关税	14. 对可以进口的外国商品数量的限制。
________购买力平价理论	15. 本国商品价格与以本国货币计价的外国商品的价格的比率。

17

思考题和简答题

实践应用题

1. 假定美元/欧元汇率为1.20。
   a. 欧元/美元汇率是多少？
   b. 如果欧元相对于美元升值5%，那么新的欧元/美元汇率是多少？
   c. 假定汇率起初位于你在a中所计算的水平，如果欧元相对于美元贬值5%，那么新的欧元/美元汇率是多少？
2. a. 假定购买力平价理论成立，忽略贸易壁垒，并假定美国小麦的价格是4.50美元/蒲式耳，比索/美元汇率为10。计算小麦的比索价格。
   b. 假定购买力平价理论在美国和墨西哥之间是成立的。如果墨西哥的物价水平相对于美国上升了10%，那么新的比索/美元汇率是多少？
   c. 现在假定美国一篮子商品的价格是100美元，同样这一篮子商品在墨西哥的价格是950比索。如果比索/美元汇率为15，计算实际汇率。
3. 在下表的第二列中，表示因素的相应变动会引起汇率上升（↑）还是下跌（↓）。（回忆一下，汇率的上升被看做本币的升值。）

因素的变动	汇率的变化
本国利率↓	______
外国利率↓	______
国内物价水平↓	______
关税和配额↓	______
进口需求↓	______
出口需求↓	______
本国生产能力↓	______

4. 运用下面各小题中本国资产的供求图来说明下列问题。
   a. 表示汇率 E_t 在国内利率 i^D 下降时的反应。
   b. 表示汇率 E_t 在外国利率 i^F 上升时的反应。
   c. 表示汇率 E_t 在预期未来汇率 E^e_{t+1} 上升时的反应。

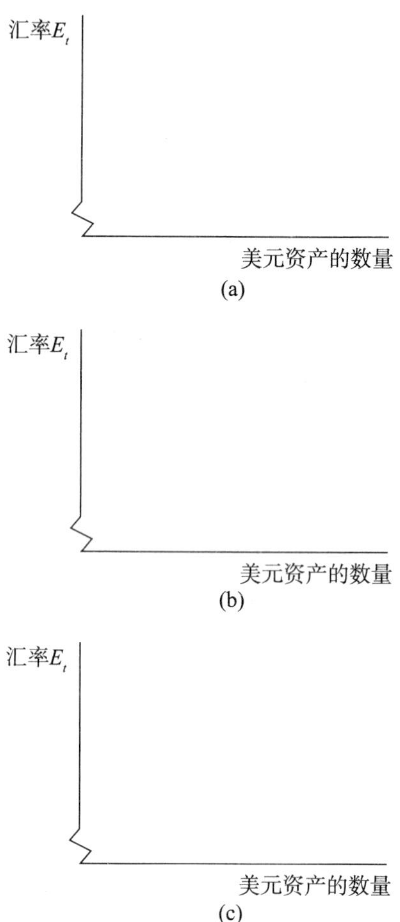

17

简答题

1. 当美元贬值时，美国从外国进口的商品的价格会如何变动？
2. 当美元贬值时，美国对进口商品的需求量可能会发生怎样的变动？
3. 如果某国增加了其贸易壁垒，且相对于其他国家的生产能力上升，那么该国的货币汇率会出现什么变动？
4. 本国资产的需求是由哪些因素决定的？
5. 如果预期未来汇率下降，今天的汇率会如何变动？
6. 当本国实际利率上升时，本币价值会如何变动？
7. 当预期通货膨胀率上升引起本国名义利率上升时，本币的价值会如何变动？
8. 当货币供给扩张时，本币的价值会如何变动？
9. 为什么购买力平价理论无法充分解释短期汇率？
10. 在次贷危机期间，美元为何会升值？

评判性思维

本章大部分分析都是假定其他所有因素都不变时，单个因素的变动（例如本国利率的变动）是如何影响汇率的。但在现实生活中，许多因素都是一起发生变动的，有时很难预测会对汇率产生什么影响。对于下列因素的组合，说明是否可能预测出所导致的本币汇率的变动方向。如果能够预测出变动方向，请说明会向什么方向变动。

1. 本国利率上升，外国利率下跌，预期进口需求减少。
2. 本国物价水平上升，对进口商品设置配额，预期生产能力上升。
3. 预期出口需求增加，预期本国物价水平下跌，预期外国利率下降。

自我测试

判断对错题

1. 外汇市场上的大部分交易是买卖银行存款。（ ）
2. 一国货币升值，如果其他条件不变，其海外出售的商品的价格会下跌，该国市场上的外国商品的价格会上涨。（ ）
3. 远期汇率是银行存款立即交换的汇率。（ ）
4. 购买力平价理论可以解释短期汇率的大部分变动。（ ）
5. 根据购买力平价理论，如果一个国家的物价水平相对于另一个国家的物价水平上升，那么该国货币应该贬值。（ ）
6. 本国资产的供给量会随汇率 E_t 上升而增加。（ ）
7. 本国资产的需求量会随汇率 E_t 下降而增加。（ ）
8. 如果美国相对于其他国家物价水平上升，美元随之升值。（ ）
9. 某国贸易壁垒增加会导致该国货币长期升值。（ ）
10. 如果一国相对于其他国家生产能力上升，那么该国货币从长期来看会升值。（ ）
11. 本币随预期进口需求增加而贬值。（ ）
12. 当本国实际利率上升时，本币会随之贬值。（ ）
13. 当预期通货膨胀率上升引起本国利率上升时，本币会随之贬值。（ ）
14. 当预期外国对美国出口商品的需求增加时，预期汇率下降，美元资产的相对预期回报率下降。（ ）
15. 名义利率（而非实际利率）的变动可以解释 20 世纪 70 年代末的美元疲软和 20 世纪 80 年代早期的美元坚挺。（ ）

选择题

1. 如果美元相对于瑞士法郎贬值，下列选项可能发生的是（ ）。
   a. 瑞士巧克力在美国变得更便宜
   b. 美国的计算机在瑞士变得更贵
   c. 瑞士巧克力在美国变得更贵
   d. 瑞士的计算机在美国变得更便宜

17

2. 假设其他条件不变，各国的预期通货膨胀率为：美国 2%，加拿大 3%，墨西哥 4%，巴西 5%。根据购买力平价理论，预计会发生以下哪一种情况？（　　）
   a. 巴西雷亚尔对美元贬值
   b. 墨西哥比索对巴西雷亚尔贬值
   c. 加拿大元对墨西哥比索贬值
   d. 美元对加拿大元贬值
3. 假设不存在运输成本和其他贸易壁垒，且不同国家的计算机可完全替代，欧元/美元汇率为 0.80，那么根据购买力平价理论，美国价值 1 000 美元的计算机在欧洲的价值是（　　）欧元。
   a. 1 000
   b. 1 250
   c. 800
   d. 1 800
4. 购买力平价理论说明，如果美国物价水平上涨 5%，墨西哥物价水平上涨 6%，那么（　　）。
   a. 美元相对于比索升值 1%
   b. 美元相对于比索贬值 1%
   c. 美元相对于比索升值 5%
   d. 美元相对于比索贬值 5%
5. 购买力平价理论无法充分解释汇率变动的原因是（　　）。
   a. 不同国家的货币政策存在差异
   b. 无法在国际上交易的商品和服务的价格也会发生变化
   c. 本国物价水平的变动超过了外国物价水平的变动
   d. 外国物价水平的变动超过了本国物价水平的变动
6. 如果美国一篮子商品的价格为 80 美元，同样这一篮子商品在法国的价格为 90 欧元，欧元/美元的汇率为 0.77，那么实际汇率应当为（　　）。
   a. 0.68
   b. 1.46
   c. 1
   d. 0.77
7. 如果美国增加了针对德国商品的关税，同时德国对美国商品的需求增加，那么长期内（　　）。
   a. 欧元应当相对于美元升值
   b. 欧元应当相对于美元贬值
   c. 美元应当相对于欧元贬值
   d. 美元和欧元的汇率如何变化不甚清晰
8. 如果美国商品在欧洲非常受欢迎，欧洲进口的美国商品数量增加，那么在长期内，（　　）。
   a. 欧元/美元汇率下跌
   b. 欧洲商品在美国市场上的价格上升
   c. 美国商品在欧洲市场上的价格下跌
   d. 欧元/美元汇率上升
9. 其他条件不变，预期未来汇率的上升会导致（　　）。
   a. 以外币表示的美元资产的预期回报增加
   b. 以外币表示的美元资产的预期回报减少
   c. 以美元表示的外国资产的预期回报增加
   d. 以美元表示的外国资产的预期回报减少
   e. a 与 c 是正确的
   f. a 与 d 是正确的
10. 其他条件不变，汇率 E_t 的上升会导致（　　）。
   a. 国内资产的需求曲线向右位移
   b. 国内资产的需求曲线向左位移
   c. 国内资产的需求量增加
   d. 国内资产的需求量减少

11. 如果汇率高于其均衡水平，那么（　　）。
   a. 国内资产的供给量大于其需求量，本币会升值
   b. 国内资产的供给量小于其需求量，本币会升值
   c. 国内资产的供给量大于其需求量，本币会贬值
   d. 国内资产的供给量小于其需求量，本币会贬值
12. 预期未来汇率的上升推动本国资产的需求曲线向（　　）位移，导致本币（　　）。
   a. 右；升值
   b. 右；贬值
   c. 左；升值
   d. 左；贬值
13. 国内利率的上升推动本国资产的需求曲线向（　　）位移，导致本币（　　）。
   a. 右；升值
   b. 右；贬值
   c. 左；升值
   d. 左；贬值
14. 外国利率的上升推动本国资产的需求曲线向（　　）位移，导致本币（　　）。
   a. 右；升值
   b. 右；贬值
   c. 左；升值
   d. 左；贬值
15. 随着本国实际利率上升，（　　）。
   a. 如果预期通货膨胀率不变，那么名义利率会上升
   b. 本国资产的回报率下降
   c. 外国资产的回报率上升
   d. 本币贬值
16. 减少本国货币供给会导致本国货币（　　）。
   a. 短期贬值幅度大于长期
   b. 长期贬值幅度大于短期
   c. 短期升值幅度大于长期
   d. 长期升值幅度大于短期
17. 汇率波动十分剧烈，是因为（　　）。
   a. 中央银行总是会操纵外汇汇率
   b. 通货膨胀率波动十分剧烈
   c. 对汇率影响因素的预期经常会发生变动
   d. 实际利率的波动十分剧烈
18. 根据货币中性理论，货币供给10%的扩张（　　）。
   a. 会导致物价水平在长期内上升10%
   b. 会导致物价水平在长期内上升的幅度小于10%
   c. 不会影响长期物价水平
   d. 会导致物价水平在长期内上升的幅度大于10%
19. 20世纪70年代美国名义利率的上升导致美元（　　）。
   a. 升值，原因是名义利率的上升主要源自实际利率的上升
   b. 升值，原因是名义利率的上升主要源自预期通货膨胀率的上升
   c. 贬值，原因是名义利率的上升主要源自实际利率的上升
   d. 贬值，原因是名义利率的上升主要源自预期通货膨胀率的上升
20. 早期汇率决定理论无法预测到汇率的大幅波动，原因是（　　）。
   a. 这些理论假定购买力平价理论总是成立
   b. 这些理论没有强调预期的调整
   c. 这些理论假定本国资产的供给是固定的
   d. 这些理论没有考虑到货币中性

17

第 18 章 国际金融体系

本章回顾

预　习

这是有关国际金融与货币政策的两章中的第二章。上一章考察的是外汇市场。本章考察的是国际金融体系的结构以及该结构是如何影响货币政策的。本章还将回顾过去半个世纪国际金融体系的发展演变。

外汇市场干预

中央银行为了影响汇率而定期参与外汇干预。中央银行持有的国际储备是它所持有的外币资产。中央银行出售 10 亿美元国际储备，基础货币就会减少 10 亿美元。如果中央银行为增加国际储备而购买 10 亿美元外币资产，基础货币就会增加 10 亿美元。中央银行在干预外汇市场时既可以允许基础货币发生变动（被称为非冲销性外汇干预），也可以借助对冲性公开市场操作，来抵消外汇干预对基础货币的影响（被称为冲销性外汇干预）。中央银行卖出本币、买入外币资产的非冲销性外汇干预会导致本币贬值。中央银行卖出外币资产、买入本币的非冲销性外汇干预会导致本币升值。冲销性外汇干预不会改变基础货币，因而对汇率不会产生影响。

国际收支平衡表

国际收支平衡表是用来记录一国与外国之间所有交易的簿记系统。经常账户余额是贸易收支、净投资收益和转移的总和。经常账户赤字由金融账户余额提供资金，所以经常账户赤字说明一国对外国人的负债变得更多。

国际金融体系的汇率制度

在固定汇率制度中，中央银行将本国货币的价值钉住某个其他国家的货币（被称为锚货币）的价值。在浮动汇率制度中，货币与其他所有货币之间的汇率是波动的。在有管理的浮动（或被称为肮脏浮动）制度中，国家会影响（但不是严格地钉住）本国货币同其他货币之间的汇率。在第一次世界大战之前，世界经济处于金本位制度之下，在这种固定汇率制度下，货币可按照固定的比率兑换为黄金。在 1945—1971 年间的布雷顿森林体系中，不同国家货币之间的汇率是固定的。在固定汇率制度下，中央银行为将汇率固定在理想水平（被称为汇率平价），会抵消国内资产需求曲线的位移。在固定汇率制度下，小国的货币政策必须与大国保持一致。由于许多小国拒绝追随美国的扩张性货币政策，1971 年布雷顿森林体系崩溃了。

维持固定汇率制度的一个风险是国际收支危机。当对某国货币的需求减少使得货币投机者相信中央银行会耗尽其国际储备时，就会出现国际收支危机。对中央银行最终会允许其货币贬值的预期会导致（货币投机者卖出以该国货币计价的资产）对该国货币需求的严重萎缩，这会加速国际储备流失的速度。

现行的国际金融体系既有有管理的浮动汇率制度又有固定汇率制度。即使有中央银行干预外汇市场，有的汇率也天天波动，而另一些汇率却是固定的。

资本管制

新兴市场国家近年来才开放了与世界其他地方的商品、服务和资本流动。资本流出可能引起金融不稳定，因为想要避免这些不稳定，新兴市场国家的政治家们发现资本管制特别有吸引力。虽然大多数经济学家发现反对资本流出管制的论据很有说服力，但对资本流入进行管制得到了较多的支持。资本流入管制基于这样的理论：如果投机资本不能流入，那么它们也就不可能突然流出，由此则避免了危机。然而，资本管制有几个缺点：很少有效，经常导致腐败，也可能使得政府不愿意采取必要的金融体系改革措施来应对危机。

IMF 的作用

国际货币基金组织（IMF）最初创立的目的是向布雷顿森林体系成员提供贷款。1971 年布雷顿森林体系崩溃之后，IMF 承担了新的职责。IMF 对爆发国际收支危机的国家发挥最后贷款人的作用。但 IMF 可能会引发道德风险问题。如果各国都相信自己一旦陷入财务困境，IMF 最终会出手救助，就会存在过度冒险的倾向。

国际因素和货币政策

有两个国际因素影响货币政策操作：外汇市场对货币政策的直接影响和汇率因素。由于美国自第二次世界大战之后就成为储备货币国，与其他国家相比，美国的货币政策很少受外汇市场状况的影响。不过，近年来，汇率因素在影响美国货币政策方面发挥了越来越显著的作用。

挂钩还是脱钩：另一种货币政策战略汇率目标制

以汇率为指标是与以货币为指标和以通货膨胀为指标并列的另外一种战略。以汇率为指标（汇率目标制）的优点是，它将通货膨胀预期和核心国的通货膨胀率相挂钩，有助于缓解时间不一致性问题，并且它是高度透明的。它的缺点是，钉住国不能再实施独立的货币政策，并且可能会遭受对本国货币的投机性攻击。一些政治和货币制度特别薄弱的新兴市场国家有时倾向于实施严格的固定汇率制度，例如货币局和美元化。在货币局的货币政策战略中，本国货币百分之百由外国货币支持。美元化是一国将一种硬通货（例如，美元）作为本国的官方货币。

重要提示

非冲销性外汇干预对汇率的影响与公开市场操作完全一致。国际储备和政府证券都是美联储资产负债表上的资产。美联储在公开市场上购买证券会导致基础货币扩张。美联储买入国际储备也会导致基础货币扩张。美联储在公开市场上出售政府证券会导致基础货币减少。美联储卖出国际储备也会导致基础货币减少。

术语和定义

为每个术语找到其对应的定义。

关键术语：	定义：
________锚货币	1. 商品出口与进口之间的差额。
________不可能三角	2. 中央银行买卖本国货币以将汇率固定在特定水平上的制度。
________新兴市场国家	3. 反映经常生产的商品和服务的国际交易的账户。
________布雷顿森林体系	4. 在固定汇率制度中，被其他国家钉住的货币的术语。
________货币联盟	5. 中央银行持有的以外币计价的资产。
________货币局制度	6. 政策选择三难的另一种说法，即一国不能同时采用以下三种政策：资本自由流动；固定汇率；独立货币政策。
________经常账户	7. 中央银行允许本国货币同其他所有国家货币之间的汇率是浮动的制度。
________美元化	8. 货币可以直接兑换成黄金的制度。
________固定汇率制度	9. 将本币的价值固定在另一种货币上，从而汇率是固定的，也被称为汇率目标制。
________浮动汇率制度	10. 引起基础货币变动的外汇干预。
________外汇干预	11. 中央银行买卖本国货币以影响（而非固定）本国货币和其他货币之间汇率的制度。
________金本位制度	12. 1945—1971 年间的国际货币体系，当时的汇率是固定的，美元可以自由兑换成黄金。

________国际货币基金组织	13. 最近才向世界其他国家开放商品、服务和资本流动的国家。
________国际储备	14. 一国将一种硬通货（例如，美元）作为本国的官方货币。
________有管理的浮动汇率制度（肮脏浮动）	15. 伴随有对冲性公开市场操作，以保持基础货币不变的外汇干预。
________汇率钉住	16.《布雷顿森林协定》创立的国际组织，其目的是通过向遭受国际收支困难的国家提供贷款的方式，促进国际贸易的增长。
________铸币税	17. 本国货币百分之百由外国货币（如美元）支持的货币制度，而其中的货币发行当局——无论是中央银行还是政府——确定对这种外国货币的固定汇率，并且随时应公众要求按照该汇率将本币兑换成外币。
________冲销性外汇干预	18. 政府发行货币所产生的收入。
________贸易收支	19. 一些国家决定采用共同的货币，从而将成员国相互之间的货币汇率固定下来。
________非冲销性外汇干预	20. 中央银行买卖货币来影响外汇汇率的国际金融交易。

思考题和简答题

实践应用题

1. a. 用 T 账户反映出，美联储用 10 亿美元通货买入 10 亿美元外币资产。

联邦储备体系

资产	负债

b. 上述交易对基础货币会产生什么影响？

c. 用 T 账户反映出，美联储用 10 亿美元存款买入 10 亿美元外币资产。

联邦储备体系

资产	负债

d. 上述交易对基础货币会产生什么影响？

e. 用 T 账户反映出，美联储用 10 亿美元存款买入 10 亿美元外币资产。并且美联储通过卖出 10 亿美元政府债券来对冲这笔外汇干预。

联邦储备体系

资产	负债

f. 上述交易对基础货币会产生什么影响？

2. a. 在下图中绘制美元资产的供求曲线，并表示出美联储非冲销性出售外币资产对汇率的短期影响和长期影响。

汇率E_t

美元资产的数量

18

b. 解释上述外汇干预为何会导致最终汇率高于其初始水平。

c. 在下图中绘制美元资产的供求曲线，并表示出美联储冲销性出售外币资产对汇率的短期影响和长期影响。

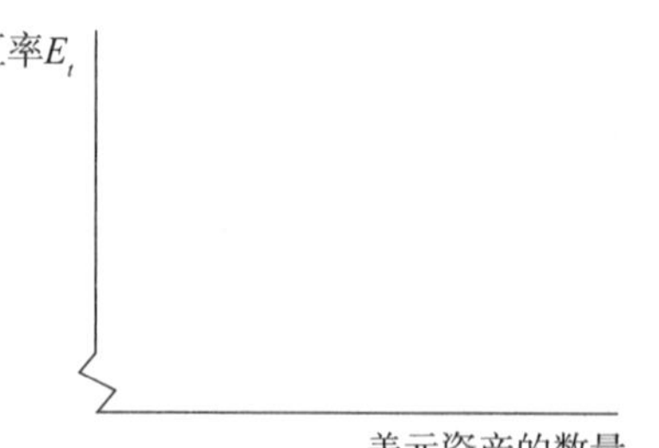

3. a. 在下图中绘制美元资产的供求曲线，并表示出在其他所有因素都保持不变的情况下，外币资产回报率上升对汇率的影响。

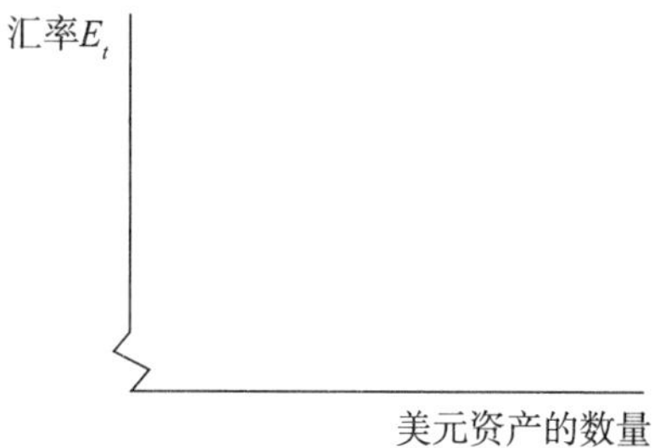

b. 假定中央银行希望将汇率固定在初始水平（即外币资产回报率上升之前的水平）。描述中央银行需要实施的外汇干预的类型，并使用你在 a 中所构建的坐标系来反映这一干预对汇率的影响。

4. 在某一实施固定汇率制度的新兴市场国家，本国资产的需求突然萎缩。尽管需求减少，但中央银行仍然将汇率固定在初始水平上。

a. 该国货币的价值是被高估还是低估了？

b. 描述该国为使汇率保持在平价水平上所实施的外汇干预。

c. 这一干预会导致该国国际储备发生怎样的变动？

d. 在什么情况下，该国资产需求减少会引发对该国货币的投机性攻击？

e. 投机性攻击会如何影响该国的国际收支平衡表？该国中央银行对该冲击可能会做出什么反应？

f. 国际货币基金组织为制止对该国货币的投机性攻击，可能会采取什么行动？

g. 解释中央银行的上述行为会引发新兴市场国家什么样的道德风险问题。

简答题

1. 冲销性外汇干预和非冲销性外汇干预之间有何不同？
2. 锚货币在固定汇率制度中扮演了什么角色？
3. 什么是肮脏浮动？
4. 在布雷顿森林体系下，美元是储备货币，这意味着什么？
5. 布雷顿森林体系是什么时候崩溃的？布雷顿森林体系为何会崩溃？
6. 解释为何经济学家更可能支持资本流入管制，而非资本流出管制。
7. 借助汇率目标制来保持物价稳定有何优点和缺点？
8. 一国为什么可能选择美元化，而非货币局制度？相对于货币局制度，美元化最主要的缺点是什么？
9. 请解释一下导致欧盟汇率机制崩溃的 1992 年危机。在这次危机中，汇率目标制暴露出了什么缺点？

评判性思维

1. 近年来，美国经常账户赤字已经接近 1 万亿美元。
   a. 就外国人对美国财富的要求权而言，美国经常账户赤字接近 1 万亿美元意味着什么？
   b. 美国对外国财富的要求权是增加还是减少了？
   c. 美国经常账户赤字是如何影响美国人未来的财富的？为什么？
2. 用图说明固定汇率制度下汇率高估的情况，以及有什么替代政策可以被用来消除汇率高估。

自我测试

判断对错题

1. 当美联储出售国际储备时，买方以通货形式支付所引起的基础货币扩张幅度高于买方以支票账户资金支付。(　　)
2. 由于冲销性干预意味着抵消公开市场操作，因此对基础货币和货币供给没有影响。(　　)
3. 卖出外币资产、买入本国通货的非冲销性外汇干预会引起国际储备减少、货币供给下降和本币贬值。(　　)
4. 美国经常账户赤字意味着外国人对美国资产的要求权在减少。(　　)
5. 金本位制度的一个缺点是，黄金的生产和开发会极大地影响到货币政策。(　　)
6. 布雷顿森林体系是有管理的浮动汇率制度。(　　)
7. 当本币被低估时，中央银行必须卖出本币以固定汇率，但会增加国际储备。(　　)
8. 近年来，黄金在国际金融交易中的重要性有所上升。(　　)
9. 1992 年，英国因不愿意追随德国的扩张性货币政策而退出了汇率机制。(　　)
10. 经济学家更可能支持资本流出管制，而非资本流入管制。(　　)
11. 近年来，各国因不愿实施苛刻的节俭计划而尽量避免向国际货币基金组织借款。(　　)
12. 在现行的有管理的浮动汇率制度下，国际收支因素对货币政策的影响超过了汇率因素对货币政策的影响。(　　)
13. 作为国际储备，特别提款权是对黄金的纸质替代品。(　　)
14. 有时汇率目标制会被作为追求物价稳定的货币政策战略。(　　)
15. 与货币局制度相比，美元化的优点是完全消除了对该国货币进行投机性攻击的可能性。(　　)

选择题

1. 当中央银行在外汇市场上买入本币时，(　　)。
   a. 国际储备减少
   b. 国际储备增加
   c. 货币供给增加
   d. 国际储备保持不变

18

2. 卖出本币、买入外币资产的非冲销性外汇干预会导致（　　）。
   a. 国际储备减少，本币贬值
   b. 国际储备增加，本币贬值
   c. 国际储备减少，本币升值
   d. 国际储备增加，本币升值
3. 卖出本币、买入外币资产的冲销性外汇干预会导致（　　）。
   a. 国际储备减少，本币贬值
   b. 国际储备增加，本币贬值
   c. 国际储备减少，汇率不变
   d. 国际储备增加，汇率不变
4. 下列哪种情况最可能导致汇率从 3.5 巴西雷亚尔/美元上升为 3.7 巴西雷亚尔/美元？（　　）
   a. 巴西中央银行卖出巴西政府债券
   b. 巴西中央银行买入国际储备
   c. 美国联邦储备体系卖出美元
   d. 美国联邦储备体系买入美国国债
5. 下列哪项不会出现在国际收支的经常项目部分？（　　）
   a. 美国银行向巴西提供的 100 万美元贷款
   b. 对萨尔瓦多的外援
   c. 美国人购买的法国航空公司机票
   d. 通用汽车公司从其海外工厂获得的收入
6. 在右图中，起初的汇率水平为 E_{par}，假定其他条件不变，外国利率的上升会（　　）。
   a. 推动本国资产的需求曲线向右位移，导致汇率高估
   b. 推动本国资产的需求曲线向右位移，导致汇率低估
   c. 推动本国资产的需求曲线向左位移，导致汇率高估

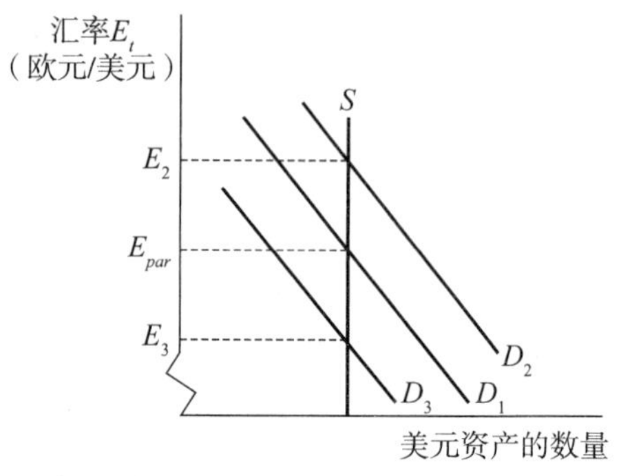

   d. 推动本国资产的需求曲线向左位移，导致汇率低估
7. 在上图中，起初的汇率水平为 E_{par}，假定其他条件不变，本国利率的上升会（　　）。
   a. 推动本国资产的需求曲线向右位移，导致汇率高估
   b. 推动本国资产的需求曲线向右位移，导致汇率低估
   c. 推动本国资产的需求曲线向左位移，导致汇率高估
   d. 推动本国资产的需求曲线向左位移，导致汇率低估
8. 在固定汇率制度下，本币被高估，中央银行为了将汇率保持在平价水平，必须（　　）。
   a. 卖出本币，导致国际储备增加
   b. 卖出本币，导致国际储备减少
   c. 买入本币，导致国际储备增加
   d. 买入本币，导致国际储备减少
9. 如果资本可以自由流动，那么冲销性外汇干预（　　）。
   a. 只能用于法定贬值
   b. 只能用于法定升值
   c. 比非冲销性外汇干预有效得多
   d. 不能将汇率保持在平价水平
10. 实行固定汇率的布雷顿森林体系之所以崩溃，是由于（　　）。

18

a. 美国的通货膨胀型货币政策引起其他国家国际储备的减少，导致这些国家也出现了通货膨胀
b. 美国的通货膨胀型货币政策引起其他国家国际储备的增加，导致这些国家也出现了通货膨胀
c. 美国的通货膨胀型货币政策引起其他国家国际储备的减少，导致这些国家出现了经济衰退
d. 美国的通货膨胀型货币政策引起其他国家国际储备的增加，导致这些国家出现了经济衰退

11. 储备货币发行国的一个重要优势是（　　）。
a. 与非储备货币发行国相比，它可以更好地控制货币政策
b. 它的国际收支总是顺差
c. 与非储备货币发行国相比，它可以更好地控制汇率
d. 它的通货膨胀率低于非储备货币发行国

12. 当一国货币遭遇投机性攻击时，该国（　　）。
a. 国际储备减少，不得不对货币予以法定升值
b. 国际储备增加，不得不对货币予以法定升值
c. 国际储备减少，不得不对货币予以法定贬值
d. 国际储备增加，不得不对货币予以法定贬值

13. 如果中央银行希望本国货币（　　），可能会实施（　　）货币政策。
a. 走强；更加紧缩的
b. 走强；不太紧缩的
c. 走弱；不太扩张的
d. 走弱；中性的

14. 当货币贬值时，出口商品（　　）。
a. 对外国人而言变得更加昂贵，进口商品对本国消费者而言变得更加便宜
b. 对外国人而言变得更加便宜，进口商品对本国消费者而言变得更加便宜
c. 对外国人而言变得更加昂贵，进口商品对本国消费者而言变得更加昂贵
d. 对外国人而言变得更加便宜，进口商品对本国消费者而言变得更加昂贵

15. 爆发外汇危机的国家，例如 20 世纪 90 年代的墨西哥、巴西和泰国，（　　）。
a. 同样出现了国际收支危机
b. 可能会向世界银行寻求帮助
c. 国际储备增加
d. 为结束危机，可以升值其货币

16. 从 1994 年开始，国际货币基金组织逐渐开始扮演国际最后贷款人的角色，原因是（　　）。
a. 新兴市场经济体的中央银行缺少公开市场操作的经验
b. 这种职责得到了世界贸易组织的授权
c. 与世界银行相比它不大可能会导致道德风险问题
d. 新兴市场经济体的中央银行在抑制通货膨胀方面缺乏可信度

17. 支持对资本流入进行管制的一个理由是，资本流入（　　）。
a. 会导致贷款繁荣，鼓励过度冒险行为
b. 从来不会为生产性投资提供资金
c. 弊大于利
d. 与资本流出相比，更易控制

18. 汇率目标制的缺点是（　　）。
a. 可能会导致货币政策出现时间不一致性问题
b. 汇率不是名义锚

c. 中央银行无法实施独立的货币政策
d. 与通货膨胀率和货币供给相比，汇率更难钉住

19. 货币局制度和美元化的最主要差异是（　　）。
a. 实施货币局制度的国家放弃了铸币税，但美元化的国家没有
b. 美元化的国家放弃了铸币税，但实施货币局制度的国家没有
c. 美元化国家中，该国货币由美元提供100%的支持，但在货币局制度中，美元支持的比例不到100%
d. 与美元化相比，货币局制度是对固定汇率更严格的承诺

20. 不可能三角是指一个国家或货币联盟不能同时采取以下哪种政策组合？（　　）
a. 资本管制、固定汇率和独立的货币政策
b. 资本自由流动、固定汇率和独立的货币政策
c. 资本自由流动、浮动汇率和独立的货币政策
d. 资本管制、浮动汇率和独立的货币政策

21. 在20世纪70年代早期，美国的国际收支呈现为（　　），美元（　　），联邦德国马克（　　）。
a. 赤字；被低估；被高估
b. 赤字；被高估；被低估
c. 盈余；被低估；被高估
d. 盈余；被高估；被低估

第 19 章 货币数量论、通货膨胀与货币需求

本章回顾

预　习

本章将介绍货币需求是由哪些因素决定的。在本书后面的章节中，在研究货币理论时，我们将货币供给和货币需求放在一起考虑，而货币理论研究的就是货币是如何影响经济的。货币理论的一个核心问题是探讨货币需求的数量是否或者在多大程度上受利率变动的影响。

货币数量论

货币数量论是基于交易方程式 $M\times V=P\times Y$ 的，其中，M 代表货币总量，P 代表物价水平，Y 代表总收入（支出），V 代表货币流通速度。货币流通速度是指一年当中 1 美元被用来购买经济体所生产的产品和服务的平均次数。交易方程式只是说明 1 年中的总支出（$P\times Y$）等于货币总量（M）乘以货币支出的次数（V）。欧文·费雪是 20 世纪初的一位经济学家，他的研究说明货币流通速度在短期内基本上是不变的。如果假定货币流通速度在短期内是相当稳定的，交易方程式就转化为货币数量论。该理论认为，名义收入仅仅取决于货币数量的变动。如果 V 是固定的，当 M 翻番时，$P\times Y$ 也会翻番。早期的古典经济学家假定工资和价格是具有完全弹性的，即产出水平 Y 总是维持在充分就业水平上，从而深化了该理论的研究。该假定意味着物价水平的变动仅仅源于货币数量的变动。货币数量论不仅是有关货币如何影响经济的理论，而且是一种货币需求理论。如果我们重写方程式，则可以写为：

$$M=\frac{1}{V}\times PY \text{ 或者 } M^d=k\times PY$$

既然假定 V 是不变的，故 k 是常量，那么名义收入就决定了货币需求。根据货币数量论，利率在货币需求量的决定中不发挥任何作用。

预算赤字与通货膨胀

政府筹款以备支出的各种方法可以用政府预算约束一词来描述：政府预算赤字 DEF 等于政府支出 G 超过税收收入 T 的部分，必须等于基础货币变动 ΔMB 和公众持有的政府债券变动 ΔB 之和。其代数表达式为：

$$DEF = G - T = \Delta MB + \Delta B$$

政府预算约束揭示了两个重要事实：如果通过增加公众的国债持有量来弥补预算赤字，那么这对基础货币进而对货币供给量都没有影响。但如果预算赤字不是通过增加公众的国债持有量来弥补的，那么基础货币和货币供给都增加。

如果通过创造高能货币的方法来弥补预算赤字，那么这会导致货币供给增加。然而，由于货币数量论仅能解释长期通货膨胀，因而要产生通货膨胀的后果，预算赤字必须是持续的，也就是说，必须保持相当长的时间。这带来了如下结论：通过货币创造方式持续弥补预算赤字将导致长期通货膨胀。

这里的分析可以用来解释恶性通货膨胀（hyperinflation，指的是月通货膨胀率超过 50%的极高通胀时期）。

凯恩斯的货币需求理论

19

凯恩斯假定货币需求有三种动机：交易动机、预防动机和投机动机。交易动机和预防动机都与收入正相关。收入越多，为交易（交易动机）持有的货币就越多，为预防意料之外的购买行为（预防动机）所持有的货币也越多。这两种动机都与收入相关，因此仅就这两种持币动机而言，凯恩斯的货币需求理论与古典的货币需求理论的区别并不大。但凯恩斯假定还有第三种持币动机，即投机动机，将这一理论向前推了一步。投机动机假定人们持有货币还因为货币是财富储藏手段。简单地讲，这意味着人们将货币看做财富组合中的资产。下面是投机动机作用的具体过程。为简化起见，凯恩斯假定人们能够选择的资产只有两类：债券和货币。债券能够产生利息，而货币不能。开始时你可能会想：既然债券可以支付利息，为什么每个人都会持有货币？我们回忆一下本书之前章节所介绍的内容，债券的全部回报来自两个部分：利息收入和资本利得或资本损失。当利率低于正常水平时，人们自然会认为利率会上升，于是他们就会持有货币。这是因为如果他们买入债券，一旦利率真的上升了（会导致债券价格下跌），他们可能会遭受资本损失。当利率高于正常水平时，就会出现相反的情况。人们会预期利率下跌，于是他们持有债券而非货币（仅就投机动机而言，事实上人们为了满足交易动机和预防动机，依然会持有货币）。总之，根据持有货币的投机动机，货币需求与利率是负相关的：当利率下跌时，人们就会持有更多的货币；当利率上升时，人们就会持有较少的货币。这是凯恩斯的货币需求理论的重要创新。原因是，不同于古典理论，它解释了为何货币需求会依赖于利率。综合考虑三种持币动机，凯恩斯的货币需求函数是$\frac{M^d}{P} = L(i,$

Y)，其中$\frac{M^d}{P}$代表实际货币余额。如果我们将凯恩斯的货币需求函数代入交易方程式中，我们可以得到有关货币流通速度的表达式 $V=Y/L(i,\ Y)$。这个等式表明了凯恩斯的货币需求函数如何被用于解释货币流通速度并非常量。当利率上升时，$L(i,\ Y)$ 下降，从而货币流通速度加快。因为利率波动剧烈，所以货币流通速度的波动也很剧烈。由于利率是顺周期的，所以货币流通速度也是顺周期的。凯恩斯的货币需求理论被称为流动性偏好理论。

货币需求的投资组合理论

投资组合理论可以用来证明凯恩斯流动性偏好函数的结论，即实际货币余额的需求与收入正相关，与名义利率负相关。由于收入和财富总是同向运动的，当收入增加时，财富很可能也随之增加，因此，收入增加意味着财富积累，投资组合理论说明，对货币资产的需求将增长，从而对实际货币余额的需求将更高。随着利率的上升，货币的预期回报率不会变化。然而，作为替代性资产的债券的回报率会有所上升。因此，虽然货币的绝对预期回报率没有变化，但其相对于债券的预期回报率的确下降了。换句话说，根据投资组合理论，利率升高会降低货币的吸引力，实际货币余额需求会下降。

投资组合理论说明，收入和名义利率之外的其他因素也会影响货币需求，这些因素包括：

（1）财富。投资组合理论认为，随着财富的增加，投资者用于购买资产的资源会增多，从而增加货币需求。

（2）风险。根据投资组合理论，风险的衡量是相对于其他资产而言的。因此，如果股票市场震荡加剧，货币相对于股票的风险降低，货币的需求会随之增加。

（3）其他资产的流动性。随着替代性资产流动性的增强，货币的相对流动性减弱，因此货币需求相应减少。

货币需求的实证证据

货币需求对利率越敏感，总支出就越少地取决于货币数量。在最极端的情况下，货币需求对利率变动的反应是无限的，这被称为流动性陷阱。在经济体进入流动性陷阱后，货币数量的变动对总支出没有影响。实证证据表明货币需求会对利率变动有所反应，但不是无限的反应。没有证据表明出现过流动性陷阱，即货币需求会对利率做出无限的反应；然而，实证证据可以说明不同类型的流动性陷阱。当利率为零时，货币政策就变得无效了，因为利率不可能低于零。日本近年来就出现了这种类型的流动性陷阱。

20 世纪 70 年代初期，货币需求是稳定的。从那时起，货币需求变得不稳定了，货币流通速度很难预测，这意味着为控制总支出而制定严格的货币供给指标可能不是货币政策实施的有效途径。

重要提示

货币需求是否依赖于利率？早期的古典经济学家认为答案是否定的，而凯恩斯的答案是肯定的。为什么这非常重要？货币需求对利率越敏感，美联储对总支出的影响就越少。实证证据是什么呢？利率的确会影响总支出，但货币需求不是对利率极端（无限）敏感，这意味着美联储可以影响总支出，但不是完全控制总支出。

术语和定义

为每个术语找到其对应的定义。

关键术语：	定义：
________交易方程式	1. 方程式 $MV=PY$ 构建了名义收入与货币数量和货币流通速度之间的联系。
________流动性偏好理论	2. 名义收入完全取决于货币数量变动的理论。
________实际货币余额	3. 货币的周转率。
________货币数量论	4. 一种弥补政府支出的方法，即为弥补政府支出而发行的政府债券没有被公众所持有，而是被高能货币所替代。
________货币理论	5. 将货币数量的变动与经济活动波动联系在一起的理论。
________货币流通速度	6. 用实际值表示的货币数量。
________债务货币化	7. 约翰·梅纳德·凯恩斯有关货币需求的理论。
________恶性通货膨胀	8. 月通货膨胀率超过 50% 的极高通胀时期。

19

思考题和简答题

实践应用题

1. a. 假定名义 GDP 为 15 万亿美元，货币数量是 5 万亿美元，计算货币流通速度。

   b. 现在假定货币流通速度为 5，名义 GDP 为 25 万亿美元，计算货币数量。

   c. 什么假定可以将交易方程式转化为货币数量论？

   d. 根据货币数量论，如果货币供给从 1 万亿美元上升到 1.3 万亿美元，那么物价水平会发生什么变动？

   e. 根据货币数量论，如果名义收入为 20 万亿美元，货币流通速度为 2，那么货币需求是多少？

2. 假定人们预期正常的利率水平应为 2%，但现在的利率却是 4%。

   a. 当利率返回到其正常水平时，人们预期债券价格会发生什么变动？

b. 当利率返回到其正常水平时，债券回报率会发生什么变动？

c. 根据凯恩斯的观点，如果利率高于正常水平，货币需求会如何变动？为什么？

3. 假定你的兼职工作可以在每月初为你提供 1 800 美元。起初你将工资全部取出，在整个月中平均地将这笔钱支出。

a. 你的平均现金余额是多少？

b. 你的货币流通速度是多少？

c. 现在假定利率上升，你决定每月初将收入的一半以现金形式持有，余下的投资于债券，月中再将债券卖出。在这种情况下，你的平均现金余额是多少？

d. 你的货币流通速度是多少？

e. 持有现金有何成本和收益？当利率上升时，你为何会减少你的平均现金余额？

简答题

1. 欧文·费雪是如何推理出货币流通速度是常量的？
2. 为什么古典经济学家会相信正常时期经济体的收入水平是处于充分就业状态的？
3. 货币流通速度是常量吗？
4. 根据凯恩斯的观点，持有货币有哪三种动机？其中哪种动机是与利率相关的？
5. 名义货币余额和实际货币余额有何不同？凯恩斯认为人们为何会持有一定水平的实际货币余额？
6. 为什么人们会持有预防性货币余额？这些货币余额是如何与收入相关的？
7. 根据凯恩斯流动性偏好理论的预测，利率和货币流通速度之间有何联系？
8. 解释为何凯恩斯的流动性偏好理论预测货币流通速度是顺周期的。
9. 解释其他资产的流动性如何影响货币需求。

评判性思维

19

假定你在报纸上看到，美联储刚刚将货币供给增加了 20%。你决定弄清这对经济意味着什么，但你学习了三种可能的货币需求函数后，你知道你的回答依赖于货币需求会如何对利率做出反应。

1. 分析货币供给的增加会如何影响经济，前提是货币需求取决于：

   a. 货币数量论。

   b. 凯恩斯的流动性偏好函数，此时出现了流动性陷阱。

   c. 凯恩斯的流动性偏好函数，但货币需求的利率敏感性介于极端敏感和完全不敏感之间。

2. 在你有关货币供给增加对利率的影响的几种描述中，哪种与实际生活更接近？为什么？
3. 对于美联储影响名义收入的能力，你对第 2 题的回答意味着什么？

自我测试

判断对错题

1. 货币理论的核心问题是货币需求数量是否和在多大程度上会受到利率波动的影响。( )
2. 古典经济学家相信工资和物价是没有弹性的。( )
3. 货币数量论最重要的结论是，利率会影响货币需求。( )
4. 欧文·费雪在研究了历史数据后，发现货币流通速度是常量。( )
5. 货币需求和货币流通速度之间是正相关的。( )
6. 凯恩斯假设货币需求的交易动机主要由利率水平决定。( )
7. 货币需求日趋不稳定的事实意味着，设置刚性的货币供给指标来控制经济体的总支出，可能是实施货币政策的有效途径。( )
8. 货币实际回报率的变动性越高，越是降低对货币的需求，人们会转向被称为通胀对冲的替代性资产。( )

选择题

1. 货币流通速度最准确的定义是（ ）。
   a. 1个月内平均持有的实际货币余额
   b. 1年内，1美元用于购买总产出的平均次数
   c. 某人1年间所支出的平均货币量
   d. 1张现钞流通一次所用的平均月数
2. 根据货币数量论，将货币供给量削减三分之一，会导致（ ）。
   a. 产出下降三分之一
   b. 货币流通速度下降三分之一
   c. 物价水平下跌三分之一
   d. 产出和物价水平各下跌六分之一
3. 古典经济学家认为货币流通速度在短期内可以被视作常量，理由是（ ）。
   a. 持有货币的机会成本接近于零
   b. 有关货币流通速度的历史数据表明它是常量
   c. 金融创新会抵消利率的变动
   d. 它是由经济中影响个体交易方式的制度决定的
4. 如果实际收入是5万亿美元，物价水平是2，货币流通速度是4，那么货币数量是（ ）万亿美元。
   a. 8
   b. 2
   c. 2.5
   d. 20
5. 为将交易方程式转化为货币数量论，古典经济学家做出了下列两个假定：（ ）。
   a. 货币流通速度是常量，工资和物价具有黏性
   b. 货币流通速度是变量，工资和物价具有黏性
   c. 货币流通速度是常量，工资和物价具有弹性
   d. 货币流通速度是变量，工资和物价具有弹性
6. 根据货币数量论，（ ）的变动完全来自（ ）的波动。
   a. 物价水平；利率

19

b. 实际产出；利率

c. 物价水平；货币数量

d. 实际产出；货币数量

7. 根据货币数量论，如果物价水平是 1.2，实际收入是 8 万亿美元，货币流通速度是 2，那么货币需求是（　　）万亿美元。

a. 6.67

b. 16

c. 4

d. 4.8

8. 根据凯恩斯的流动性偏好理论，持有货币的三种动机是（　　）。

a. 记账单位、价值储藏和交易媒介

b. 交易、预防和投机

c. 积极的、规范的和投机的

d. 交易、预防和流动性

9. 凯恩斯的（　　）动机说明，人们持有实际货币余额来应对意料之外的需求。

a. 数量

b. 投机

c. 预防

d. 交易

10. 凯恩斯的流动性偏好理论解释了货币流通速度会加快是发生在（　　）。

a. 收入增加的时候

b. 财富增加的时候

c. 经纪人手续费增加的时候

d. 利率上升的时候

11. 凯恩斯的流动性偏好理论意味着货币流通速度（　　）。

a. 会出现剧烈波动，并且是顺周期的

b. 会出现剧烈波动，并且是逆周期的

c. 是常量

d. 不是常量，但是可以预测

12. 有关货币需求的实证证据表明，货币需求（　　）。

a. 对利率极端敏感

b. 不受利率变动的影响

c. 具有高度波动性，但是可以预测

d. 对利率的敏感性介于极端敏感和完全不敏感之间

13. 自从 20 世纪 70 年代初期以来，货币需求变得（　　），这意味着货币政策实施的最好方式是以（　　）为指标。

a. 稳定；利率

b. 不稳定；利率

c. 稳定；货币数量

d. 不稳定；货币数量

14. 货币需求的投资组合理论表明，当收入（以及财富）更高时，对货币资产的需求将（　　），对实际货币余额的需求将（　　）。

a. 增加；更高

b. 上升；更低

c. 下降；更高

d. 下降；更低

15. 随着利率的上升，货币的预期绝对回报（　　），货币相对于债券的预期回报（　　）。

a. 不变；减少

b. 增加；减少

c. 不变；增加

d. 下降；减少

16. 为政府支出融资的方法由一个被称为政府预算约束的表达式描述，具体为（　　）。

a. $DEF=G-T=\Delta MB+\Delta B$

b. $DEF=G-T=\Delta MB-\Delta B$

c. $DEF=G-T=\Delta B-\Delta MB$

d. $DEF=G-T=\Delta MB/\Delta B$

17. 如果政府通过向中央银行出售债券来为其支出融资，基础货币将（　　），货币供给将（　　）。

a. 增加；增加

b. 增加；减少

c. 减少；减少

d. 不会改变；不会改变

18. 通过税收为政府支出融资将会（　　）。

a. 导致储备和基础货币都增加

b. 导致储备和基础货币都减少

c. 导致储备增加，但基础货币减少

d. 对基础货币没有净影响

第 20 章 *IS* 曲线

本章回顾

预　习

本章我们首先介绍的 *IS* 曲线是理解总需求的第一块基石，描述的是在产品和服务市场（可以被简称为产品市场）均衡状态下实际利率与总产出之间的联系。我们将从推导 *IS* 曲线开始，之后解释引起 *IS* 曲线位移的因素。根据对 *IS* 曲线的理解，我们可以考察为什么会出现经济活动的波动，以及 2009 年财政刺激计划如何影响经济活动。之后，在下一章，我们将利用 *IS* 曲线理解货币政策在经济波动中所扮演的角色

计划支出与总需求

对经济总产出的需求总量，被称为总需求（Y^{ad}）。总需求（即计划支出）是以下四种类型的支出的总和：

1. 消费支出（C），包括对用于消费的产品和服务（比如汉堡、手机、摇滚音乐会和医疗等）的总需求。

2. 计划投资支出（I），包括企业对新的实物资本（机器、电子计算机、厂房等）及新住宅的计划支出。

3. 政府购买（G），包括各级政府对产品和服务（航空母舰、公务员和繁缛的行政手续等）的支出，不包括转移支付（从一个人到另一个人的收入再分配）。

4. 净出口（NX），是指外国对本国产品和服务的净支出，等于出口减去进口。

因此，总需求（Y^{ad}）可以写成：

$$Y^{ad}=C+I+G+NX$$

总需求的组成部分

消费支出用消费函数表示，表明消费支出将随着可支配收入的增加而增加。计划支出以

及总需求与实际利率负相关，原因是实际利率上升会同时减少计划投资支出和净出口。金融摩擦的加剧导致投资的实际利率上升，从而减少投资支出和总需求。政府也通过支出影响计划支出，直接作用于总需求，或者通过税收影响可支配收入和消费支出，从而间接作用于总需求。

产品市场均衡

凯恩斯认为当经济体中的总产出等于总需求（计划支出）时，就实现了均衡。也就是说：$Y=Y^{ad}$。当这一均衡条件满足时，产品和服务的计划支出就等于生产总量。生产者能够卖出所有的产出，不存在计划之外的存货投资，因此不需要调整生产水平。通过考察影响计划支出每个组成部分的因素，我们可以理解为什么总产出会达到某一既定水平。

理解 *IS* 曲线

IS 曲线反映了产品市场均衡下总产出和实际利率之间的联系。由于实际利率上升会减少计划投资支出和净出口，进而导致均衡产出水平下降，因此 *IS* 曲线是向下倾斜的。

推动 *IS* 曲线位移的因素

IS 曲线是使得产品市场达到均衡的所有实际利率和均衡产出的组合。当自主性因素（与总产出和实际利率无关的因素）发生变动时，*IS* 曲线就会位移。注意实际利率的变化虽然影响均衡产出水平，但它引起的只是沿着 *IS* 曲线的移动。相反，只有在给定的实际利率水平上均衡产出发生变化，才意味着 *IS* 曲线的位移。

自主性消费、自主性投资、政府购买、自主性净出口的增加以及税收的下降或金融摩擦的缓解都推动 *IS* 曲线向右位移。这六个因素相反方向的变动则推动 *IS* 曲线向左位移。

重要提示

经济学家对投资这个词的使用与一般人有些不同。经济学家以外的人使用的投资这个词通常是指购买股票或债券，这些购买并不一定导致新增产品和服务。而经济学家所说的投资支出则是购买新的实物资产（如新的机器或新的厂房），这些购买增加总需求。

术语和定义

为每个术语找到其对应的定义。

关键术语：	**定义：**
________总需求	1. 对经济体所生产的产出的需求总量。
________总需求函数	2. 外国对本国产品和服务的净支出。

________ "动物精神"	3. 可支配收入与消费支出之间的联系。
________自主性消费支出	4. 企业购置设备和建筑物的支出，以及对居民住宅的计划支出。
________消费支出	5. 消费函数曲线的斜率，反映的是可支配收入每增加 1 美元所引起的消费支出的变动。
________消费函数	6. 在产品市场达到均衡时，描述总产出和利率之间的联系的曲线。
________可支配收入	7. 对产品和服务消费的支出。
________支出乘数	8. 各级政府对产品和服务的支出。
________固定投资	9. 企业用于增加原材料、零部件和最终产品的持有量的支出。
________政府购买	10. 总产出和总需求之间的联系，反映了对应于任一总产出水平的总需求水平。
________存货投资	11. 影响消费者和企业支出意愿的时而乐观、时而悲观的情绪波动。
________金融摩擦	12. 可以用于支出的收入总额（总收入减去税收）。
________ *IS* 曲线	13. 由影响金融市场有效运转的障碍所引致的额外的实际借款成本
________边际消费倾向	14. 总产出变动与投资支出（或自主性支出）变动的比率。
________净出口	15. 与可支配收入无关的消费支出。

思考题和简答题

实践应用题

1. 假定自主性消费支出为 3 000 亿美元，边际消费倾向为 0.80。

a. 利用所给出的有关消费的信息，完成下面的表格。

单位：十亿美元

对应的图中的点	可支配收入 (Y_D)	消费支出 (C)	可支配收入的变动 (ΔY_D)	消费支出的变动 (ΔC)
E	0	____	____	____
F	200	____	____	____
G	400	____	____	____
H	800	____	____	____

b. 借助你刚刚完成的 a 的表格中的数据，构建消费函数曲线。在曲线中标注出

20

对应最左一列字母的点（从 E 到 H）。

2. 假定边际消费倾向为 0.90，自主性消费支出等于 1 000 亿美元。并且假定计划投资支出为 3 000 亿美元，政府购买和净出口均为零。
   a. 计算均衡产出水平。
   b. 绘制总需求曲线以及 45°线，在你所绘制的图中标注出均衡点。
   c. 现在假定自主性消费支出下降到 500 亿美元，减少了 500 亿美元。计算新的均衡产出水平。
   d. 计算该经济体的支出乘数。
   e. 现在来考察一个存在政府购买和税收的经济体。假定边际消费倾向为 0.90。如果政府购买增加 1 000 亿美元，计算均衡产出的变动。
   f. 在 e 中所提到的经济体中，如果政府购买减少 1 000 亿美元，计算均衡产出的变动。
3. 使用凯恩斯的 45°线来说明下述情况对总产出 Y 的影响。
   a. 自主性消费支出 a 减少。
   b. 计划投资支出 I 下降。
   c. 税收 T 减少。
   d. 净出口 NX 减少。
4. a. 将下表中每个利率与对应的投资支出、总需求和均衡产出水平匹配在一起。

i	I	Y^{ad}	Y^*
3%	100	$1\,000+0.75Y$	4 000
8%	200	$800+0.75Y$	2 800
2%	400	$700+0.75Y$	3 200

   b. 使用 a 中的数据标注下图中的点。

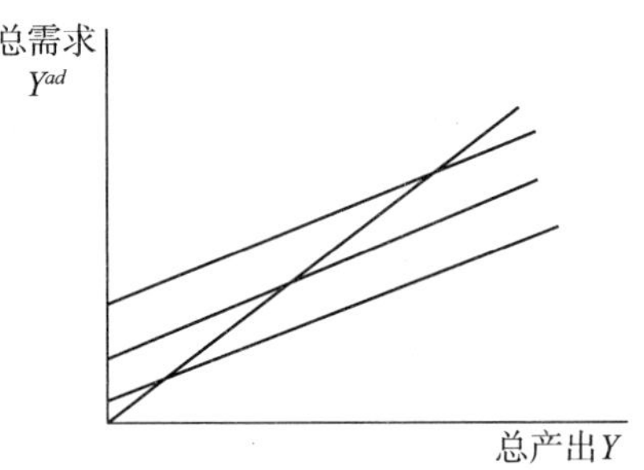

   c. 使用 a 中的数据构建 IS 曲线。

简答题

1. 哪四种类型支出的总和即为对经济体产出的需求数量？
2. 解释在凯恩斯的模型中，为何名义产出的增加与实际产出的增加是相等的。
3. 假定总需求为 9 000 亿美元，总产出为 8 500 亿美元。该经济体的非计划存货投资是多少？会发生什么情况从而推动经济返回到均衡状态？
4. 根据凯恩斯的观点，自主性支出不稳定的主导性因素是什么？
5. 假定 mpc 为 0.80，净出口减少 200 亿美元。计算总产出的变动。
6. 为何税收变动对总产出的影响小于政府购买变动对总产出的影响？
7. 在 IS 曲线上，为何利率和总产出是负相关的？
8. 假定经济体位于 IS 曲线的左侧。产品市场是存在过度供给还是过度需求？描述经济体返回 IS 曲线的调整过程。
9. 当美联储想减少总需求以对抗通货膨胀时，它就会提高利率。请解释提高利率将如何影响总需求。

评判性思维

假定你得到一个与参议员一起工作的机会。经济体刚刚步入了衰退期，参议员请你提出三个计划来增加 2 000 亿美元的总产出。在计划 1 中，政府购买增加，税收保持不变；在计划 2 中，税收减少，政府购买保持不变；在计划 3 中，政府购买增加，税收也增加相同的金额，目的是保持预算赤字不变。假定 *mpc* 为 0.80。

1. 在计划 1 中，政府购买应增加多少？
2. 在计划 2 中，税收应当削减多少？
3. 在计划 3 中，政府购买和税收各应增加多少？

自我测试

判断对错题

1. 凯恩斯模型假定物价水平是固定不变的，这意味着名义变量的变动与实际变量的变动是相等的。（　　）
2. 自主性消费支出与收入是正相关的。（　　）
3. 计划投资支出中包括企业购买的股票。（　　）
4. 固定投资总是计划好的，但一些存货投资是非计划的。（　　）
5. 当计划外存货投资水平等于零时，经济处于均衡状态。（　　）
6. *mpc* 越大，支出乘数就越小。（　　）
7. 凯恩斯相信自主性支出的变动是由计划投资支出的不稳定波动支配的，后者受到“动物精神”的影响。（　　）
8. 1929—1933 年大萧条是由自主性消费支出的大幅下跌引起的。（　　）
9. 政府购买增加 1 000 亿美元对总产出的影响小于税收减少 1 000 亿美元对总产出的影响。（　　）
10. 如果外国人突然增加购买 1 000 亿美元的美国商品，总产出就会增加 1 000 亿美元。（　　）
11. *IS* 曲线反映了在产品市场达到均衡时利率和总产出之间的联系。（　　）
12. 如果某公司使用盈余资金而非借入资金来进行实物资本投资，那么利率就对投资支出没有影响。（　　）
13. 利率上升导致美元贬值，引起净出口和总产出增加。（　　）
14. 产品市场的均衡产生了唯一的均衡总产出水平。（　　）

20

选择题

1. 总需求的四个组成部分是（　　）。
   a. 消费支出，计划投资支出，政府购买，净出口
   b. 消费支出，非计划存货投资，政府购买，净出口
   c. 消费支出，计划存货投资，政府购买，出口
   d. 消费支出，非计划存货投资，政府购买，进口
2. 凯恩斯认为影响计划投资支出的两个因

素是（　　）。

a. 实际利率和可支配收入

b. 实际利率和企业对未来的经营预期

c. 可支配收入和企业对未来的经营预期

d. 实际利率和企业对通货膨胀的预期

3. 如果自主性消费支出等于 1 000 亿美元，边际消费倾向为 0.90，总收入为 1 万亿美元，税收为 2 000 亿美元，消费支出应等于（　　）。

a. 1 万亿美元

b. 1 000 亿美元

c. 2 800 亿美元

d. 8 200 亿美元

4. 假定戴尔计算机公司年初拥有 2 000 万美元存货，年末的存货为 1 400 万美元。该年戴尔公司的存货投资是（　　）万美元。

a. －1 400

b. 1 400

c. －600

d. 600

5. 如果总需求为 8 750 亿美元，总供给为 9 000 亿美元，那么（　　）。

a. 非计划存货投资为－250 亿美元，企业会增加生产

b. 非计划存货投资为 250 亿美元，企业会增加生产

c. 非计划存货投资为－250 亿美元，企业会减少生产

d. 非计划存货投资为 250 亿美元，企业会减少生产

6. 计划投资支出增加，会导致总产出更大程度的扩张，原因是（　　）。

a. 它导致利率下跌，进而进一步增加投资支出

b. 它引起更多的消费支出，从而增加了总需求

c. 它引起汇率贬值，从而增加了净出口

d. 它引起自主性消费支出的增加

7. 如果 $mpc = 0.80$，那么支出乘数 =（　　）。

a. 5

b. 4

c. 3

d. 0.80

8. 如果边际消费倾向为 0.75，自主性支出 A 增加 250 亿美元，那么总产出就会增加（　　）亿美元。

a. 250

b. 750

c. 1 000

d. 1 250

9. 如果政府减税 1 200 亿美元，边际消费倾向为 0.50，那么总产出就会（　　）亿美元。

a. 增加 1 200

b. 增加 2 400

c. 减少 1 200

d. 减少 2 400

10. 如果政府增加税收和政府购买各 200 亿美元，边际消费倾向为 0.80，那么总产出就会（　　）。

a. 增加 1 000 亿美元

b. 增加 200 亿美元

c. 保持不变

d. 减少 200 亿美元

11. 利率上升会导致（　　）。

a. 投资支出增加，净出口下降

b. 投资支出减少，净出口下降

c. 投资支出增加，净出口上升

d. 投资支出减少，净出口上升

12. *IS* 曲线向下倾斜的原因是，（　　）上升会引起（　　）和（　　）下降。
   a. 政府购买；消费；投资支出
   b. 利率；货币需求；投资支出
   c. 政府购买；货币需求；净出口
   d. 利率；投资支出；净出口
13. *IS* 曲线反映了利率和收入水平之间的联系，此时（　　）。
   a. 政府支出等于税收
   b. 货币市场处于均衡状态
   c. 出口和政府支出都等于零
   d. 产品市场处于均衡状态
14. 在 *IS* 曲线左侧的点上，（　　）。
   a. 存在产品的超额需求，导致非计划存货投资减少
   b. 存在产品的超额供给，导致非计划存货投资减少
   c. 存在产品的超额需求，导致非计划存货投资增加
   d. 存在产品的超额供给，导致非计划存货投资增加
15. 下列哪一项不会使 *IS* 曲线移动？（　　）
   a. 自主性消费支出增加
   b. 政府购买增加
   c. 政府购买减少
   d. 利率下降
16. 其他条件保持不变，减税（　　）可支配收入，（　　）消费支出，使得 *IS* 曲线（　　）移动。
   a. 增加；增加；向右
   b. 增加；减少；向右
   c. 减少；增加；向左
   d. 减少；减少；向左
17. 对美国商品的偏好的增加将会（　　）美国的净出口，其他条件保持不变，这将导致美国的总需求（　　）。
   a. 减少；上升
   b. 减少；下降
   c. 增加；上升
   d. 增加；下降

20

第21章 货币政策与总需求曲线

本章回顾

预　习

本章分析货币政策如何影响总需求。首先我们考察为什么通货膨胀升高时货币政策要提高利率，造成实际利率与通货膨胀率之间的正相关关系，并用货币政策（*MP*）曲线加以说明。之后，将 *MP* 曲线与 *IS* 曲线组合起来，推导得到总需求曲线。

美联储与货币政策

在美国，美联储通过设定联邦基金利率来实施货币政策。

当美联储通过增加银行体系的流动性下调名义利率时，实际利率随之下降；当美联储通过减少银行体系的流动性上调名义利率时，实际利率随之上升。

货币政策曲线

货币政策（*MP*）曲线反映了中央银行所设定实际利率与通货膨胀率之间的联系。

货币政策制定者遵循泰勒原理，在通货膨胀率上升时提高实际利率、不增加银行体系的流动性，反映为 *MP* 曲线向上倾斜。自主性调整导致 *MP* 曲线位移，利率自动调整反映为沿着 *MP* 曲线移动。

当货币政策制定者针对任意给定的通货膨胀率提高实际利率，即实施自主性紧缩货币政策时，*MP* 曲线向上位移；当货币政策制定者针对任意通货膨胀率下调实际利率，即实施自主性宽松货币政策时，*MP* 曲线向下位移。

需要注意 *MP* 曲线的位移和沿着 *MP* 曲线的移动之间的差别。一方面，沿着 *MP* 曲线的移动可以理解为中央银行面对通货膨胀率变动时的自动反应，不会引起 *MP* 曲线的位移。另一方面，如果中央银行调整任一通货膨胀率水平所对应的实际利率，将引起 *MP* 曲线的位移。

总需求曲线

总需求（*AD*）曲线反映了给定通货膨胀率下的均衡总产出水平。*AD* 曲线可通过 *MP* 曲线和 *IS* 曲线图形推导或代数推导求得。

总需求曲线向下倾斜，因为通货膨胀率升高导致中央银行提高实际利率，从而减少计划支出并因此降低了均衡总产出水平。

任何推动 *IS* 曲线位移的因素也会推动 *AD* 曲线同向位移，这些因素包括自主性消费支出、自主性投资支出、政府购买、税收、自主性净出口以及金融摩擦。自主性紧缩货币政策推动总需求曲线向左位移，自主性宽松货币政策推动总需求曲线向右位移。

重要提示

区分导致货币政策曲线位移的货币政策调整以及泰勒原理驱动下的货币政策调整是非常重要的。前者是自主性的变动，后者反映的是沿着货币政策曲线的变动，被称为利率的自动调整。

总需求曲线与 *IS* 曲线同向位移。因此，任何推动 *IS* 曲线向右位移的因素也都会推动总需求曲线向右位移。

此外，自主性紧缩货币政策会推动总需求曲线向左位移。相反，自主性宽松货币政策会推动总需求曲线向右位移。

术语和定义

为每个术语找到其对应的定义。

关键术语：	定义：
________货币政策曲线	1. 降低任意通货膨胀率所对应的实际利率。
________自主性宽松货币政策	2. 货币当局提高名义利率的幅度应当超出通货膨胀率的上升幅度。
________自主性紧缩货币政策	3. 反映中央银行设置的实际利率与通货膨胀率之间关系的曲线。
________泰勒原理	4. 提高任意通货膨胀率所对应的实际利率。

21

思考题和简答题

实践应用题

1. 假定货币政策曲线为 $r=1.5+0.751\pi$。

   a. 当通货膨胀率分别为 2%、3%、4% 时，计算实际利率。

   b. 绘制 *MP* 曲线图，并在其中标注 a 中的各点。

c. 现在假定货币政策曲线是 $r=2.5+0.751\pi$。新的货币政策曲线代表了自主性紧缩货币政策还是自主性宽松货币政策？

d. 当通货膨胀率分别为 2%、3%、4% 时，计算实际利率，并绘制新的 MP 曲线图，指出与 b 相比发生了怎样的位移。

2. 考虑下面所述经济：

$\overline{C}=4$ 万亿美元

$\overline{I}=1.5$ 万亿美元

$\overline{G}=3.0$ 万亿美元

$\overline{T}=3.0$ 万亿美元

$\overline{NX}=1.0$ 万亿美元

$\overline{f}=0$

$mpc=0.8$

$d=0.35$

$x=0.15$

$\lambda=0.5$

$\overline{r}=2$

a. 推导 MP 曲线和 AD 曲线的表达式。

b. 当 $\pi=2$ 和 $\pi=4$ 时，分别计算实际利率和总产出。

c. 绘制 MP 曲线图和 AD 曲线图，并标注 b 中的各点。

3. 假定货币政策曲线为 $r=2+\pi$，IS 曲线为 $Y=20-2r$。

a. 推导 AD 曲线的表达式，绘制 AD 曲线图，并标注 π 分别为 0、4、8 的各点。

b. 假定 λ 上升至 $\lambda=2$。推导新的 AD 曲线表达式，并在 a 的坐标图中绘制新的 AD 曲线。

c. b 的答案说明中央银行对通货膨胀的厌恶与 AD 曲线的倾斜程度之间有什么关系？

简答题

1. 当通货膨胀率上升时，联邦基金利率如何变化？在实际操作中，美联储如何调整联邦基金利率？
2. 美联储控制实际利率的能力隐含的关键性假定是什么？
3. 为什么货币政策（MP）曲线必然是向上倾斜的？
4. 如果 $\lambda=0$，则这意味着名义利率和通货膨胀率之间有何联系？
5. 美联储的自主性紧缩货币政策或自主性宽松货币政策如何影响货币政策曲线？
6. “当 λ 比较高时，自主性货币政策对于调整产出更有效。”这一表述正确、错误还是不确定？解释你的答案。
7. 如果净出口对实际利率变动不敏感，那么货币政策在影响产出方面是更有效还是更无效？
8. 如果资产价格泡沫开始形成，假定中央银行对此做出反应，有可能如何反应，以及对货币政策曲线将产生什么影响？
9. 如果在增加政府支出的同时，实施自主性紧缩货币政策，总需求曲线的位置会如何变化？
10. 美国净出口增加对美国的总需求曲线有何影响？净出口的增加会影响货币政策曲线吗？请解释原因。

评判性思维

你和你的同学正在观看财经新闻，你的同学对美联储的调控政策非常不满，他表示如果自己以后能担任美联储主席，他会提出自己的货币政策建议："通货膨胀已经在相当长一段时间里非常低了，我只关注提高就业，当务之急就是放松货币政策以促进就业。"

1. 你认为货币政策曲线会如何移动？

2. 你认为货币政策曲线的斜率会变化吗？

自我测试

判断对错题

1. 当美联储通过减少银行体系的流动性上调联邦基金利率时，短期实际利率会上升。（　　）
2. 当通货膨胀率上升时，货币政策制定者会降低实际利率。（　　）
3. 中央银行提高名义利率的幅度要超过预期通货膨胀率的增幅，才能在通货膨胀率上升时保持实际利率上升。（　　）
4. 根据泰勒原理，当通货膨胀率下降时，中央银行降低利率导致货币政策曲线向上移动。（　　）
5. 金融摩擦不会推动总需求曲线位移。（　　）
6. 任何推动 *IS* 曲线位移的因素都会推动总需求曲线的反向位移。（　　）
7. 自主性宽松货币政策会推动总需求曲线向右位移。（　　）
8. 净出口减少会推动总需求曲线向右位移。（　　）
9. 税收增加会推动总需求曲线向右位移。（　　）
10. 实际利率上升会导致总需求水平下降。（　　）

选择题

1. 因为价格在短期内缓慢波动，当美联储降低联邦基金利率时，（　　）。
   a. 名义利率上升
   b. 实际利率下降
   c. 通货膨胀率下降
   d. 实际利率上升
2. 因为价格在短期内具有黏性，当美联储提高联邦基金利率时，（　　）。
   a. 名义利率下降
   b. 实际利率上升
   c. 通货膨胀率下降
   d. 实际利率下降
3. 货币政策（*MP*）曲线表明了（　　）之间的关系。
   a. 联邦基金利率和实际利率
   b. 联邦基金利率和通货膨胀率
   c. 通货膨胀率和预期通货膨胀率
   d. 中央银行设定的实际利率和通货膨胀率
4. *MP* 曲线向上倾斜表明（　　）。
   a. 当通货膨胀上升时，中央银行降低实际利率

21

b. 当通货膨胀下降时，中央银行提高实际利率

c. 当通货膨胀上升时，中央银行提高名义利率

d. 当通货膨胀上升时，中央银行提高实际利率

5. 泰勒原理指出，央行提高名义利率的幅度比预期通胀的任何上升幅度都要大，因此，当通胀上升（　　）时，实际利率会（　　）。

a. 更小；上升

b. 更大；下降

c. 更小；下降

d. 更大；上升

6. 自主性紧缩货币政策（　　）。

a. 将导致沿着货币政策曲线向上移动

b. 将导致沿着货币政策曲线向下移动

c. 将导致货币政策曲线向上移动

d. 将导致货币政策曲线向下移动

7. 根据泰勒原理，央行在通胀上升时提高利率的内生反应（　　）。

a. 将导致沿着货币政策曲线向上移动

b. 将导致沿着货币政策曲线向下移动

c. 将导致货币政策曲线向上移动

d. 将导致货币政策曲线向下移动

8. 在 2004—2006 年和 2015—2019 年期间，美联储通过提高实际利率来应对通胀上升的政策行动是（　　）。

a. 沿着货币政策曲线向上移动

b. 沿着货币政策曲线向下移动

c. 货币政策曲线向上位移

d. 货币政策曲线向下位移

9. 2007 年 8 月金融危机爆发时，通胀率上升，美联储开始大幅降低联邦基金利率，这表明（　　）。

a. 美联储实施了自主性紧缩货币政策

b. 美联储实施了自主性宽松货币政策

c. 根据泰勒原理，美联储对通胀有着自动的负面反应

d. 根据泰勒原理，美联储对通胀有着自动的积极反应

10. 在推导总需求曲线时，（　　）通货膨胀率会导致央行（　　）实际利率，从而（　　）均衡总产出水平。

a. 更高的；提升；降低

b. 较低的；提升；降低

c. 更高的；降低；降低

d. 更高的；降低；提高

11. 总需求曲线是向下倾斜的，因为较高的通货膨胀率导致央行提高（　　）利率，从而（　　）均衡总产出水平，其他一切保持不变。

a. 实际；降低

b. 实际；提高

c. 名义；降低

d. 名义；提高

12. 其他一切保持不变，政府支出的增加将导致（　　）。

a. 总需求增加

b. 总需求下降

c. 总需求量增加

d. 总需求量下降

13. 其他一切保持不变，自主性紧缩货币政策将导致（　　）。

a. 总需求量增加

b. 总需求量下降

c. 总需求增加

d. 总需求下降

14. 其他一切保持不变，消费者自主性支出的减少将导致 *IS* 曲线向（　　）移动，总需求（　　）。

a. 右；增加

b. 右；减少

c. 左；增加

d. 左；减少

15. 其他一切保持不变，自主性计划投资支出的增加将导致 *IS* 曲线向（　　）移动，总需求（　　）。

a. 右；增加

b. 右；减少

c. 左；增加

d. 左；减少

16. 其他一切保持不变，净税收的减少将导致 *IS* 曲线向（　　）移动，总需求（　　）。

a. 右；增加

b. 右；减少

c. 左；增加

d. 左；减少

17. 其他一切保持不变，净税收的增加将导致 *IS* 曲线向（　　）移动，总需求（　　）。

a. 右；增加

b. 右；减少

c. 左；增加

d. 左；减少

18. 其他一切保持不变，本币升值将导致 *IS* 曲线向（　　）移动，总需求（　　）。

a. 右；增加

a. 右；减少

c. 左；增加

d. 左；减少

19. 其他一切保持不变，本币贬值将导致 *IS* 曲线向（　　）移动，总需求（　　）。

a. 右；增加

a. 右；减少

c. 左；增加

d. 左；减少

20. 其他一切保持不变，政府购买的减少将导致 *IS* 曲线向（　　）移动，总需求（　　）。

a. 右；增加

b. 右；减少

c. 左；增加

d. 左；减少

第22章 总需求-总供给分析

本章回顾

预　习

本章将构建总需求-总供给分析框架，并使用这一基本工具解释货币政策对通货膨胀、总产出和失业等变动的影响。该分析不仅能帮助我们解释过去，帮助我们理解经济周期的最近情况，还能帮助我们预测未来事件可能如何影响总产出和通货膨胀。

经济周期和通货膨胀

经济周期指经济所产生的总体经济活动的高低起伏运动。总产出减少或者收缩时期称为衰退，总产出增加或者膨胀时期称为扩张或者繁荣。总产出的长期趋势，随时间推移平稳增长，也被称作潜在产出或潜在 GDP。产出缺口指实际总产出与潜在产出的百分比差额。

总需求

总需求有四个组成部分：消费支出、计划投资支出、政府购买以及净出口。总需求曲线反映了当其他所有变量保持不变时总需求量与通货膨胀率之间的关系。该曲线向下倾斜。引起总需求曲线位移的基本因素包括：（1）自主性货币政策；（2）政府购买；（3）税收；（4）自主性净出口；（5）自主性消费支出；（6）自主性投资；（7）金融摩擦。

总供给

由于工资和价格需要经过一段时间的调整才能达到其长期水平，因而短期总供给曲线与长期总供给曲线是不同的。经济在长期里所能生产的产出规模取决于经济中的资本数量、充分就业下的劳动力供给数量以及可用的技术。这意味着长期总供给曲线是在潜在产出水平的垂直线。潜在产出水平是在所有企业的生产平均实现长期利润最大化时形成的，而且此时经济实现长期稳定，无论通货膨胀率如何。

在短期总供给曲线中，驱动通货膨胀的因素有三个：（1）预期通货膨胀，（2）产出缺口，（3）通货膨胀（供给）冲击。短期总供给曲线向上倾斜，这是因为随着产出相对于潜在产出增加，通货膨胀也上升。短期里工资和价格是黏性的，工资和价格调整是缓慢进行的。工资和价格越有弹性，它们和通货膨胀对于产出偏离潜在产出做出反应的速度就越快。如果工资和价格具有完全弹性，那么短期总供给曲线就与长期总供给曲线一样变成垂直的。

总供给曲线的位移

四个因素会推动长期总供给曲线（*LRAS*）的位移：当（1）经济中的资本总额增加，（2）经济的劳动力供给总量增加，（3）可用技术提高，或（4）自然失业率降低时，长期总供给曲线向右位移。这些变量的反方向变动推动 *LRAS* 向左位移。

三个因素会推动短期总供给曲线位移：当（1）预期通货膨胀率上升，（2）出现不利的通货膨胀冲击（推高通货膨胀率），（3）持续的产出缺口为正时，短期总供给曲线向左上方位移。这些变量的反方向变动推动短期总供给曲线向右下方位移。此外，预期通货膨胀率变动越大，曲线位移幅度就越大。只有当总产出回归潜在产出时，短期总供给曲线才会停止位移。

总供求分析的均衡

宏观经济均衡是指所有市场同时实现均衡，总产出需求数量等于总产出供给数量。宏观均衡出现在总需求曲线和总供给曲线的交点。

在总供求分析模型中，存在着短期均衡和长期均衡。短期均衡出现在总需求曲线和短期总供给曲线的交点，此时总产出需求数量等于总产出供给数量。然而这是经济暂时性的趋向，自我纠错机制会带动经济永久性地稳定在其长期均衡状态，即总需求曲线与长期总供给曲线的交点，且总产出位于其潜在水平。潜在产出随时间推移稳定增长，因而长期总供给曲线随时间推移而持续向右位移。总需求曲线或者长、短期总供给曲线的位移，都能导致总产出和通货膨胀的变动。

均衡的变化：总需求冲击

正向需求冲击引起总需求曲线向右位移。正向需求冲击包括：（1）自主性宽松货币政策，（2）政府购买增加，（3）税收减少，（4）自主性净出口增加，（5）自主性消费支出增加，（6）自主性投资增加，（7）金融摩擦缓解。虽然总需求曲线向右位移的初始短期影响是通货膨胀和产出同时上升，但最终的长期影响只有通货膨胀上升，因为总产出指数回归到初始水平。

22

均衡的变化：总供给（通货膨胀）冲击

负向供给冲击引起短期总供给曲线向左上方位移，起初提高通货膨胀并降低产出，最终的长期影响是产出和通货膨胀都不变。正向供给冲击推动短期总供给曲线向右下方位移，起初引起通货膨胀降低和产出上升，最终的长期是产出和通货膨胀都不变。

总供求分析的结论

经济具有自我纠错机制，使之逐步回归潜在产出和自然失业率。总需求曲线的位移只在短期里影响产出缺口，而在长期里没有影响，通货膨胀的初始变动低于其长期变动。供给冲击只在短期里影响产出缺口和通货膨胀，而在长期里没有影响。

重要提示

理解总需求-总供给模型的关键在于弄清楚两种类型的均衡。均衡意味着静止的位置。短期均衡是暂时静止的位置。短期均衡位于短期总供给曲线与总需求曲线的交点。这个交点对应的总产出可以位于长期总供给曲线的左侧或右侧，也可以位于长期总供给曲线上。长期总供给曲线就是穿过潜在产出水平的垂直线。当短期均衡产出初始高于潜在产出的时候，劳动力市场过度紧张，推动工资水平上升，引起短期总供给曲线向左上方位移，直至它与总需求曲线相交于潜在产出水平，即交点位于长期总供给曲线上。当短期均衡产出初始低于潜在产出的时候，劳动力市场过度萧条，推动工资水平下降，引起短期总供给曲线向右下方位移，直至它与总需求曲线相交于潜在产出水平，即交点位于长期总供给曲线上。如果短期总供给曲线和总需求曲线的交点位于长期总供给曲线上，经济体就处于长期均衡位置，经济体没有离开这个位置的趋势，除非某些“冲击”的发生导致总供给曲线或总需求曲线位移。

术语和定义

为每个术语找到其对应的定义。

关键术语：	**定义：**
________成本推进型冲击	1. 外国对本国产品和服务的净支出，等于出口减进口。
________总需求曲线	2. 在自然失业率下的总产出水平，即工资和价格没有变动趋势时的产出水平。
________消费支出	3. 对用于消费的产品和服务的总需求。
________计划投资支出	4. 与充分就业相对应的失业率水平，此时，劳动力供给等于劳动力需求。
________政府购买	5. 工人要求的工资增长幅度超过了产出增长率时出现的价格冲击，由此会增加成本和加剧通货膨胀。
________净出口	6. 表示总产出的供给数量与通货膨胀率之间关系的曲线。
________需求冲击	7. 各级政府（联邦政府、州政府和地方政府）购买产品和服务的支出。

________总供给曲线	8. 不存在通货膨胀变动趋势时的失业率。
________自然产出率	9. 在产品市场和货币市场都处于均衡状态时，表示总产出的需求数量与通货膨胀率之间关系的曲线。
________自然失业率	10. 自然失业率所对应的总产出水平（也被称为自然产出率）。
________潜在产出	11. 指能够使总需求曲线发生移动的冲击，包括货币供给量的变化、政府支出和税收的变化、净出口的变化、消费者和企业支出的变化以及金融摩擦。
________产出缺口	12. 企业对新机器、厂房和其他资本品的计划支出总额，加上对新住宅的计划支出。
________通货膨胀冲击	13. 导致总供给曲线发生位移的技术变动或原材料供给变动。
________供给冲击	14. 不论最初的产出水平位于何处，经济都有使得产出逐渐回到自然率水平的特征。
________一般均衡	15. 与经济的饱和程度或者预期通货膨胀率无关的通货膨胀变动。
________自我纠错机制	16. 根据变量的历史平均值对变量做出的预期（也称后顾性预期）。
________滞胀	17. 所有市场同时实现均衡，此时总需求与总供给相等。
________真实经济周期理论	18. 这种理论认为，对偏好和技术的实际冲击是短期经济周期性波动的主要驱动力量。
________适应性预期	19. 总产出与潜在产出之差。
________非加速通货膨胀失业率	20. 通货膨胀率升高而总产出水平下降的情况。

思考题和简答题

实践应用题

1. 假定经济最初位于右图中的长期均衡点 1。
   a. 使用右图说明货币供给扩张对通货膨胀率（π）和总产出（Y）的短期影响。
   b. 使用右图说明经济体如何从 a 中的短期均衡位置调整返回其长期均衡位置。
   c. 描述推动经济返回其长期均衡位置的自我纠错机制。

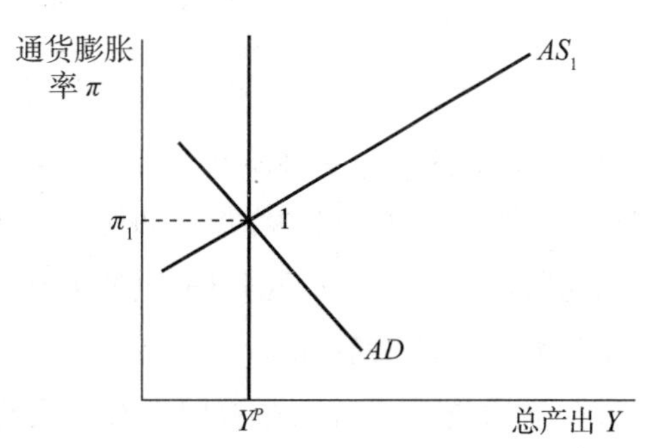

d. 在短期内，货币供给变动会对总产出和通货膨胀率造成什么影响？

e. 在长期内，货币供给变动会对总产出和通货膨胀率造成什么影响？

2. 假定经济最初位于右图中的长期均衡点 1。

a. 使用右图说明石油供给量减少等供给冲击对通货膨胀率（π）和总产出（Y）的短期影响。

b. 使用右图说明经济体如何从 a 中的短期均衡位置调整返回其长期均衡位置。描述经济体调整返回其长期均衡位置的过程。

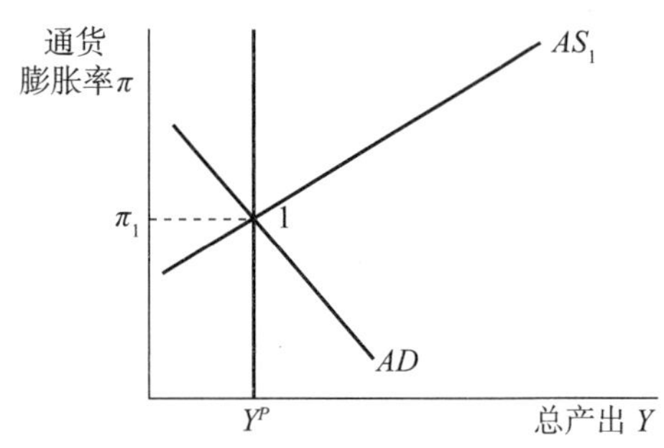

简答题

1. 解释为什么总需求曲线向下倾斜，而短期总供给曲线向上倾斜。

2. 指出推动总需求曲线向右位移的三个因素，以及推动总需求曲线向左位移的另外三个因素。

3. 在世界上的许多国家，人口正在老龄化，大部分人口正在退休或接近退休。这会对一国的长期总供给曲线产生什么影响？最终会对收入产生什么影响？

4. 什么因素推动短期总供给曲线位移？这些因素中有可以推动长期总供给曲线位移的吗？为什么？

5. 如果巨额预算赤字导致公众认为未来通胀会更高，那么当预算赤字上升时，短期总供给曲线会发生什么变化？

6. 当总产出低于自然产出率时，如果总需求曲线保持不变，通货膨胀率随着时间的推移会发生什么变化？为什么？

7. 假设公众相信新公布的反通胀计划会起作用，从而降低对未来通胀的预期。短期内，总产出和通货膨胀率会发生什么变化？

8. 如果失业率高于自然失业率，而其他因素保持不变，通货膨胀和产出会怎样变动？

9. 当税收减少时，短期及长期通货膨胀和产出会发生什么变化？

10. 2007—2009 年金融危机期间，为什么中国的境况比美国和英国好得多？

22 评判性思维

你在报纸上看到，今天的政府支出预计会增加 300 亿美元，来自你所在州的一个参议员正在调查政府支出的增加会如何导致就业增加和总产出上升。经济目前正处于自然产出率水平，即长期均衡状态。

1. 政府支出的增加在短期内是否会导致总产出上升？

2. 政府支出的增加在长期内是否会导致总产出上升？

3. 政府支出的增加在长期和短期会对通货膨胀率产生什么影响？

4. 现在假定经济的总产出低于自然产出率，这位参议员是凯恩斯的追随者。他会赞成什么样的政策举措？为什么？

5. 现在假定经济的总产出低于自然产出率，这位参议员是米尔顿·弗里德曼的追随者。他会赞成什么样的政策举措？为什么？

自我测试

判断对错题

1. 导致总需求曲线位移的一个需求冲击是货币数量的变动。（　　）
2. 货币流通速度衡量的是消费支出在减税后会以什么速度增加。（　　）
3. 产出缺口扩大会导致长期总供给曲线发生位移。（　　）
4. 预期通货膨胀率变化得越多，短期总供给曲线位移的幅度就越小。（　　）
5. 凯恩斯主义者相信自我纠错机制会相对较快地发挥作用。（　　）
6. 自然失业率是指经济体在长期内倾向的失业率水平。（　　）
7. 当失业率等于自然失业率时，通货膨胀率会上升。（　　）
8. 自我纠错机制说明了无论总产出最初位于什么水平，最终都会返回到自然产出率水平。（　　）
9. 当总产出高于自然产出率时，短期总供给曲线会向右位移；当总产出低于自然产出率时，短期总供给曲线会向左位移。（　　）
10. 2001—2004 年间，短期总供给曲线向右位移导致失业率和通货膨胀率下跌。（　　）

选择题

1. 总需求曲线向下倾斜，因为（　　）。
   a. 较低的通货膨胀率导致总需求的增加
   b. 较低的通货膨胀率导致总需求的下降
   c. 较高的通货膨胀率导致实际利率下降
   d. 较高的通货膨胀率刺激了计划中的投资支出
2. 推导出总需求的一种方法是查看总需求的四个组成部分，即（　　）。
   a. 消费支出、计划投资支出、政府购买和净出口
   b. 消费支出、实际投资支出、政府购买和净出口
   c. 消费支出、计划投资支出、政府购买和出口总额
   d. 消费支出、计划投资支出、政府购买和税收
3. 美联储首选的通货膨胀衡量标准是（　　）。
   a. 个人消费支出平减指数
   b. 国内生产总值平减指数
   c. 消费者物价指数
   d. 生产者物价指数
4. 短期总供给曲线向上倾斜，原因是随着通货膨胀率的上升，（　　）。
   a. 单位产出的物价相对于其生产成本会上升，从而导致利润增加和生产扩张
   b. 单位产出的物价相对于其生产成本会下跌，从而导致利润增加和生产扩张
   c. 单位产出的物价相对于其生产成本会上升，从而导致利润减少和生产扩张
   d. 单位产出的物价相对于其生产成本会下跌，从而导致利润减少和生产扩张
5. 当劳动力市场紧张时，（　　）。
   a. 工资减少，短期总供给曲线向左位移

22

b. 工资增加，短期总供给曲线向左位移
c. 工资减少，短期总供给曲线向右位移
d. 工资增加，短期总供给曲线向右位移

6. 凯恩斯主义者（　　）。
a. 认为政府没有必要采取政策推动经济返回其充分就业水平
b. 认为政府有必要采取政策推动经济返回其充分就业水平
c. 相信工资和物价调整过程是相当迅速的
d. 也被称为货币主义者

7. 下列哪个因素不会导致总需求曲线位移？（　　）
a. 政府支出的变动
b. 税收的变动
c. 自主性净出口的变动
d. 劳动力市场的状况

8. 在短期内，总需求曲线向右位移会导致（　　）。
a. 通货膨胀率上升，总产出增加
b. 通货膨胀率上升，总产出减少
c. 通货膨胀率下跌，总产出增加
d. 通货膨胀率下跌，总产出减少

9. 在长期内，总需求曲线向右位移会导致（　　）。
a. 通货膨胀率下跌，总产出增加
b. 通货膨胀率上升，总产出减少
c. 通货膨胀率上升，总产出不变
d. 通货膨胀率不变，总产出增加

10. 预期通货膨胀率上升会导致（　　）。
a. 短期总供给曲线向左位移
b. 短期总需求曲线向左位移
c. 短期总供给曲线向右位移
d. 短期总需求曲线向右位移

11. 工人增加工资的努力获得成功会导致（　　）。
a. 短期总供给曲线向左位移
b. 总需求曲线向左位移
c. 短期总供给曲线向右位移
d. 总需求曲线向右位移

12. 增加生产成本的负向供给冲击会导致（　　）。
a. 短期总供给曲线向左位移
b. 总需求曲线向左位移
c. 短期总供给曲线向右位移
d. 总需求曲线向右位移

13. 短期总供给曲线向左位移最初会导致（　　）。
a. 通货膨胀率上升，产出增加
b. 通货膨胀率上升，产出减少
c. 通货膨胀率下跌，产出增加
d. 通货膨胀率下跌，产出减少

14. 短期总供给曲线向左位移最终会导致（　　）。
a. 通货膨胀率下跌，产出增加
b. 通货膨胀率上升，产出增加
c. 通货膨胀率上升，产出保持不变
d. 通货膨胀率和产出都保持不变

15. 根据真实经济周期理论，短期内导致经济周期性波动的因素是（　　）。
a. 税收的变动
b. 货币供给量的变动
c. 偏好和技术水平的变动
d. 净出口的变动

16. 假设短期总供给曲线为 $\pi=2+1.5\cdot(Y-10)$，其中 π 为通货膨胀率，Y 为总产出；总需求曲线为 $Y=11-0.5\pi$。均衡产出为（　　），均衡通货膨胀率为（　　）%。
a. 10；2
b. 17.5；2
c. 2；10
d. 10；7.5

第23章 货币政策理论

本章回顾

预　习

在本章，我们将运用第 22 章构建的总供求分析（*AD*/*AS* 分析）框架来研究货币政策理论，我们将应用该理论解决四个问题：通货膨胀稳定了是否产出就稳定了？应当采取主动应对经济活动波动的积极干预政策，还是被动的非积极干预政策？通货膨胀的根源是什么？当利率无法再降到零以下时，货币政策如何发挥作用？

货币政策对冲击的反应

在总需求冲击情况下，稳定通货膨胀和稳定经济活动这两个目标是一致的：稳定通货膨胀即可稳定经济活动，即使在短期也是如此。然而，如果面对供给冲击，短期内中央银行必须在稳定通货膨胀和稳定经济活动两个目标之间做出取舍。

政策制定者应当多积极才能稳定经济活动?

所有经济学家都有相似的政策目标（促进高就业和物价稳定），但他们在实现这些目标的最优方法方面经常有分歧。积极干预者认为通过工资和物价调整发挥作用的自我纠错机制是一种非常缓慢的机制，因此主张政府采取积极的、适应性的政策来解决出现的高失业问题。与此相反，非积极干预者坚信自我纠错机制作用迅速，因此主张政府避免采取积极消除失业的政策。数据时滞、认识时滞、立法时滞、执行时滞、影响时滞的存在加大了政策制定者的工作难度，削弱了积极干预政策主张，此时非积极干预政策可能产生更好的结果。

通货膨胀：随时随地都是货币现象

米尔顿·弗里德曼认为“通货膨胀随时随地都是货币现象”，对此总供求分析可以证明：货币政策制定者可以在长期里盯住任意通货膨胀目标，通过实施自主性货币政策，利用联邦基金利率工具来调整总需求水平，进而改变均衡通货膨胀率；潜在产出，以及由此得出的长期总产出数量，独立于货币政策。

通货膨胀型货币政策的起因

旨在提高就业的积极干预的稳定化政策会造成两种类型的通货膨胀：成本推进型通货膨胀（由暂时性负向供给冲击或者工人要求的工资增长幅度超过产出增长率引起）；需求拉动型通货膨胀（由政府为实现高产出和高就业目标而采取增加总需求的政策导致）。需求拉动型和成本推进型通货膨胀共同造成了美国 1965—1982 年间的大通胀。

位于有效下限的货币政策

当名义政策利率达到有效下限（零下限）水平时，总需求曲线就变成向上倾斜的，这意味着推动经济返回其充分就业状态的自我纠错机制不再可用。在有效下限情况下，为促进产出和通货膨胀提高，货币当局必须求助于三种非常规货币政策：流动性提供，资产购买（通常被称为量化宽松），预期管理。

重要提示

由于联邦基金利率是名义利率，不能降低到零以下，这给货币政策实施带来了影响，背后的原因其实在于总需求曲线的变化。当名义政策利率达到零下限水平时，总需求曲线就变成向上倾斜的，这意味着产出和通货膨胀都螺旋式下降，推动经济返回其充分就业状态的自我纠错机制不再可用。

术语和定义

为每个术语找到其对应的定义。

关键术语：	定义：
________通货膨胀目标	1. 这些经济学家认为工资和物价具有很强的弹性，自我纠错机制可以很快发挥作用。他们认为推动经济返回到充分就业水平的政策举动是没有必要的。
________通货膨胀缺口	2. 一旦决定执行新的政策，政策制定者调整政策工具所花费的时间。
________神作之合	3. 中央银行的通货膨胀率目标。
________凯恩斯主义者	4. 奥利维尔·布兰查德命名的一种情况，即稳定通货膨胀的政策同时也是稳定经济活动的最好政策。
________非积极干预者	5. 这些经济学家认为由于工资和物价具有黏性，因此通过工资和物价水平调整发挥作用的自我纠错机制是一

种非常缓慢的机制。面对失业问题，积极干预者主张实施消除高失业的积极政策。

________积极干预者　　6. 通货膨胀率和通货膨胀目标之间的差距。

________执行时滞　　7. 政策制定者确定经济数据所反映的未来经济趋向所需要的时间。

________立法时滞　　8. 由于政策制定者实施的政策增加了总需求而引发的通货膨胀。

________认识时滞　　9. 通过法律实施特定政策所需要的时间。

________成本推进型通货膨胀　　10. 由于工人要求的工资增长幅度超过了产出增长率而导致的通货膨胀。

________需求拉动型通货膨胀　　11. 约翰·梅纳德·凯恩斯的追随者，他们认为物价水平与总产出的波动不仅受货币供给的影响，还受政府支出和财政政策的影响，并且不认为经济具有自发的稳定功能。

思考题和简答题

实践应用题

1. 假定政府决定减少政府支出，以缩小当前的政府预算赤字。
   a. 利用总供求图说明这一决定对经济的短期影响。描述这一决定对通货膨胀和产出的影响。
   b. 如果中央银行决定稳定通货膨胀率，对实际利率、通货膨胀率和产出水平将产生什么影响？
2. 假定在下图中，经济起初在点 1 实现均衡，此时总产出等于产出的自然率水平（Y^P）。

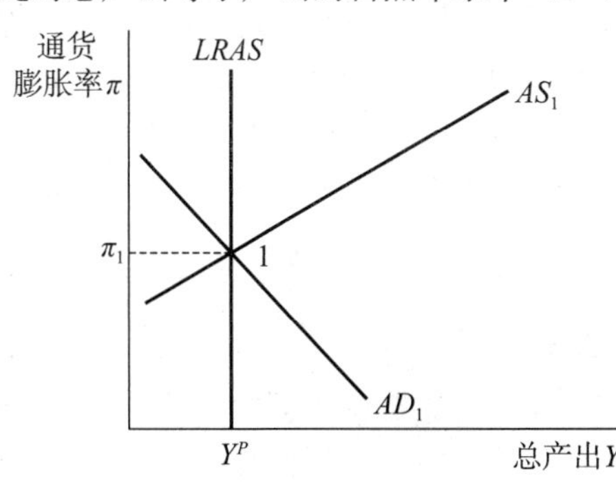

   a. 利用上图来说明政府支出一次性永久增加的影响。
   b. 政府支出一次性永久增加是否会导致持续的通货膨胀？
   c. 使用下图说明负向供给冲击的影响。

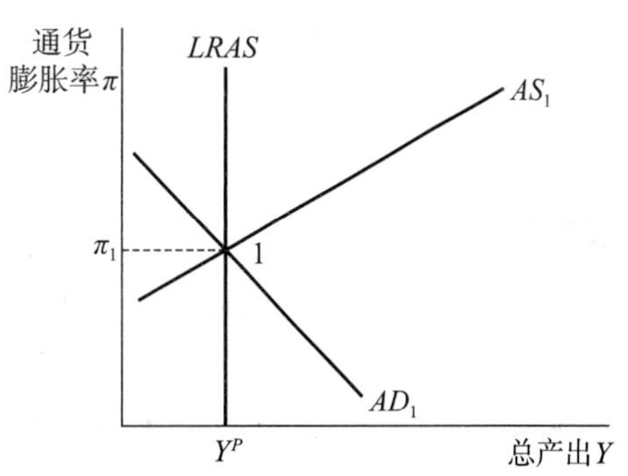

   d. 负向供给冲击是否会导致持续的通货膨胀？

23

简答题

1. 通货膨胀缺口为负意味着什么？
2. 稳定化政策更可能通过货币政策还是财政政策来实施？为什么？
3. 为什么持续增加政府支出或者持续减税不可能导致持续的通货膨胀？
4. 通过观察失业率，你如何区分成本推进型通货膨胀和需求拉动型通货膨胀？
5. 阻止政策制定者推动经济立即返回充分就业水平的 5 个时滞中，哪个时滞不适用于货币政策？为什么？

评判性思维

假定甲、乙、丙三个国家都遭遇到了同样的负向供给冲击。甲国开始时通货膨胀上升且产出下降，之后通货膨胀进一步上升但产出提高。乙国开始时通货膨胀上升且产出下降，之后通货膨胀和产出双双下降。丙国开始时通货膨胀上升且产出下降，之后通货膨胀下降而产出最终提高。

1. 甲国采取了什么类型的稳定化政策？
2. 乙国采取了什么类型的稳定化政策？
3. 丙国采取了什么类型的稳定化政策？

自我测试

判断对错题

1. 积极干预者主张政府实施积极政策，增加总需求，消除高失业。(　　)
2. 货币供给的高增长会导致高通货膨胀率。(　　)
3. 当经济遇到负向供给冲击时，稳定总产出水平的政策会导致通货膨胀偏离目标。(　　)
4. 单独财政政策不可能导致持续的高通货膨胀。(　　)
5. 供给方的现象是持续高通货膨胀的一个来源。(　　)
6. 如果通货膨胀伴随着低于自然率水平的失业率，那么通货膨胀就是成本推进型通货膨胀。(　　)
7. 成本推进型通货膨胀与货币供给增长无关。(　　)
8. 数据时滞是指政策制定者确定数据信号所反映的未来经济趋向所需要的时间。(　　)
9. 旨在实现高就业的相机抉择政策可能会引发成本推进型通货膨胀和需求拉动型通货膨胀。(　　)
10. 在所有恶性通货膨胀时期，巨大的政府预算赤字是货币供给高增长和持续的高通货膨胀的最终原因。(　　)

选择题

1. 政策制定者在面临（　　）时，在短期内无法兼顾物价稳定和经济活动稳定。
   a. 供给冲击
   b. 供给冲击和需求冲击

c. 需求冲击
d. 以上选项都正确

2. 2007年8月开始的导致消费者和企业支出双双下滑的金融市场动荡（　　）。
   a. 将使总需求曲线向右平移
   b. 将使总需求曲线向左平移
   c. 将使短期总供给曲线向右平移
   d. 将使短期总供给曲线向左平移

3. 假定经济遭受了负向需求冲击，而中央银行对此不做反应，则最终（　　）。
   a. 潜在产出将下降
   b. 通货膨胀将上升
   c. 通货膨胀将不变
   d. 产出返回到潜在水平，通货膨胀永久性降低

4. 假定经济遭受了负向供给冲击，而中央银行不通过改变货币政策的自主性部分来应对，则在等待长期均衡结果的过程中，（　　）。
   a. 通货膨胀会更低
   b. 产出将高于其潜在水平
   c. 总产出会降低
   d. 通货膨胀不会改变
   e. a和b都正确

5. 假定经济遭受了负向供给冲击，而中央银行不通过改变货币政策的自主性部分来应对，则最终（　　）。
   a. 通货膨胀会更高
   b. 产出将达到其潜在水平
   c. 产出将不变
   d. 通货膨胀将不会改变
   e. c和d都正确

6. 假定经济遭受了负向需求冲击，而中央银行通过改变货币政策的自主性部分来应对，则（　　）。
   a. 可以稳定短期产出和通货膨胀
   b. 通货膨胀将上升
   c. 产出将上升
   d. b和c都正确

7. 假定经济遭受了负向供给冲击，而中央银行通过改变货币政策的自主性部分来应对，将通货膨胀率保持在目标水平，则（　　）。
   a. 总产出在短期内将下降
   b. 随着时间的推移，产出将返回其潜在水平
   c. 总产出稳定
   d. 以上选项都正确
   e. a和b都正确

8. 假定经济遭受了负向供给冲击，中央银行实施自主性货币政策来稳定经济活动，则（　　）。
   a. 不能稳定经济活动
   b. 通货膨胀将偏离其目标水平
   c. a和b都不正确
   d. a和b都正确

9. 政策的非积极干预者认为（　　）。
   a. 工资和价格是非常灵活的
   b. 自我纠错机制作用非常迅速
   c. 政府的行动是不必要的
   d. 以上选项都正确

10. 政策的积极干预者认为（　　）。
    a. 通过工资和物价水平调整发挥作用的自我纠错机制是一种非常缓慢的机制
    b. 工资和价格具有黏性
    c. 政府需要采取积极政策来消除高失业率
    d. 以上选项都正确

11. 政策的非积极干预者认为，改变总（　　）曲线的政策将代价高昂，因为它会在物价水平和产出方面引起（　　）的波动。
    a. 供给；更少

b. 供给；更多

c. 需求；更少

d. 需求；更多

12. 时滞的存在阻碍了总需求政策对经济的瞬时调整，从而强化了（　　）的情形。

a. 供给政策

b. 非积极干预者

c. 积极干预者

d. 需求管理政策

13. 立法时滞代表着（　　）。

a. 政策制定者获取经济状况数据所花费的时间

b. 政策制定者确定数据所预示的经济未来走向所需的时间

c. 通过立法实施一项特定政策所需要的时间

d. 政策制定者一旦确定了新政策，需要改变政策工具的时间

e. 政策对经济产生实际影响所需要的时间

14. 执行时滞是（　　）。

a. 政策制定者获取经济状况数据所花费的时间

b. 政策制定者确定数据所预示的经济未来走向所需的时间

c. 通过立法实施一项特定政策所需要的时间

d. 政策制定者一旦确定了新政策，需要改变政策工具的时间

e. 政策对经济产生实际影响所需要的时间

15. 政策制定者确定数据所预示的经济未来走向所需的时间被称为（　　）。

a. 数据时滞

b. 认识时滞

c. 立法时滞

d. 执行时滞

e. 影响时滞

16. 米尔顿·弗里德曼的著名论断为："通货膨胀随时随地都是（　　）现象。"

a. 货币

b. 政治

c. 政策

d. 预算

17. 说通货膨胀是一种货币现象似乎回避了（　　）问题。

a. 为什么会实施通货膨胀型货币政策

b. 政治家为什么寻求连任

c. 为什么美联储是独立的

d. 为什么美国财政部印这么多钱

18. 如果工人们不相信政策制定者在认真抗击通胀，他们最有可能推动更高的工资，这将（　　）总（　　）并且导致失业或通胀或两者，其他一切保持不变。

a. 减少；需求

b. 增加；需求

c. 减少；供给

d. 增加；供给

19. 如果政策制定者将失业率目标设定得太低（因为它低于自然失业率），就可能为更高的货币增长率和（　　）创造条件。

a. 成本推进型通货膨胀

b. 需求拉动型通货膨胀

c. 成本拉动型通货膨胀

d. 需求推进型通货膨胀

20. 反对财政政策刺激方案的群体认为（　　）。

a. 财政政策刺激需要较长时间才能发挥作用

b. 财政政策刺激可能在经济已经复苏之后才开始生效
c. 财政政策刺激可能导致通货膨胀和总产出的波动性增加
d. 以上选项都正确

21. 当产出低于潜在水平，政策利率触及零下限时，如果政策制定者什么都不做，产出将（ ），通货膨胀将（ ）。
a. 增加；下降
b. 下降；下降
c. 下降；上升
d. 增加；上升

22. 投资的实际利率不仅反映了央行设定的短期实际利率，而且反映了金融摩擦。当政策利率跌至零下限时，政策制定者为了在给定的通胀率下刺激经济可以（ ）。
a. 缓解金融摩擦
b. 降低短期实际利率
c. 降低短期实际利率和缓解金融摩擦
d. 降低政策利率

23. 潜在产出水平（ ）。
a. 独立于货币政策
b. 与货币政策正相关
c. 与货币政策负相关
d. 只有在经济衰退时才与货币政策正相关

24. 为了推动日本经济扩张，摆脱过去 15 年的通货紧缩困境，“安倍经济学”旨在（ ）。
a. 提高通货膨胀目标
b. 提高通货膨胀预期
c. 购买长期债券
d. 以上选项都正确
e. 以上选项都不正确

第 24 章 货币政策中预期的作用

本章回顾

预　习

本章考察的是理性预期革命背后的分析。我们先从卢卡斯批判入手，它说明了因为预期是经济行为的重要部分，所以要预测相机抉择政策将有什么后果可能非常困难。然后，我们来研究理性预期对第 22 章构建的总供求分析的影响，并探讨这一理论突破是如何塑造当前的政策决策模型和政策辩论的。

政策评价的卢卡斯批判

卢卡斯基于理性预期理论指出，如果模型中没有引入理性预期，那么该方法就存在着错误推理，没有引入理性预期的计量经济模型忽略了预期改变的影响，因此用它们来评估政策选择是不可靠的。

政策操作：规则还是相机抉择？

我们基于经济学家之间长期以来争论的问题来探讨卢卡斯批判的政策含义：货币政策制定者是应当保留根据经济形势变动调适政策的灵活性（当政策制定者不对未来行动做出任何承诺，而是根据当时的情况采取他们相信是正确的政策决策时，我们说这是相机抉择政策操作），还是应当遵循政策规则［具有约束力的计划，规定政策将如何对失业和通货膨胀等特定数据做出反应（或者不做反应）］。

规则和相机抉择都存在问题，因此简单地将规则和相机抉择截然分开可能无法把握宏观经济政策制定者所面临的现实。有约束的相机抉择对政策制定者提出了概念结构和内在纪律要求，但没有取消所有的灵活性。它将规则和相机抉择的部分优点有机结合在一起。

可信度和名义锚的作用

约束相机抉择的一种重要方法是承诺名义锚，即一个束缚物价水平或通货膨胀以实现物价稳定目标的名义变量，比如通货膨胀率、货币供给或者汇率。如果对名义锚的承诺具有可信度，也就是说得到了公众的信任，那么就会带来重要的好处。可信任名义锚具有行为规则的特征；对名义锚的可靠承诺有助于锚定通货膨胀预期，从而降低通货膨胀波动水平。

建立中央银行可信度的方法

我们的分析证明可信任名义锚可以锚定通货膨胀预期，是成功货币政策的关键要素。但货币当局如何赢得公众信任呢？我们在之前的章节中讨论了几种方法。一种方法是我们在第 16 章介绍的保持政策行动的一致性，通过持续地成功控制通货膨胀而建立可信度。这种方法在格林斯潘和伯南克执掌联邦储备体系的时期得到了成功验证。另一种方法是第 16 章介绍的近年来日渐普及的通货膨胀目标制，这种方法公开宣布中期通货膨胀率的目标值，并承诺要实现这一目标。一些国家令本币汇率钉住有着强有力名义锚的锚定国货币，也成功地控制住了通货膨胀。这种策略在第 18 章讨论过，有时也被称为汇率目标制。另外一种提高中央银行可信度的方法是第 13 章讨论的赋予中央银行脱离政治程序的更多的独立性。还有两种方法前面的章节中没有提到，就是名义 GDP 目标制，以及任命“保守派”中央银行行长。

重要提示

当面临正向需求冲击时，货币政策可信度具有在短期内稳定通货膨胀率的优势。当面临负向需求冲击时，货币政策可信度具有在短期内稳定经济活动的优势。当面临负向供给冲击时，货币政策可信度具有在短期内同时实现通货膨胀和产出的更好结果的优势。

术语和定义

为每个术语找到其对应的定义。

关键术语：	定义：
________宏观经济计量模型	1. 米尔顿·弗里德曼的追随者，他们认为货币供给变动是引起物价水平和总产出变动的首要原因，并且认为经济具有自我稳定的功能。
________规则	2. 选举前实施的扩张性政策所导致的经济周期。
________相机抉择	3. 这种政策框架对政策制定者的总体目标和策略（但并非具体行动）做出了明确规定且需事先承诺，对政策制定者提出了概念结构和内在纪律要求，但没有取消所有的灵活性。
________货币主义者	4. 具有约束力的计划，规定了政策将如何对失业和通货膨胀等特定数据做出反应（或者不做反应）。

________单一货币增长率规则	5. 对政策的承诺得到了公众的信任。
________政治经济周期	6. 货币主义者主张的政策规则，无论经济状况如何，政策制定者都保持货币供给增长率不变。
________有约束的相机抉择	7. 用来预测政策对经济活动的影响的模型，它使用一系列方程式描述许多经济变量之间的统计联系。
________可信度	8. 这一货币政策战略是指中央银行宣布以达到特定水平的名义 GDP（实际 GDP 乘以物价水平）增长率为目标。
________名义 GDP 目标制	9. 政策制定者根据当时的情况采取他们相信是正确的政策决策，以解决当时经济中存在的问题。

思考题和简答题

实践应用题

1. 假定甲国中央银行可信度非常高，而乙国中央银行可信度非常差。政策公布后，两国中央银行的可信度会如何影响总供给曲线的调整速度？该结果如何影响产出的稳定性？借助总供求图说明。
2. 假定政策制定者面临着下图所描述的情况，此时经济运行到了总产出的自然率水平之下。

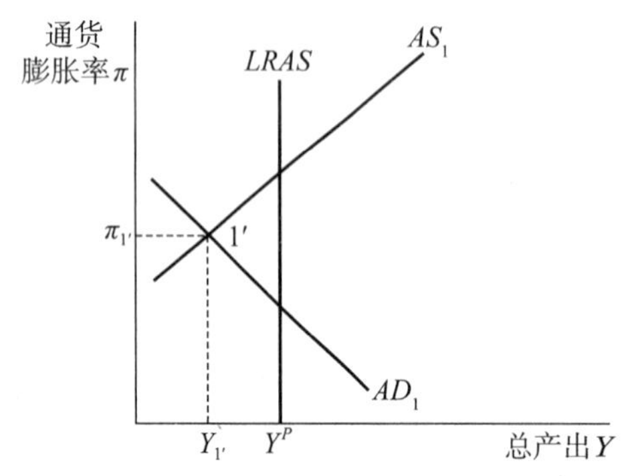

a. 如果政策制定者是非相机抉择政策的支持者，会出现什么情况？请在图中反映出非相机抉择政策的影响。

b. 假定相机抉择政策在工资和物价调整之前就可以发挥作用。如果政策制定者是相机抉择政策的支持者，会出现什么情况？请在图中反映出相机抉择政策的影响。

c. 假定相机抉择政策在工资和物价调整之后才可以发挥作用。如果政策制定者是相机抉择政策的支持者，会出现什么情况？请在图中反映出相机抉择政策的影响。

d. 在什么情况下，相机抉择政策更可行？为什么？

e. 在什么情况下，非相机抉择政策更可行？为什么？

简答题

1. 卢卡斯批判认为我们目前对经济运行方式的理解存在着什么局限性？
2. “卢卡斯批判本身对相机抉择的稳定化政策能否有用提出了质疑”这种表述正确、错误还是不确定？解释你的答案。

评判性思维

假定你的室友每天都会在图书馆里学习到很晚，在你就寝以后他才会回到寝室，并且打开灯。他为了不打搅你，会把灯关上，但在黑暗中会碰到很多东西，弄出很大的噪声，因此总是会把你吵醒。庆幸的是，你的室友做这些事情的速度非常快，通常 5 分钟左右他就可以就寝了。为了改变这种状况，你决定把灯打开，来减少噪声。但你的这个尝试失败了。不仅你的室友仍然会弄出噪声，而且他看到灯是开着的，就会使得这个噪声持续 10 分钟，而非 5 分钟。

1. 你针对寝室灯的尝试与卢卡斯批判有何联系？

2. 你针对寝室灯的尝试与政策制定者预测政策调整影响经济的能力有何联系？

自我测试

判断对错题

1. 卢卡斯批判意味着计量经济模型模拟不能用来评估各种政策对经济的影响。（　　）
2. 理性预期革命引起了对经济政策操作方式的反思。（　　）
3. 非相机抉择政策的支持者相信作用时滞长且波动性大。（　　）
4. 在历史上，货币主义者支持的是相机抉择的货币政策。（　　）
5. 相机抉择政策的支持者认为应当实施单一货币增长率规则。（　　）
6. 当被预测变量的行为发生变化时，预期形成方式不会变化。（　　）
7. 货币政策操作的规则的支持者相信规则解决了时间不一致性问题。（　　）
8. 当将名义 GDP 作为政策目标时，实际 GDP 增长率低于潜在水平或通货膨胀率低于通货膨胀目标都将鼓励更具扩张性的货币政策。（　　）

选择题

1. 无论是认为 20 世纪六七十年代的相机抉择政策会破坏稳定，还是认为如果没有这些政策，经济就会不那么稳定，大多数经济学家都同意以下哪一点？（　　）
   a. 事实证明，稳定化政策在实践中比许多经济学家预期的更加困难
   b. 事实证明，稳定化政策不会导致通货膨胀
   c. 非相机抉择政策制定者正确地认为私营经济本质上是稳定的
   d. 相机抉择政策制定者正确地认为私营经济本质上是稳定的
2. 如果政策制定者假设经济关系稳定，那么宏观经济计量模型的政策评估可能会产生误导，这一观点被称为（　　）。
   a. 货币主义革命
   b. 卢卡斯批判
   c. 公共选择理论
   d. 新凯恩斯主义理论

24

3. 卢卡斯认为，当政策改变时，预期也会随之改变，因此（　　）。
   a. 应改变宏观经济计量模型中的关系
   b. 应使政府放弃其相机抉择的立场
   c. 应迫使美联储对其审议结果保密
   d. 预测政策变化的影响更容易
4. 理性预期假设意味着，当宏观经济政策发生变化时（　　）。
   a. 经济将变得极不稳定
   b. 预期的形成方式将会改变
   c. 人们将很难理解这种变化
   d. 人们会犯系统性错误
5. 卢卡斯批判指出（　　）。
   a. 相机抉择政策的倡导者对理性预期模型的批评是有根据的
   b. 相机抉择政策的倡导者对理性预期模型的批评没有充分的根据
   c. 预期在确定相机抉择政策的结果时很重要
   d. 在确定相机抉择政策的结果时，预期并不重要
6. 卢卡斯批判是对以下哪个理论的质疑？（　　）
   a. 作为预测工具的传统的宏观经济计量模型
   b. 用来评价特定政策对经济的潜在影响的传统的宏观经济计量模型
   c. 宏观经济活动的理性预期模型
   d. 关于货币与总需求之间关系的货币数量论
7. 被认为对总需求的影响最大的利率是（　　）。
   a. 短期利率
   b. 国库券利率
   c. 90 天 CD 的利率
   d. 长期利率
8. 被认为只是暂时的短期利率的上升（　　）。
   a. 可能会对长期利率产生重大影响
   b. 对长期利率的影响将比短期利率持续上升的影响更大
   c. 对长期利率的影响可能很小
   d. 不可能影响长期利率
9. 根据卢卡斯批判，如果过去短期利率的上升一直是暂时的，那么（　　）。
   a. 使用过去数据的期限结构关系将仅显示短期利率变化对长期利率的微弱影响
   b. 使用过去数据的期限结构关系不会显示短期利率变化对长期利率的影响
   c. 人们无法预测期限结构关系，因为它取决于预期
   d. 由于预期形成方式的改变，使用过去数据的期限结构关系将显示短期利率变化对长期利率的强烈影响
10. 以下哪种政策支持如下说法：无论经济状况如何，货币供给量都以恒定速度增长？（　　）
    a. 泰勒规则
    b. 相机抉择政策
    c. 货币主义者倡导的政策规则
    d. 积极干预者倡导的政策
11. 采用政策规则的理由包括（　　）。
    a. 时间不一致性问题可能导致糟糕的经济结果
    b. 相机抉择追求过度扩张的货币政策，以在短期内促进就业，但在长期内会导致更高的通胀
    c. 政策制定者和政治家不可信任
    d. 以上选项都正确
12. 遵循政策规则的理由包括（　　）。
    a. 如果用于推导政策规则的模型不够好，那么相机抉择就可以避免穿上锁

定错误政策的紧身衣

b. 相机抉择使政策制定者能够在经济发生结构性变化时改变政策设置

c. 相机抉择政策追求过度扩张的货币政策，以在短期内促进就业，但在长期内会导致更高的通胀

d. 以上选项都正确

13. 采用相机抉择政策的理由包括（　　）。

a. 政策规则可能过于僵化，因为它们无法预见每一种意外情况

b. 时间不一致性问题可能导致糟糕的经济结果

c. 相机抉择政策追求过度扩张的货币政策，以在短期内促进就业，但在长期内会导致更高的通胀

d. 以上选项都正确

14. 结束 20 世纪 70 年代的“大通胀”时代是以下哪个选项的一个例子？（　　）

a. 通货膨胀目标制

b. 汇率目标制

c. 赋予中央银行独立性

d. 任命一位更为保守的央行行长

15. 以下哪一举措可以帮助美国政府建立反通胀政策的可信度？（　　）

a. 联邦政府展现财政责任感

b. 加强对美联储的监管

c. 积极采用财政政策

d. 以上选项都正确

16. 假设出现了正向总需求冲击，央行承诺实现通货膨胀率目标。如果承诺是可信的，那么（　　）。

a. 公众预期的通货膨胀率将保持不变

b. 短期总供给曲线不会改变

c. 随着时间的推移，通货膨胀率将回落到其目标水平

d. 以上选项都正确

17. 假设出现了正向总需求冲击，央行承诺实现通货膨胀率目标。如果承诺不可信，那么（　　）。

a. 公众预期的通货膨胀率将保持不变

b. 短期总供给曲线将上升

c. 随着时间的推移，通货膨胀率将回落到其目标水平

d. 以上选项都正确

18. 假设出现了负向总需求冲击，央行承诺实现通货膨胀率目标。如果承诺是可信的，那么（　　）。

a. 公众预期的通货膨胀率将保持不变

b. 短期总供给曲线将上升

c. 随着时间的推移，通货膨胀率将会下降

d. 以上选项都正确

19. 假设出现了负向总需求冲击，央行承诺实现通货膨胀率目标。如果承诺不可信，那么（　　）。

a. 公众预期的通货膨胀率将保持不变

b. 短期总供给曲线将上升

c. 将导致经济收缩

d. b 和 c 都正确

20. 假设出现了负向总供给冲击，央行承诺实现通货膨胀率目标，（　　）。

a. 如果承诺是可信的，公众的预期通货膨胀率将保持不变

b. 可信的政策能在短期内使通货膨胀和产出出现比不可信的政策下更好的结果

c. 不可信的政策会导致更严重的经济收缩

d. 以上选项都正确

第 25 章 货币政策传导机制

本章回顾

预　习

在本章，我们将考察货币政策传导机制，评估有关这些机制的实证证据，以更好地理解货币政策在经济中所扮演的角色。我们会发现货币政策传导机制强调了金融体系和货币理论之间的联系。

货币政策传导机制

货币政策影响总需求和经济的各种方式，可以被称为货币政策传导机制。我们最先考察的是利率渠道，因为它是总供求模型（第 20、21 和 22 章构建的，第 23、24 章应用于货币政策）中最为关键的传导机制。

$$r\downarrow \Rightarrow I\uparrow \Rightarrow Y^{ad}\uparrow$$

这个示意图说明扩张性货币政策导致了实际利率水平的下降（$r\downarrow$），进而降低了借款的实际成本，引起投资支出增加（$I\uparrow$），最终导致总需求上升（$Y^{ad}\uparrow$）。

其他传导机制分为两个基本类型：一类是通过利率以外的其他资产价格起作用，另一类则是通过信贷市场的信息不对称效应来发挥作用（即信贷渠道观点）。

货币政策启示

本章的分析对于货币政策的合理操作可以得出哪些有用的启示？从中可以汲取四个基本启示：

1. 始终把货币政策的松紧同短期名义利率的下降与上升联系在一起是危险的。

2. 除了短期债务工具的价格以外，其他资产价格中也包含着货币政策立场的重要信息，因为它们是各种货币政策传导机制的重要因素。

3. 即使短期利率已经接近零，货币政策对于复苏疲软的经济也能起作用。

4. 避免物价水平的意外波动是货币政策的重要目标，这就为物价稳定成为货币政策的首要长期目标提供了理论基础。

重要提示

除了传统的利率传导渠道外，其他两类基本的货币政策传导机制具体分为：(1) 其他资产价格渠道。具体包括汇率对净出口的影响、托宾的 q 理论和财富效应。(2) 信贷渠道观点。具体包括银行信贷渠道、资产负债表渠道、现金流渠道、意料之外的物价水平渠道和家庭流动性效应。

术语和定义

为每个术语找到其对应的定义。

关键术语：	**定义：**
________货币政策传导机制	1. 通过信贷市场的信息不对称效应来发挥作用的货币政策传导机制。
________耐用消费品支出	2. 消费者对于汽车和家用电器等耐用品的支出。
________信贷渠道观点	3. 货币供给影响经济活动的各种渠道。

思考题和简答题

实践应用题

1. 货币政策传导机制中传统的利率渠道可以表示如下：

$$M\uparrow \rightarrow r\downarrow \rightarrow I\uparrow \rightarrow Y^{ad}\uparrow$$

将下列 a～h 的传导机制的名称与①～⑧的示意图一一对应起来。

a. 托宾的 q 理论

b. 家庭流动性效应

c. 现金流渠道

d. 意料之外的物价水平渠道

e. 汇率对净出口的影响

f. 资产负债表渠道

g. 银行信贷渠道

h. 财富效应

①$M\uparrow\rightarrow r\downarrow\rightarrow E\downarrow\rightarrow NX\uparrow\rightarrow Y^{ad}\uparrow$

②$M\uparrow\rightarrow r\downarrow\rightarrow P_S\uparrow\rightarrow q\uparrow\rightarrow I\uparrow\rightarrow Y^{ad}\uparrow$

③$M\uparrow\rightarrow r\downarrow\rightarrow P_S\uparrow\rightarrow$财富$\uparrow\rightarrow$消费$\uparrow\rightarrow Y^{ad}\uparrow$

④$M\uparrow\rightarrow$银行准备金$\uparrow\rightarrow$银行存款$\uparrow\rightarrow$银行贷款$\uparrow\rightarrow I\uparrow\rightarrow Y^{ad}\uparrow$

⑤$M\uparrow\rightarrow r\downarrow\rightarrow P_S\uparrow\rightarrow$企业净值$\uparrow\rightarrow$逆向选择$\downarrow$，道德风险$\downarrow\rightarrow$贷款$\uparrow\rightarrow I\uparrow\rightarrow Y^{ad}\uparrow$

⑥$M\uparrow\rightarrow i\downarrow\rightarrow$企业的现金流$\uparrow\rightarrow$逆向选择$\downarrow$，道德风险$\downarrow\rightarrow$贷款$\uparrow\rightarrow I\uparrow\rightarrow Y^{ad}\uparrow$

⑦$M\uparrow\rightarrow r\downarrow\rightarrow \pi\uparrow\rightarrow$意料之外的$P\uparrow\rightarrow$企

业的实际净值↑→逆向选择↓，道德风险↓→贷款↑→I↑→Y^{ad}↑

⑧M↑→r↓→P_S↑→家庭金融资产的价值↑→遭遇财务困境的可能性↓→对耐用消费品和住宅的支出↑→Y^{ad}↑

2. a. 列举本章得出的货币政策的 4 个基本启示。

   b. 解释如果日本近年来重视这 4 个启示，会如何改善货币政策实施的成效。

简答题

1. 解释在通货紧缩时期，即使名义利率已经接近零下限，如何做仍可以刺激经济。
2. 弗里德曼和施瓦茨在区分实际利率和名义利率的基础上，提出了什么论断来说明货币政策在大萧条时期是紧缩的？
3. 为什么银行信贷渠道在美国的重要性不如之前了？
4. 货币政策的哪种传导机制可以说明名义利率对投资支出和总产出而言十分重要？为什么？
5. 美联储从 2007 年末开始就实施了非常积极的宽松政策，为什么经济增长在 2008 年依然十分缓慢？

评判性思维

1. 假定经过仔细研究，货币政策传导机制是从货币到总产出。某国步入了经济衰退，此时名义利率接近零，出现了通货紧缩。你会建议采取什么政策来帮助经济走出衰退？

2. 假定实施了你在第 1 题中所建议的政策后，与美国在 2007 年夏天的情况相似，该国爆发了金融危机。向中央银行行长解释为什么你所建议的帮助经济走出衰退的政策会导致经济缓慢地复苏。

自我测试

判断对错题

1. 物价稳定是货币政策的首要长期目标。（　　）
2. 早期的凯恩斯主义者认为货币政策是无效的。（　　）
3. 在通货紧缩期间，实际利率低于名义利率。（　　）
4. 根据利率渠道，扩张性货币政策会导致实际利率下跌，进而刺激投资支出，引起总产出水平上升。（　　）
5. 消费是对包括耐用消费品在内的所有产品和服务的支出。（　　）
6. 房地产价格上升意味着相对于重置成本而言，房地产的市场价值上升，会导致托宾的房产 q 值上升，以及房地产建设的扩张。（　　）
7. 自 20 世纪 80 年代以来，美国的银行信贷渠道的重要性得以增强。（　　）
8. 扩张性货币政策降低利率后，高风险的

借款人在贷款需求中的占比就会上升。（　　）

9. 在 20 世纪 90 年代末和 21 世纪初，日本的名义利率接近零，但实际上货币政策是紧缩的。（　　）

10. 在通货紧缩期间，短期利率接近零，货币政策在经济中是无效的。（　　）

选择题

1. 经济理论表明，在解释投资行为时，（　　）利率比（　　）利率更重要。
   a. 名义；实际
   b. 票面；实际
   c. 实际；名义
   d. 票面；年
2. 根据传统的利率渠道，扩张性货币政策降低了实际利率，从而提高了什么支出？（　　）
   a. 企业固定资产投资
   b. 非耐用消费品支出
   c. 政府支出
   d. 净出口
3. 通过实际利率和投资支出将货币政策与 GDP 联系起来的货币政策传导机制称为什么？（　　）
   a. 传统的利率渠道
   b. 托宾的 q 理论
   c. 财富效应
   d. 现金流渠道
4. 如果总体价格水平随时间推移而缓慢调整，那么扩张性货币政策会使下列哪项降低？（　　）
   a. 只有短期名义利率
   b. 只有短期实际利率
   c. 短期名义利率和短期实际利率
   d. 短期名义利率、短期实际利率和长期实际利率
5. 如果货币政策能够影响（　　）价格和（　　）市场状况，那么它可以通过传统利率渠道以外的其他渠道影响消费。
   a. 资产；劳动
   b. 资产；信贷
   c. 商品；劳动
   d. 商品；信贷
6. 扩张性货币政策降低了实际利率，导致国内货币（　　），从而导致净出口（　　）。
   a. 升值；提高
   b. 升值；降低
   c. 贬值；提高
   d. 贬值；降低
7. 扩张性货币政策通过（　　），提高了企业的现金流。
   a. 降低实际利率
   b. 降低名义利率
   c. 提高实际利率
   d. 提高名义利率
8. 紧缩性货币政策提高了实际利率，导致本币（　　），从而导致净出口（　　）。
   a. 升值；提高
   b. 升值；降低
   c. 贬值；提高
   d. 贬值；降低
9. 紧缩性货币政策通过（　　）和（　　）减少净出口。
   a. 降低名义利率；降低美元价值
   b. 降低实际利率；降低美元价值
   c. 降低名义利率；提高美元价值
   d. 提高实际利率；提高美元价值
10. 托宾的 q 值的定义是公司的市场价值（　　）资本重置成本。

25

a. 乘以
b. 减去
c. 加上
d. 除以

11. 托宾的 q 理论表明，货币政策可能会通过影响（　　）来影响投资支出。
a. 股票价格
b. 利率
c. 债券价格
d. 现金流

12. 20 世纪 90 年代末，股市泡沫使托宾的 q 值（　　），并导致商业设备（　　）。
a. 增大；投资不足
b. 增大；过度投资
c. 减小；投资不足
d. 减小；过度投资

13. 在大萧条时期，托宾的 q 值如何变化？（　　）
a. 同实际利率一样大幅上升
b. 下降到前所未有的低水平
c. 与大多数其他经济指标相比，该指标相当稳定
d. 尽管胡佛试图支撑它，但它只稍微上升了一点

14. 根据托宾的 q 理论，（　　）政策可以通过影响普通股的价格来影响（　　）支出。
a. 财政；消费
b. 货币；消费
c. 财政；投资
d. 货币；投资

15. 根据托宾的 q 理论，当 q（　　）时，企业不会购买新的投资品，因为企业的市场价值相对于资本成本而言（　　）。
a. 低；较低
b. 低；较高
c. 高；较低
d. 高；较高

16. 根据托宾的 q 理论，当 q（　　）时，新的厂房和设备资本相对于企业的市场价值而言是（　　）的，因此企业只需发行（　　）股票就可以购买大量新的投资品。
a. 高；昂贵；大量
b. 高；便宜；大量
c. 高；便宜；少量
d. 低；便宜；少量

17. 根据托宾的 q 理论，当股票价格较低时，现有资本的市场价格相对于新资本而言（　　），因此固定投资支出（　　）。
a. 便宜；较低
b. 昂贵；较低
c. 便宜；较高
d. 昂贵；较高

18. 根据托宾的 q 理论，当股票价格较高时，现有资本的市场价格相对于新资本而言（　　），因此固定投资支出（　　）。
a. 便宜；较低
b. 昂贵；较低
c. 便宜；较高
d. 昂贵；较高

19. 佛朗哥·莫迪利亚尼发现扩张性货币政策可以导致股市价格（　　），消费（　　）。
a. 提高；增加
b. 提高；减少
c. 降低；减少
d. 降低；增加

20. 自从《Q 条例》被废除以来，人们对下列哪种通道的影响大小提出了质疑？（　　）
a. 资产负债表
b. 银行信贷
c. 现金流
d. 意料之外的物价水平

25

参考答案

第 1 章　为什么学习货币、银行和金融市场?

术语和定义

8　总产出
15　物价总水平
2　债券
10　预算赤字
3　经济周期
9　联邦储备体系（美联储）
6　金融中介机构
14　金融市场
1　外汇市场
18　汇率
11　通货膨胀
13　通货膨胀率
17　利率
5　货币政策
16　货币（货币供给）
4　证券
12　股票
7　失业率

实践应用题

1. a. 外汇市场。因为在这里，美元可以被兑换成欧元。
   b. 债券市场。因为在这里，公司通过卖出被称为债券的债务证券，可以借入大量资金来建设工厂。
   c. 股票市场。因为在这里，公司可以卖出被称为普通股的公司股份。
2. a. 联邦储备体系。
   b. 货币供给会加速，因为货币供给增速和通货膨胀率之间是正相关的。
   c. 降低货币供给增长率。因为货币供给增速放缓，会导致通货膨胀率下降。
   d. 在通常情况下，货币供给增速放缓会导致总产出下降（经济衰退），失业率相应会上升。但情况并非总是如此。

简答题

1. 福特汽车公司更希望美元疲软（同等美元能够兑换的外币减少，或者同等外币可以兑换到更多的美元）。这样，对外国人而言，福特汽车就变得更便宜，从而增加福特汽车的销量。
2. 你更希望美元坚挺（同等美元可以兑换到更多外币）。这样，用美元衡量的旅欧费用就会减少。

3. 债券市场。
4. 1985年前后。因为此时美元价值达到其顶峰。这样，用外国货币来衡量的美国商品就变得十分昂贵。
5. 金融中介机构是从一方借入资金并向其他人贷放资金的机构。银行吸收存款（从储户那里借钱），并将这些资金贷放给客户。保险公司收取保费（从投保人那里借款），并将这些资金贷放给贷款客户（通常是公司）。因此保险公司属于金融中介机构。
6. 储蓄与贷款协会，互助储蓄银行，信用社。
7. 货币增速会放缓，总产出会下降。失业率可能会上升，通货膨胀率会下降，长期债券利率会下降。
8. 货币和利率。联邦储备体系（美联储）。

评判性思维

1. 否。事实上，从20世纪初开始，每次经济衰退（即产出下滑）出现前，都伴随着货币供给增长率的下降。但有时货币供给增长率下降后，并不一定出现经济衰退，使得经济衰退很难预料。
2. 是的。当产出下降时，失业率通常会上升，从而会加大就业的难度。
3. 未来通货膨胀率会下降，因为通货膨胀率和货币供给增速之间具有正相关关系。

判断对错题

1. F　2. T　3. F　4. T　5. T
6. T　7. F　8. F　9. T　10. F

选择题

1. b　2. a　3. a　4. d　5. b
6. b　7. a　8. c　9. d　10. d
11. b　12. c　13. c　14. d　15. d

第2章　金融体系概览

术语和定义

7　逆向选择
4　信息不对称
9　资本市场
8　多样化
3　规模经济
13　股权
5　欧洲美元
12　交易所
18　联邦基金利率
10　金融媒介
16　投资银行
1　货币市场
11　道德风险
2　场外市场
15　一级市场
17　二级市场
14　交易成本
6　承销

实践应用题

1. a. 间接融资。
   b. 直接融资。
   c. 间接融资。
   d. 间接融资。
   e. 直接融资。
   f. 直接融资。
   g. 直接融资。
   h. 间接融资。
2. a. 债务市场，二级市场，场外市场（所有债券都是在场外市场上出售的），货币

市场。

b. 权益市场，二级市场，场外市场（微软公司的股票是在纳斯达克市场上交易的，这个市场属于场外市场），资本市场。

c. 权益市场，一级市场，没有涉及交易所或者场外市场，资本市场。

d. 债务市场，二级市场，场外市场，资本市场。

e. 权益市场，二级市场，交易所（福特汽车公司的股票是在纽约证券交易所交易的），资本市场。

3.

	主要负债（资金来源）	主要资产（资金运用）
商业银行	e	i
储蓄与贷款协会	e	f
信用社	e	k
人寿保险公司	c	g
养老基金、政府退休基金	b	j
财务公司	a	l
共同基金	d	h

4. a. 由于资金提供者对金融中介机构的稳健性产生怀疑，因而将资金从稳健和不稳健的机构中抽回，从而大量金融中介机构会倒闭。

b. ①准入限制：政府只对信誉良好且投入大量初始资金的公民提供执照。

②公开披露：金融中介机构要受到十分严格的报告制度的约束。

③资产和业务限制：限制金融中介机构所持有的资金的风险程度。

④存款保险：当存款机构倒闭时，人们所遭受的财务损失会减少。

⑤对竞争的限制：因为相信竞争会加剧银行破产，政府会通过限制开设分支机构来抑制竞争。

⑥利率管制：《Q条例》设定银行存款的利率上限，从而限制竞争的能力。

c. 银行再次可以从事证券业务（投资银行活动）。对分支机构的限制被消除。《Q条例》被废除，银行现在可以决定自己所支付的利率。

简答题

1. 在直接融资中，借款人通过将证券卖给贷款人，直接从贷款人那里取得资金。在间接融资中，金融中介机构居于贷款人和借款人之间，帮助实现资金在二者之间的转移。
2. 债务证券代表借贷关系，权益证券代表所有权。一级市场是新发行证券出售的场所，二级市场是证券再次出售的场所。交易所是一个集中的场所；场外市场是分散的，通过计算机联系在一起。货币市场是交易短期债务工具的市场，资本市场是交易长期债务工具与权益工具的市场。
3. 美国国库券，它的交易最为活跃，并且几乎没有违约风险。公司股票。公司债券。
4. 股权持有者是剩余索取者，因而当企业破产时，只有在所有债权人都得到偿付后，股权持有者才可以得到资金。短期债券的价格波动性小于长期债券，因此，短期债券的风险较低。
5. 外国债券是在国外销售，并以发行所在国货币计价的债券。欧洲债券是以发行国之外的货币来计价的债券。欧洲债券和欧元没有联系。因此，欧洲债券不是以欧元来计价的。
6. 道德风险。道德风险是指借款人从事的

活动在贷款人看来是不道德的。在这种情况下，借款人资金运用的风险要大于合同的约定情况。

7. 由于规模经济的存在，它们可以降低交易成本。它们可以实现风险分担。通过甄别和监督借款人，它们可以解决信息不对称所引起的问题。

8. 商业银行，储蓄与贷款协会，互助储蓄银行，信用社。存款是主要的负债。商业银行的资产规模最大。

9. 货币市场共同基金。货币市场共同基金可以利用所得到的资金购买安全性和流动性都较好的工具，份额持有人可以根据其所持有的份额的价值来签发支票。

10. 商业银行、互助储蓄银行、储蓄与贷款协会。联邦存款保险公司为银行的每位储户提供最高25万美元的保险，审查参保银行的账簿，限制银行所能持有的资产。

评判性思维

1. 交易成本高得不可思议，因为聘请律师起草只能使用一次的贷款合同的费用是非常高昂的。你把所有的钱都借给同一个人，无异于把所有的鸡蛋都放在一个篮子里，风险是非常高的。最后，你可能无法避免信息不对称问题。风险最高的借款人是最希望获得贷款的，即存在逆向选择问题。借款人可能不会用借来的钱买车，而是用来赌博，也就是会出现道德风险问题。

2. 银行发放很多类似的贷款，因此它请律师起草的贷款合同可以反复使用，但只需支付一次费用。银行会发放很多贷款，这些贷款收益率变动的方向不会总是一致的，从而可以减少贷款集中的风险。银行知道如何甄别和监督贷款客户，从而可以减少逆向选择和道德风险问题。

判断对错题

1. T　2. F　3. F　4. T　5. F
6. F　7. F　8. T　9. T　10. F
11. T　12. F　13. F　14. T　15. T

选择题

1. b　2. a　3. c　4. d　5. d
6. c　7. a　8. b　9. d　10. d
11. c　12. b　13. d　14. d　15. d
16. c　17. b　18. c　19. d　20. a

第3章　货币是什么？

术语和定义

3　商品货币
6　通货
4　不兑现纸币
7　流动性
10　交易媒介
8　货币总量
1　支付体系
9　价值储藏
2　记账单位
5　财富

实践应用题

1. a. 交易媒介。
   b. 价值储藏。

c. 记账单位。

d. 记账单位。

e. 交易媒介。

f. 价值储藏。

g. 记账单位。

h. 交易媒介。

2. a. 苹果/橘子，苹果/梨，苹果/香蕉，橘子/梨，橘子/香蕉，梨/香蕉。

$$\frac{n(n-1)}{2}=\frac{4\times3}{2}=\frac{12}{2}=6$$

b. 美元/苹果，美元/橘子，美元/梨，美元/香蕉。4 种。

c. 货币体系需要的价格较少，因而交易成本得以节约。随着经济的扩张，两种经济体系的交易成本差距会更大，原因是随着商品数量的增加，物物交换经济中所需要的价格数目会成倍扩张。

3. a. 不兑现纸币。

b. 商品货币。

c. 电子支付。

d. 商品货币。

e. 支票。

f. 电子货币。

g. 不兑现纸币。

h. 电子货币（储值卡）。

4. a. M1，M2。

b. 无。

c. 无。

d. M1，M2。

e. M2。

f. 无。

g. M1，M2。

h. 无。

i. M2。

j. M2。

简答题

1. 收入是在一个时间单位内的收益流量，财富是用于价值储藏的各项财产的总和。货币是在产品和服务支付以及债务偿还中被普遍接受的东西。收入很高或者财富很多的人不一定拥有很多货币。高收入者可能会将收入都支配出去，富人则可能将其财富以货币以外的形式存放。
2. 在没有货币的经济体系中，一种产品或服务可以直接交换成其他产品或服务。交易成本是在产品和服务交易中所耗费的时间。物物交换经济要求“需求的双重巧合”，并且需要大量的价格来确定商品的相对价值。
3. 它必须是标准化的、被广泛接受的，易于分割和运输，并且不会很快腐化变质。
4. 货币可以充当交易媒介，因而具有充分的流动性。其他资产要兑换成交易媒介，需要涉及交易成本。
5. 好处：支票可以提升效率，因为一些支付可以相互抵销；支票可以签发较大金额；支票失窃的损失很小；支票可以提供购买收据。缺点：支票从一个地方传递到另一个地方需要时日，因此在将支票存入银行后并不能立刻使用这笔资金；支票的处理成本也很高。
6. 通货、旅行支票、活期存款和其他支票存款。M1 中的所有资产都是交易媒介（具有充分流动性）。
7. M2。因为 M2 包括 M1 加上其他一些流动性稍逊的资产。
8. 是的。原因是，虽然货币总量的运动趋势通常是一致的，但有时它们的增长率的差距是很大的。

评判性思维

1. 不兑现纸币。这是政府强制作为法定偿还工具的货币，但不能兑换成贵金属。

2. 它的重量更轻，因而便于运输。然而，只有当人们相信政府当局不会印发太多不兑现纸币时，它才能被广泛接受。纸币很难被伪造。

3. 商品货币，即贵金属或其他有价值的商品。不会。现代货币是不兑现纸币，不能兑换成贵金属。

4. 是的。人们可以借由电子方式用其账户余额来支付账单。循环票据可以实现自动支付。电子货币是以借记卡、储值卡、智能卡和电子现金等形式存在的。

判断对错题

1. T	2. F	3. T	4. T	5. T
6. T	7. F	8. F	9. F	10. T
11. F	12. T	13. F		

选择题

1. c	2. b	3. b	4. c	5. d
6. a	7. d	8. a	9. d	10. a
11. b	12. d	13. c	14. d	15. a
16. c	17. b	18. c	19. a	20. d

第 4 章　利率含义

术语和定义

7　息票债券
12　息票利率
2　当期收益率
6　贴现债券（零息债券）
1　面值
9　利率风险
10　名义利率
4　现期贴现值
8　实际利率
3　回报（回报率）
11　普通贷款
5　到期收益率

实践应用题

1. a. $\$1\ 000/1.04=\$961.54$。
   b. $\$1\ 000/1.08=\$925.93$。
   c. $\$1\ 000/(1.04)^2=\$924.56$。
   d. 现值减小。原因是，利率越高，意味着今天的价值将在未来变成更大的价值，因此，要得到今天的价值，未来的价值将以更高的倍数贴现。

   e. 现值减小。原因是，在更远的将来，今天的价值会变得更大。因此，要得到今天的价值，未来的价值将以更高的倍数贴现。

2. a. $\$1\ 018.52=\$1\ 100/(1+i)$，从中解出 i，即 $i=(\$1\ 100-\$1\ 018.52)/\$1\ 018.52=0.08=8\%$。到期收益率低于息票利率。如果价格高于面值，那么到期收益率必然低于息票利率。
   b. $\$965=\$100/(1+i)+\$100/(1+i)^2+\$1\ 000/(1+i)^2$，解出 i。到期收益率会高于息票利率。如果价格低于面值，那么到期收益率必然高于息票利率。
   c. $P=\$100/1.07+\$1\ 100/(1.07)^2=\$93.46+\$960.78=\$1\ 054.24$。
   d. $P=\$100/1.08+\$1\ 100/(1.08)^2=\$92.59+\$943.07=\$1\ 035.66$。
   e. 债券价格下跌。债券价格和利率是负相关的。
   f. 如果 $i=7\%$，则 $P=\$1\ 100/1.07=\$1\ 028.04$。如果 $i=8\%$，则 $P=\$1\ 100/$

1.08＝＄1 018.52。在 2 年的情况下，价格变动为＄1 054.24－＄1 035.66＝＄18.58。在 1 年的情况下，价格变动为＄1 028.04－＄1 018.52＝＄9.52。期限越长，同等幅度的利率变动所引起的债券价格变动越大。

3. a. 回报率＝(＄70＋＄950－＄1 000)/＄1 000＝＄20/＄1 000＝2%。
   b. 资本损失为 50 美元。
   c. 会。如果利率上升引起的资本损失大于息票利息的收入，那么回报率就是负的。
   d. 不会。虽然息票利息是确定的，但债券价格是波动的。
   e. 利率风险。
4. a. 15%－13%＝2%。
   b. 12%－9%＝3%。
   c. 10%－9%＝1%。
   d. 5%－1%＝4%。
   e. d。因为它的实际利率最高。
   f. c。因为它的实际利率最低。

简答题

1. ＄500×1.06＝＄530。
   ＄40/＄500＝0.08＝8%。
2. 完全分期等额偿还贷款。两种债券都要求借款人在到期之前向贷款人进行定期支付。固定支付贷款的定期支付是相同的，每次都是本金和贷款的一部分。息票债券每次支付的只是利息，到期的最后一次支付是本金。
3. 年息票利息/面值。不发生变动，因为息票利息和面值是固定的。由于固定的息票利息和本金需要使用较大的利率贴现为现值，因此，价格会低于面值。此外，要使息票利息和面值固定的债券有较高的到期收益率，需要使其以较低的价格出售（贴现）。
4. 没有到期日的息票债券。P＝＄70/0.07＝＄1 000。P＝＄70/0.14＝＄500。
5. $i=C/P$＝＄70/＄700＝0.10＝10%。$i=C/P$＝＄70/＄700＝0.10＝10%。它们是相同的。
6. 对于期限非常长的债券而言，当期收益率可以很好地预测到期收益率（对于没有到期期限的永续债券而言，当期收益率是到期收益率的极好的预测指标）。这是因为长期债券和永续债券都是要将许多期息票利息贴现为现值，结果是近似的，而长期债券支付的本金贴现为现值所用的分母非常大。
7. 4%。4%。
8. 1 年期国库券。当利率上升时，现有金融工具的价格会下跌。但长期金融工具价格下跌的幅度更大，因而所承受的资本损失也更严重。
9. 通常情况下不相同。如果持有期间利率发生了变动，那么债券价格和利率变动的方向是相反的，除了当期收益率外，债券投资还会产生资本利得或资本损失。
10. 不是。长期美国国债有利率风险，利率变动可能会导致回报率下降。

评判性思维

1. 不应该。如果利率为正，奖券的现值会低于 3 万美元。
2. ＄10 000＋＄10 000/1.05＋＄10 000/$(1.05)^2$＝＄28 594.10。
3. ＄10 000＋＄10 000/1.08＋＄10 000/$(1.08)^2$＝＄27 832.65。
4. 5%。较低的利率会导致现值的增长速度放缓，因此，未来的金额要贴现回现值，要求较小的贴现因子。

判断对错题

1. F　2. F　3. T　4. T　5. T
6. F　7. T　8. F　9. F　10. F
11. T　12. T　13. F　14. F　15. T

选择题

1. b　2. a　3. d　4. b　5. c
6. d　7. c　8. b　9. c　10. a
11. a　12. e　13. d　14. d　15. b
16. c　17. c　18. e　19. a　20. b

第 5 章　利率行为

术语和定义

4　资产市场方法
5　预期回报率
2　费雪效应
7　流动性
3　流动性偏好分析框架
1　机会成本
8　风险
9　投资组合理论
6　财富

实践应用题

1. a. 增加，因为你的财富增加了。
   b. 减少，因为债券的相对流动性减弱了。
   c. 增加，因为债券的相对风险水平降低了。
   d. 增加，因为债券的相对预期回报率上升了。
   e. 减少，因为你的财富减少了。
   f. 增加，因为债券的流动性增加了。
   g. 减少，因为债券的流动性降低了。

2. a.

价格	需求量	供给量	对应的利率
\$975	100	300	$\frac{\$1\,000-\$975}{\$975}=2.6\%$
\$950	150	250	$\frac{\$1\,000-\$950}{\$950}=5.3\%$
\$925	200	200	$\frac{\$1\,000-\$925}{\$925}=8.1\%$
\$900	250	150	$\frac{\$1\,000-\$900}{\$900}=11.1\%$

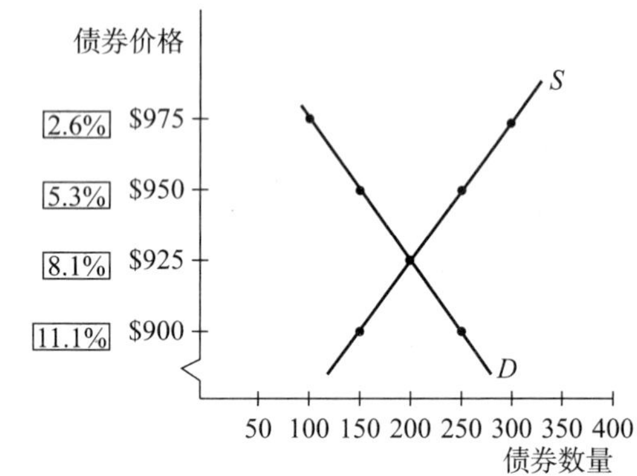

b. 925 美元，8.1%，2 000 亿美元。

c. 在 950 美元的价格水平（或 5.3%的利率水平）上，债券的需求量是1 500亿美元，而供给量是 2 500 亿美元。债券的超额供给意味着，理想的借款水平超过了理想的贷款水平，导致债券价格下跌至 925 美元，利率相应上升至 8.1%。

d. 950 美元，5.3%，2 500 亿美元。

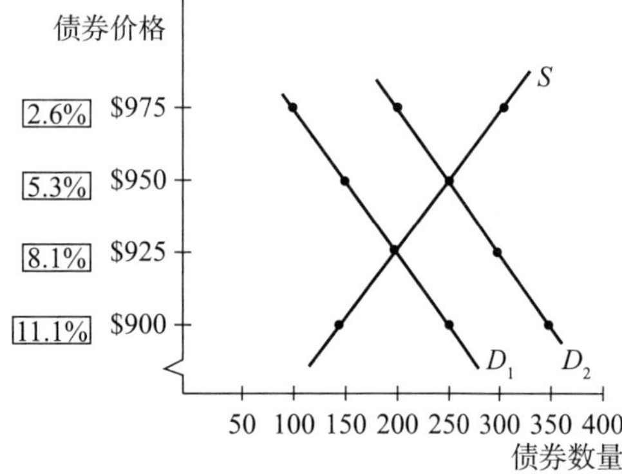

3. a. 债券需求曲线向右位移，债券价格上升，利率下跌。
   b. 债券需求曲线向右位移，债券价格上升，利率下跌。
   c. 债券需求曲线向左位移，债券价格下跌，利率上升。
   d. 由于预期会出现资本损失，债券的预期回报率下跌推动债券需求曲线向左位移，债券价格下降，利率上升。
   e. 对应每一债券价格水平，债券的实际利率下降，导致债券需求曲线向左位移，债券供给曲线向右位移，债券价格下跌，利率上升。
   f. 债券需求曲线向右位移，债券价格上升，利率下跌。
   g. 债券供给曲线向右位移，债券价格下降，利率上升。
   h. 这导致预计可盈利的投资机会增加和财富扩张，推动债券供给曲线和需求曲线都向右位移，因此，债券价格和利率变动的方向是不确定的（但债券供给曲线通常向右位移的幅度较大，因此，债券价格下跌，而利率上升）。
4. a. 货币需求曲线向右位移，利率上升。
   b. 货币需求曲线向右位移，利率上升。
   c. 货币供给曲线向右位移，利率下跌。
5. a. 流动性效应导致利率下跌。收入效应、价格水平效应和预期通货膨胀效应导致利率上升。
   b.

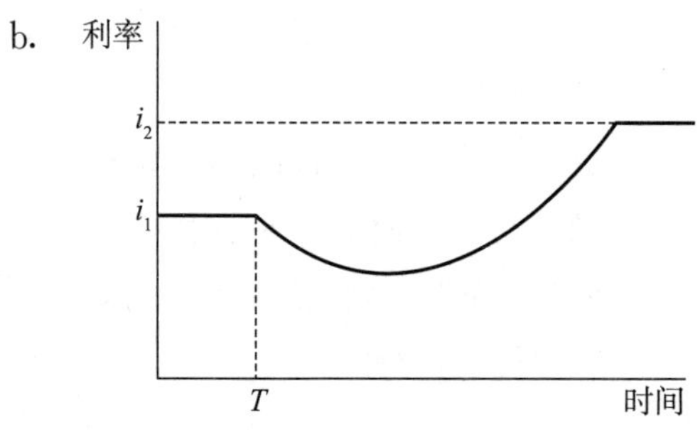

   c. 提高货币供给增长率。因为流动性效应是立刻发挥作用的，导致利率下跌。降低货币供给增长率。因为收入效应、价格水平效应和预期通货膨胀效应更强意味着利率在长期内会下跌。

简答题

1. 财富水平，相对于其他替代性资产的预期回报率，相对于其他替代性资产的回报的风险水平，相对于其他替代性资产的流动性程度。
2. （＄1 000－＄963）/＄963＝3.8％。
3. 债券价格低于均衡水平。债券出现超额需求意味着理想的贷款量超过了理想的借款量，利率下跌，债券价格上升。
4. 未来利率下跌，意味着未来的债券价格会上升，今天购入的债券的预期回报率会上升，从而推动债券今天的需求曲线向右位移。因此，债券价格上升、利率下跌。
5. 预计可盈利的投资机会增加，预期通货膨胀率上升，政府预算赤字扩张。
6. 对于债券的每一价格水平，其实际利率上升，推动债券需求曲线向右位移、债券供给曲线向左位移，债券价格随之上升，利率相应下跌。
7. 费雪效应。
8. 利率。因为如果假定货币没有利息，那么利率就是因持有货币而放弃的东西。
9. 利率下跌。流动性效应。
10. 流动性效应意味着利率下跌，但收入效应、价格水平效应和预期通货膨胀效应都意味着利率上升。
11. 债券供给增加，债券供给曲线向右平移。新的均衡债券价格更低，因此利率将上升。
12. 相对于其他资产，债券的预期回报率会

下降，导致债券需求下降。债券需求曲线的左移导致债券的均衡价格下降。

评判性思维

1. 不一定。如果人们调整其通货膨胀预期的速度较为缓慢，那么利率在近期会首先下跌（流动性效应）。但在长期，利率会上升，并超过初始水平（收入效应、价格水平效应、预期通货膨胀效应）。如果人们能够非常迅速地调整其通货膨胀预期，那么即使在近期，预期通货膨胀效应也会超过流动性效应，无论在长期还是短期，利率都会上升。
2. 实证证据表明，货币供给增速的变动在短期内所引起的流动性效应较小，在长期内收入效应、价格水平效应和预期通货膨胀效应会超过流动性效应。因此，如果将所有效应都考虑进去，货币供给增速降低会导致利率下跌。

判断对错题

1. T	2. F	3. T	4. F	5. F
6. T	7. F	8. T	9. T	10. F
11. F	12. F	13. T	14. T	15. T

选择题

1. c	2. b	3. c	4. a	5. d
6. d	7. b	8. a	9. b	10. c
11. b	12. d	13. c	14. d	15. d
16. b	17. d	18. c	19. b	20. c
21. a	22. b	23. b	24. a	25. b

第 6 章　利率风险结构和期限结构

术语和定义

7　信用评级机构
9　违约
2　无违约风险债券
3　预期理论
11　翻转的收益率曲线
8　流动性溢价理论
4　风险溢价
6　利率风险结构
1　分割市场理论
10　利率期限结构
5　收益率曲线

实践应用题

1. a. 资金会从国债转向公司债券，因而公司债券的需求增加，无违约风险债券的需求减少（见右图）。
   b. 价格上升，利率下跌。

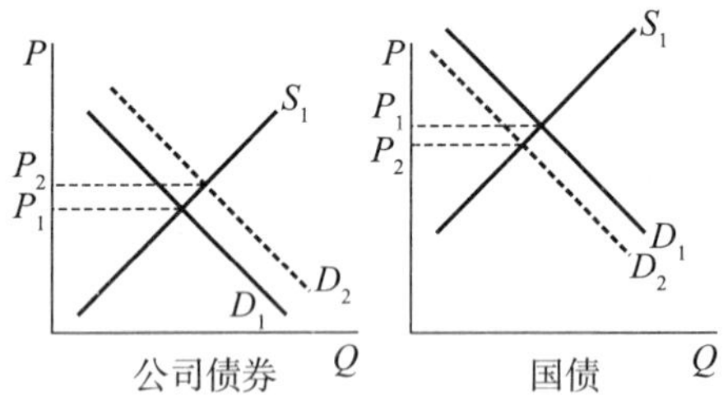

   c. 价格下跌，利率上升。
   d. 由于公司债券的违约风险下降，因而风险溢价减少。
2. a. 公司债券的需求曲线向左位移，美国国债的需求曲线向右位移。公司债券的利率上升，国债的利率下跌，因而风险溢价或利差扩大。
   b. 公司债券的需求曲线向右位移，美国国债的需求曲线向左位移。公司债券的利率下跌，国债的利率上升，因而风险溢价或利差缩小。

c. 市政债券的税收优势减小，因此市政债券的需求曲线向左位移，国债的需求曲线向右位移。市政债券的利率上升，国债的利率下跌。如果市政债券支付的利率低于国债，那么市政债券的利率就会上升，并趋向国债，甚至可能超过国债，导致利差扩大。

d. BBB级公司债券的需求曲线向左位移，AAA级公司债券的需求曲线向右位移。由此导致BBB级公司债券的利率上升，AAA级公司债券的利率下跌，BBB级和AAA级债券之间的利差扩大。

3. a. 你税后可以得到10％的70％，即7％。

b. 利息是免税的，因此，你可以得到全部的8％。

c. 市政债券。

d. 在风险、流动性和到期期限相同的条件下，市政债券所支付的利率低于公司债券与国债。

4. a. 1年期为4％，2年期为（4％＋5％）/2＝4.5％，3年期为（4％＋5％＋6％）/3＝5％，4年期为（4％＋5％＋6％＋7％）/4＝5.5％。

b.

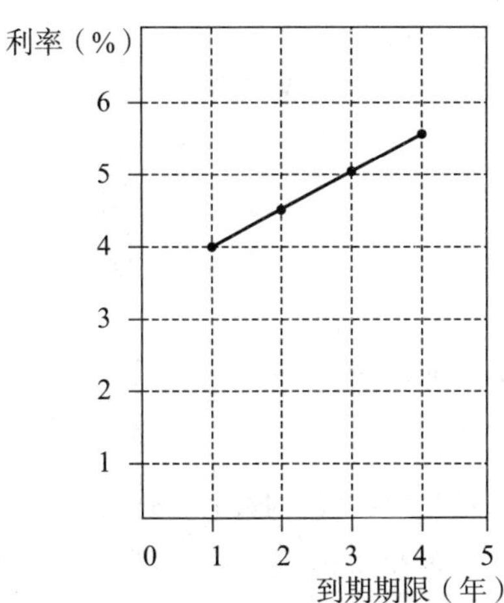

c. 不能。期限结构的预期理论只能解释在预期利率上升的情况下，收益率曲线是向上倾斜的，但不可能总是预期利率上升。

d. 1年期是4％－4％＝0，2年期是4.5％－4％＝0.5％，3年期是5％－4％＝1％，4年期是5.5％－4％＝1.5％。

5. a. 预期未来的短期利率会小幅下跌。因为如果预期利率保持稳定，则由于存在流动性溢价，收益率曲线会略微向上倾斜。

b. 预期未来的短期利率会保持不变。因为稳定的利率加上增加了的流动性溢价，会导致收益率曲线平缓地向上倾斜。

c. 预期未来的短期利率会大幅下跌。如果长期利率大大低于短期利率，即使存在着流动性溢价，预期短期利率也会大幅下跌。

d. 预期未来的短期利率会上升。如果收益率曲线的加速上升无法用流动性溢价来解释，那么肯定是因为预期短期利率会上升。

简答题

1. 人们要持有带有风险的债券，所必须赚取的额外的利息。

2. 违约风险、流动性和所得税政策。公司债券的违约风险上升或流动性降低，会导致风险溢价增加。所得税税率降低会导致免税（市政）债券利率上升，即市政债券的风险溢价增加。

3. 公司债券的税后利率与市政债券的利率相等。10％×(1－0.25)＝7.5％。

4. 穆迪投资者服务公司和标准普尔公司。它们就公司债券和市政债券的违约可能性向投资者提出建议。投资级证券。投

机级证券或垃圾债券。

5. 市政债券的免税特征超过了国债的低风险优势。
6. 如果长期利率是预期短期利率的平均值，那么短期利率和预期短期利率的上升也会提高长期利率。
7. 无法解释。单独的预期理论意味着收益率曲线通常是平坦的。
8. 该理论认为，不同到期期限的债券之间是不能相互替代的，人们对短期债券的需求超过了长期债券。因此，短期债券的价格较高，利率较低。
9. 如果人们预期短期利率未来会大幅下跌，那么收益率曲线就是向下倾斜的。
10. 通货膨胀。向上倾斜的收益率曲线意味着人们预期未来短期利率会上升，因此人们预期会出现经济繁荣。经济繁荣期间价格会上升。

评判性思维

1. 7%。
2. (6%+7%+8%)/3=7%。
3. 预期回报率是相同的。
4. 会更偏好 3 个 1 年期债券。在其他条件相同的情况下，人们会更偏好短期债券。因此，要想吸引人们持有长期债券，需要提供流动性溢价（更高的利率），但 3 年期债券未能提供流动性溢价。

判断对错题

1. F	2. T	3. T	4. T	5. F
6. F	7. F	8. T	9. F	10. F
11. T	12. F	13. T	14. T	15. F

选择题

1. d	2. b	3. c	4. d	5. c
6. a	7. a	8. c	9. b	10. d
11. b	12. d	13. c	14. c	15. a
16. b	17. d	18. c	19. a	20. a

第 7 章　股票市场、理性预期理论和有效市场假说

术语和定义

7　适应性预期
3　泡沫
10　现金流
4　股利
14　剩余索取权
1　有效市场假说
13　戈登增长模型
15　广义股利估值模型
8　市场基本面
12　最优预测
9　理性预期
17　行为金融
11　股东
6　未被利用的盈利机会
5　卖空
2　套利
16　随机游走

实践应用题

1. a. P = $1/1.09+$17.50/1.09
= $18.50/1.09=$16.97

b. P = $1/(9%−3%)=$1/0.06
= $16.67

c. P = $1/(7%−3%)=$1/0.04
= $25.00

d. P = $1/(7%−4%)=$1/0.03
= $33.33

e. 股票投资的必要回报率降低，或者股利

增速上升。

f. 债券利率下降，导致投资者接受较低的股票回报率（k_e下降）。经济会加速增长，导致股利增速上升（g 上升）。股价上升。

2. a. 股票价格下跌。虽然利润很高，但之前的股票价格已经充分反映了较高的预期利润，因此这是个坏消息。

b.（如果没有其他事件发生，）股票价格保持不变。预期已经实现，之前的股票价格已经反映了正确的利润，因而所公布的并不是新闻。

c. 股票价格上升。要消除未被利用的盈利机会，并不要求金融市场中所有人都是信息灵通的。精明的投资者可以推动市场。

d. 股票价格可能上升，也可能下跌。因为股票价格已经反映了所有可得的公开信息。

e. 股票价格可能上升，也可能下跌。因为现在的股票价格是对股票真实价值的最佳猜测。

f. 股票价格可能上升，也可能下跌。因为在通常情况下，未被利用的盈利机会可以被消除。

g. 对股票市场没有影响。这是因为股票价格已经充分反映了美联储主席的言论。

简答题

1. 比尔。因为对资产估价最高的人会得到该资产。价格会超过 15 美元，最高可达到 20 美元。价格是由对资产估价最高的人所确定的，该人的报价会高于报价第二高的人。
2. 更高。信息最充分的人会以更低的利率对未来的现金流进行贴现，从而增加该股票的价值。
3. 不是。预测大部分时候是正确的，但意料之外的事件会导致实际情况偏离其最优预测。
4. 不是。如果某事件导致一个随机变量的平均价值持续扩大，适应性预期因无法充分调整，导致对该变量预测不足，因而预测误差不是零，且事先可预知。
5. 是的。如果某事件导致一个随机变量的平均价值持续扩大，理性预期可以充分反映新信息，因而预测误差是零，且事先无法预知。
6. 存在。如果价格低于最优预测，股票回报率就会超过均衡水平。精明的投资者就会进行套利交易，买入该股票，推高其价格，直至对回报率的最优预测等于其均衡水平，同时消除了未被利用的盈利机会。
7. 既然不存在未被利用的盈利机会，且价格反映了其基础价值，那么股票之间就没有优劣之分。买入并持有多元化的股票组合，可以得到平均的市场回报率，并且可以节省经纪人佣金。
8. 不可以。如果股票价格反映了所有公开可得信息，那么就不存在未被利用的盈利机会了。
9. 是的。理性人可能会持有价格超过其基础价值的资产，原因是他们相信其他人未来会对该资产支付更高的价格。
10. 实施买入并持有策略可以以较低的成本得到市场平均回报率。

评判性思维

1. 不可以。如果市场是有效的，股票现在的价格就反映了所有可得信息。由于有关该风暴的信息是公开的，股票价格在你买入之前就已经上升了。
2. 可以。由于该信息不是公开的，因而没

有在价格中反映出来。你可以以低价买入，随着价格上升，可以获取额外的高回报。

3. 价格会上升，回报率会返回其均衡水平。额外的高回报不可能长期持续。精明投资者的行为可以消除未被利用的盈利机会。

判断对错题

1. T　2. F　3. F　4. T　5. F
6. F　7. F　8. T　9. F　10. F
11. F　12. F　13. T　14. T　15. F

选择题

1. b　2. d　3. c　4. b　5. d
6. a　7. c　8. a　9. a　10. b
11. b　12. c　13. a　14. c　15. d
16. b　17. a　18. d　19. a　20. a
21. d　22. a　23. b

第 8 章　金融结构的经济学分析

术语和定义

9　代理理论
4　抵押品
2　规模经济
3　范围经济
7　免费搭车问题
11　激励相容
5　委托-代理问题
8　限制性条款
1　担保债务
10　无担保债务
6　风险投资公司
12　高成本状态核实

实践应用题

1. a. 银行和非银行贷款（合计）56%，债券32%，股票11%。
   b. 在其他工业化国家和发展中国家，银行和非银行贷款（合计）占比最大，其次是债券和股票。
   c. 在所有国家中，银行和非银行贷款的占比都是最大的，其次是债券，再次是股票。直接融资在美国的重要性要高于其他国家。发展中国家缺乏支持高度发达的直接融资市场发展的机制，因此对银行和非银行贷款的依赖更高。

2. a. 与买方相比，卖方对商品质量更为了解。买方不得不假定商品是“柠檬”（质量低），因此只愿意低价买入。在这个价格水平上，只有质量低劣的商品的卖方才会愿意出售。市场交易规模很小，且效率很低。
   b. 与贷款人相比，借款人对违约概率更为了解。如果贷款人无法甄别好公司和差公司，贷款人就只愿意低价买入证券（要求的利率很高）。在这个低价格水平上，只有风险较高的借款人才愿意出售证券。市场交易规模很小，且效率很低。
   c. 私人公司生产与销售信息；政府实施要求公司增加向贷款人的信息披露的监管；贷款人要求借款人提供抵押品和有较高的净值；金融中介机构运用专门技术甄别好公司与差公司。
   d. 不能。金融中介机构的重要性高于直接融资，说明直接融资中的逆向选择问题无法完全消除。

答案

3. a. 经理按照自身利益而非股东利益行事。
   b. 股东通过审计和监督管理活动可以生产信息；政府要求企业实施标准会计准则的监管可以增加股东可得到的信息；利用债务合约而非权益合约融资；风险投资公司等金融中介机构可以以较低的成本监督，并且可以避免免费搭车问题。
   c. 不能。金融中介机构的重要性高于直接融资，说明直接融资中的委托-代理问题无法完全消除。
4. a. 逆向选择，道德风险。股票会出现柠檬问题和产生高额核实成本，因此股票不是最重要的外部融资来源。
   b. 逆向选择；股票和债券会出现柠檬问题，因而不是最重要的资金来源。
   c. 逆向选择，道德风险。间接融资可以节约小额贷款人的交易成本，可以有效地收集信息，缓解逆向选择和道德风险问题，与此同时避免了免费搭车问题。
   d. 逆向选择，道德风险。银行发放非交易贷款，因此它们收集的信息可以缓解逆向选择和道德风险问题，并且可以减轻免费搭车问题。
   e. 逆向选择，道德风险。政府监管可以增加贷款人在贷款之前和之后的信息。
   f. 逆向选择。信誉卓著的大公司的信息更易得到，因此更容易使用直接融资。
   g. 逆向选择。贷款人选择提供抵押品的借款人可以降低自身的风险。
   h. 道德风险。债务合约要求有复杂的限制性条款来缓解道德风险问题。

简答题

1. 从事信息收集活动的金融工具投资者面临着免费搭车问题，这意味着其他投资者可能能够从他们所收集的信息中受益，而无须为此付费。因此，个人投资者没有足够的动力投入资源收集有关发行证券的借款人的信息。金融中介机构避免了免费搭车问题，因为它们向借款人提供私人贷款，而不是购买借款人发行的证券。由于它们将从所收集的信息中获得所有好处，因此它们的信息收集活动将更加有利可图，从而它们有更大的动力投资于信息收集。
2. 由于逆向选择和道德风险的存在，贷款人需要有关借款人的信息，该信息的获取成本很高。如果个人贷款人可以免费使用其他人的信息，自然不愿意为信息收集支付费用，因此市场上生产的信息量很少，贷款规模很小。
3. 之前。之后。高风险的借款人可以从贷款中谋取最大利润，因而对贷款的需求最为迫切，此时出现了逆向选择问题。当借款人对借入资金的使用方式背离了贷款人的意愿时，就出现了道德风险问题。
4. 证券交易委员会要求公司接受独立的审计，使用标准会计准则，报告有关销售、资产和盈利的信息。
5. 银行。重要性越来越低，这是因为信息的获取越来越容易，因此直接融资会持续增长。
6. 两者皆有。这两项措施都有助于银行选择借款人，由于借款人更加利益相关，因而还可以实现合约的激励相容。
7. 原因是无论公司业绩如何，债务持有人都可以获得利息的定期支付，而股东却只能分享利润。

8. 限制投资于风险过高的项目等不当行为的条款，鼓励购买人寿保险等适当行为的条

款，要求保持抵押品价值的条款，以及要求提供定期财务报告等信息的条款。

9. 由于存在信息不对称和免费搭车问题，金融市场上没有足够的信息，因此，政府有理由通过监管鼓励信息生产，以便更容易区分不良借款人与好的借款人，从而减少逆向选择问题。政府还可以通过执行标准会计准则和起诉欺诈行为来帮助减少道德风险和改善金融市场的表现。

10. 所有权和控制权的分离产生了委托-代理问题。由于管理者（代理人）没有所有者（委托人）那样强烈的利润最大化动机，因此，管理者可能不努力工作，可能在个人福利上浪费开支，也可能追求提高个人权力但不增加利润的商业战略。

评判性思维

1. 贷款的交易成本会很高，因为需要起草的合约只使用一次。你的投资没有实现分散化或者流动性不强。这个建议不好。
2. 你的资金很少，而证券面值很大，这意味着你无法购买分散化的组合。由于需要支付经纪人佣金，交易成本会很高。资金的流动性不高。这个建议不好。
3. 这两个选择都实现了分散化。金融中介机构具有规模经济和专业化的优势，在节约交易成本的同时可以提供流动性服务。这个建议很好。

判断对错题

1. F	2. T	3. T	4. F	5. F
6. T	7. F	8. F	9. F	10. T
11. T	12. T	13. T	14. T	15. T

选择题

1. c	2. b	3. a	4. a	5. a
6. c	7. b	8. d	9. c	10. d
11. a	12. d	13. b	14. c	15. a
16. a	17. d	18. d	19. b	20. a

第 9 章　银行业与金融机构管理

术语和定义

5　资产管理
8　资产负债表
13　资本充足性管理
18　补偿余额
14　信贷配给
3　信用风险
16　贴现贷款
2　久期分析
12　股本乘数
7　超额准备金
17　缺口分析
4　利率风险
10　负债管理
15　流动性管理
1　法定准备金制度
11　准备金
6　股本回报率
9　二级准备金

实践应用题

1. a.

当地银行

资产		负债	
托收在途现金	＋＄3 000	支票存款	＋＄3 000

b.

当地银行

资产		负债	
准备金	＋＄3 000	支票存款	＋＄3 000

c. 准备金增加的规模恰好等于存款上升的规模。

d. **当地银行**

资产		负债	
准备金	－$500	支票存款	－$500

房东银行

资产		负债	
准备金	＋$500	支票存款	＋$500

e. 准备金下降的规模恰好等于存款减少的规模。

f. **房东银行**

资产		负债	
准备金	＋$50	支票存款	＋$500
贷款	＋$450		

g. 存款支付的利率必须低于贷款收取的利率。

2. a.

资产		负债	
准备金	20	存款	95
贷款	75	银行资本	10
证券	10		

b. 不是。存款外流后银行的法定准备金应为0.20×9 500万美元，即1 900万美元，因此银行有足够的超额准备金来应对存款外流的影响。

c.

资产		负债	
准备金	15	存款	90
贷款	75	银行资本	10
证券	10		

d. 是的。存款外流后银行的法定准备金应为0.20×9 000万美元，即1 800万美元，但银行只有1 500万美元。银行的准备金缺口为300万美元。

e. 1 800万美元－1 500万美元＝300万美元。银行应当卖出300万美元的证券。

资产		负债	
准备金	18	存款	90
贷款	75	银行资本	10
证券	7		

f. 作为二级准备金持有的证券的交易成本很低。卖出贷款成本很高，这是因为它们通常不能全额售出。如果银行不得不打折出售贷款，导致资产的价值低于负债，银行就会资不抵债。

3. a. 高资本金银行：6 000万美元。低资本金银行：4 000万美元。高资本金银行资不抵债的可能性较低。

b. 它们的ROA都等于6/600＝1%。高资本金银行的ROE＝6/60＝10%。低资本金银行的ROE＝6/40＝15%。低资本金银行的盈利性更强。

c. 盈利性和安全性之间存在着此消彼长的关系。因此，监管当局对银行资本金提出了要求。

4. a. 3 000万美元－5 000万美元＝－2 000万美元。

b. 0.02×(－2 000万美元)＝－40万美元。

c. (－0.03)×(－2 000万美元)＝60万美元。

d. 利率和利润是负相关的。

e. 资产价值变动＝(－0.03)×4×1亿美元＝－1 200万美元。

负债价值变动＝(－0.03)×2×9 000万美元＝－540万美元。

－1 200万美元－(－540万美元)＝－660万美元。

简答题

1. 短期美国政府证券。它们在存款外流时

可以提供流动性，可以赚取超额准备金所无法赚取的利润。

2. 非交易存款提供 63%的资金。支票存款的重要性降低了，在资金来源中的占比从 1960 年的 60%以上下降到了 2020 年 6 月的 14%。

3. 贷款。贷款的风险高于其他资产，流动性比其他资产差。

4. 100 美元。准备金的持有形式可以是在美联储的存款或者库存现金。

5. 回报率高的资产往往风险较高、流动性较差。

6. 银行的准备金会减少 100 美元。

7. 银行甄别和监督借款人；专门向特定行业提供贷款；监督和执行限制性条款；建立长期客户关系；提供贷款承诺；要求抵押品和补偿余额；实施信贷配给。

8. 发行更多的普通股，减少银行的股利以增加留存收益，或者卖出贷款或证券以减少资产。

9. 包括收费和贷款出售等，它们可以创造利润，但并不出现在资产负债表中。1980 年以来，表外业务的规模已经翻番。

10. 银行可以持有超额准备金，持有二级准备金，向美联储借入贴现贷款或者进行其他借款，或者卖出贷款。

评判性思维

1. 缺口的定义是：利率敏感型资产－利率敏感型负债。缺口×利率变动幅度＝银行利润变化幅度。银行的利率敏感型负债往往多于利率敏感型资产，即缺口为负，因此，利率上升会减少银行利润，原因是银行负债所支付的利息的增加幅度超过了银行资产所收取的利息的增加幅度。

2. 久期是证券支付流的平均持续期。证券市值的百分比变动≈－利率的百分点变动×久期（年数）。一般来说，银行的长期资产多于长期负债，也就是说当利率上升时，资产价值的下降幅度大于负债价值的下降幅度。因此，当利率上升时，银行净值减少。

判断对错题

1. F	2. F	3. T	4. T	5. F
6. T	7. F	8. F	9. T	10. T
11. F	12. F	13. F	14. T	15. F

选择题

1. b	2. a	3. d	4. c	5. d
6. c	7. a	8. b	9. d	10. d
11. c	12. b	13. b	14. a	15. b
16. a	17. d	18. c	19. c	20. b

第 10 章　金融监管的经济学分析

术语和定义

4　银行破产

7　银行恐慌

8　“大而不倒”问题

1　金融监管（审慎监管）

5　《巴塞尔协议》

9　巴塞尔银行监管委员会

6　杠杆比率

10　监管套利

3　压力测试

2　在险价值

实践应用题

1. a. 银行注册可以防止不符合要求的人来控制银行——减少逆向选择。限制银行持有的资产——减少道德风险。对银行施加资本金要求——减少道德风险。银行检查——减少道德风险。

 b. 银行甄选借款人类似于监管者要求银行注册。银行使用限制性条款，防止借款人投资于高风险活动类似于监管者限制银行持有的资产。银行使用限制性条款，要求借款人保有最低限度的净值，类似于监管者的资本金要求。银行监控借款人类似于监管者检查银行。

2. a. 偿付法，收购与接管法。它使用收购与接管法，为资不抵债的银行中未投保的大储户和债权人提供担保。

 b. 避免大银行储户的存款损失所导致的金融体系震荡。

 c. 它加剧了道德风险，这是因为储户没有动机监控银行，因而银行可能会过度冒险。

 d. 越来越多的银行是太大而不能倒闭的，综合型金融服务企业可能使政府安全网拓展到非银行业务领域。

 e. 偿付法。在这种方法中，储户和债权人无法全部收回其资金，股票持有人会损失所有的钱，因而所有的参与者都有更强的动机来密切监控银行的贷款。

简答题

1. 由于储户无法判断银行贷款的质量，储户要将钱存放在银行中，就会十分担心。当经济遭受到负面冲击时，他们就会抽回其资金，导致银行恐慌。

2. 逆向选择——偏好风险的企业家可能会选择进入银行业。道德风险——储户没有动机监控银行，因而导致银行过度冒险。

3. 目的是缓解道德风险问题。杠杆比率越高，一旦银行破产，银行所遭受的损失就越大，因此银行越会从事风险较低的活动。

4. 资本充足率，资产质量，管理，盈利，流动性，以及对市场风险的敏感性。

5. 竞争会加剧道德风险，原因是银行试图通过追逐更大的风险来保有其利润。对开设分支机构的限制和《格拉斯-斯蒂格尔法》。这些限制削弱了效率，增加了消费者的支出。

6. 因为经营分布在不同国家的银行可以将其业务从一个国家转移到其他国家。它将不同国家的资本金要求统一为风险加权资产的8%。

7. 逆向选择问题产生的原因是，偏好风险的个人可能会认为银行体系提供了一个利用他人资金的绝佳机会，因为他们知道这些资金受到保护。道德风险问题产生的原因是，储户不会对银行施加约束，因为他们的资金受到保护，而银行知道这一点，就会受到诱惑，承担比其他情况下更大的风险。

8. 随着新金融工具的出现，一家在特定时间点相当健康的银行可能会因为这些工具的高风险交易而极为迅速地陷入破产境地。因此，在某个时间点关注银行资本可能无法有效指示银行在不久的将来是否会过度承担风险。因此，为了确保银行不会承担太多风险，银行监管机构现在更加关注银行的风险管理程序是否能防止银行过度承担风险从而增加未来

银行倒闭的可能性。

评判性思维

1. 把存款存放在风险银行，因为无论银行贷款质量好坏，你的存款都可以得到担保。
2. 由于银行资不抵债的概率上升，因而你会将资金存放在安全银行，即接受较低的利率。
3. 为规避逆向选择问题，银行注册以防止让过度冒险的人和骗子来控制银行。为规避道德风险问题，银行监管可以确保银行保有足够的资本和持有低风险资产。

判断对错题

1. F	2. F	3. T	4. T	5. F
6. F	7. T	8. T	9. T	10. F
11. T	12. F	13. T	14. T	15. T

选择题

1. d	2. c	3. a	4. c	5. b
6. d	7. a	8. b	9. a	10. c
11. a	12. a	13. b	14. b	15. a
16. a	17. b	18. c	19. c	20. a

第 11 章　银行业：结构与竞争

术语和定义

8　银行控股公司
3　分支机构
10　中央银行
16　社区银行
4　存款利率上限
14　脱媒
2　双重银行体系
12　范围经济
9　期货合约
11　对冲
5　国民银行
7　证券化
15　影子银行体系
1　州银行
13　超地域银行
6　流动账户

实践应用题

1. a. 适应需求变化的金融创新：利率波动性导致贷款人增加对可变利率抵押贷款和期货合约的需求。

   适应供给变化的金融创新：信息技术进步实现了成本节约，增加了对银行贷记卡、借记卡和电子银行设施的使用。它还促进了垃圾债券、商业票据和证券化的扩张。

   规避现行监管的金融创新：为规避法定准备金制度和《Q 条例》的监管，货币市场共同基金和流动账户被创造出来。

   b. ＄1 000×0.08×0.10＝＄8。

   c. ＄1 000×0.12×0.20＝＄24。

   d. 利率和法定准备金率越高，持有法定准备金的机会成本就越多。

2. a. 萎缩了。竞争加剧导致传统银行业务的盈利能力下降。

   b. 《Q 条例》的取消导致银行不得不向存款支付竞争性的市场利率。

   c. 垃圾债券、证券化和商业票据的竞争减少了对银行贷款的需求，削弱了银行贷款的盈利能力。

   d. 银行发放风险更大的贷款，开展表外

业务以赚取费用收入。

3. a. 银行破产和并购。
   b. 银行并购。
   c. 银行控股公司，原因是跨州设立分支机构事实上是违法的。
   d. 开立分支机构，原因是《里格-尼尔州际银行业务与分支机构效率法案》的通过使得跨州设立分支机构成为合法的。

简答题

1. 不是。美利坚银行（1791—1811 年），美利坚第二银行（1816—1832 年），联邦储备体系（1913 年至今）。
2. 由联邦政府监管的银行和由州政府监管的银行并行运作。联邦政府为消灭州银行，出台了一个法律，要对州银行的银行券征税。州银行规避了这个监管，得以生存下来，并与国民银行并行运作。
3. 它将银行业务与证券业务分离开来。银行的投资银行业务被认为是大萧条期间银行破产的原因。为了将美国银行和外国银行放到同一起跑线上。
4. 它设置了银行对存款所能支付的最高利率。废除这一法律，允许银行对存款进行竞争，从而缓解了脱媒，但它导致了银行资金成本的上升，银行资金来源的成本优势随之被削弱。
5. 它们将跨州设立分支机构认定为违法行为，允许各州对本州银行开立分支机构施以限制。
6. 银行控股公司和 ATM 的出现。
7. 它们赋予了知名度不高的小公司绕过银行，寻求直接融资渠道的能力。
8. 储贷协会、互助储蓄银行和信用社。储蓄机构的结构和监管与商业银行十分相似。储贷协会主要由储蓄监管局监管，由联邦存款保险公司提供存款保险。互助储蓄银行由各州监管，存款保险也由联邦存款保险公司提供。信用社由全国信用社管理局监管，存款保险由全国信用社股份保险基金提供。
9. 国际贸易和跨国公司的迅猛发展，美国银行积极参与全球投资银行业务，以及欧洲美元市场的扩张。
10. 通过开立海外分行、建立《埃奇法案》公司和使用美国的国际银行业设施。

评判性思维

1. 美国的银行数目比其他国家多出数千家。美国限制开立分支机构，目的是保护小银行的市场份额，特别是在中西部。
2. 拥有 10 家银行，这 10 家银行各有1 000 个分支机构的竞争程度更激烈。因为每个银行客户都可以在 10 家银行中进行选择，而非只能选择 1 家本地银行。
3. 得益于信息技术的进步，大银行可以发挥规模经济效应和范围经济效应，因而它的效率更高。大银行的多元化程度更高，因而破产概率较低。
4. 不可以。银行数目众多是限制开立分支机构的结果，说明市场缺少竞争。在银行竞争的过程中，许多银行可能破产，或被其他效率更高的银行所收购，因而银行数目减少。
5. 不是。银行数目较少，但却拥有较多的分支机构，能够为客户提供更多的选择，效率更高，风险更低。

判断对错题

1. F　2. T　3. F　4. T　5. T
6. T　7. F　8. F　9. T　10. T
11. F　12. T　13. F　14. T　15. T

选择题

1. c　2. a　3. b　4. d　5. c

6. c 7. a 8. d 9. a 10. b
11. c 12. b 13. d 14. b 15. a
16. d 17. c 18. d 19. b 20. b

第 12 章 金融危机

术语和定义

2 资产价格泡沫
6 金融摩擦
5 信贷繁荣
3 债务紧缩
9 去杠杆化
4 信贷利差
11 金融危机
1 微观审慎监管
10 信用违约互换
7 估值折扣
8 金融自由化

实践应用题

1. a. 股票市场下跌会减少借款企业的净值，导致贷款抵押品的价值下跌，引起逆向选择和道德风险问题加剧。
   b. 价格水平的意外下跌会加剧借款企业实际的债务（负债）负担，减少借款企业的净值。与 a 相同，企业在贷款违约的情况下损失的并不多，从而加剧了逆向选择和道德风险问题。
   c. 当企业的债务以外币来计价时，本币贬值会加剧企业实际的债务负担，从而减少企业的净值。与 a 相同，企业在贷款违约的情况下损失的并不多，从而加剧了逆向选择和道德风险问题。
   d. 随着资产价格的下跌，企业减记（减少）资产负债表上资产的价值。这会降低借款企业的净值。与 a 相同，企业在贷款违约的情况下损失的并不多，从而加剧了逆向选择和道德风险问题。

2. a. 在这个过程中，价格水平意外地大幅下跌从而加剧企业的债务负担。
   b. 这会导致经济活动收缩。原因是，价格水平下跌会导致企业资产（而非负债）的价值萎缩，引起企业资产负债表的恶化。逆向选择和道德风险问题加剧会导致贷款骤减，总体经济活动受到抑制。
   c. 大萧条。
   d. 大萧条期间价格下跌了 25%。失业率为 25%。
3. a. 这是基于抵押贷款的标准化债务证券。
   b. 贷款发起人将贷款分销给最终贷款人（投资者），因此贷款发起人没有动力去确保贷款具有较低的信用风险。
   c. 贷款发起人将资金贷放给次级借款人，将贷款打包为抵押支持证券，之后出售给全球的投资者以获利。因此，房地产信贷市场的门槛很低，从而推动房地产的价格高于其基础经济价值。
   d. 当房地产的价格返回其基础经济价值时，会导致许多借款人违约。这是因为他们的欠款已经超过房屋的价值。违约事件导致金融机构资不抵债，引起贷款和经济活动收缩。

简答题

1. 逆向选择和道德风险问题加剧会增加贷款人搜寻低风险借款人的难度和成本。贷款人进而收缩其放款，引起投资和经济活动减少。

2. 如果政府出现了严重的赤字，私人投资者会担心政府出现债务违约，政府就会强令国内银行购买其债务。如果债务的价值下降，就会减少银行资本，银行放款就会减少。
3. 利率上升会加剧逆向选择和道德风险问题。原因是，只有高风险的借款人愿意以这个更高的利率借款。这样银行放款就会减少。
4. 金融自由化或金融创新会导致信贷繁荣，引发金融机构过度冒险，并且引发资产市场泡沫。随着资产价格泡沫的破裂，信贷繁荣转化为信贷紧缩。
5. 政府安全网会加剧逆向选择和道德风险问题，这是因为有了政府的债务担保，储户和债权人会感觉非常安全，从而纵容贷款人过度冒险。

评判性思维

1. 2007—2009 年金融危机是由对次级住房抵押贷款等金融创新管理不当以及房地产价格泡沫破裂引爆的。
2. 不是。原因不同，自然应对之策也不同。大萧条危机需要解决债务紧缩问题；俄罗斯和阿根廷更需要解决政府预算平衡问题（增加税收或削减政府支出）；而 2007—2009 年这场金融危机，美国需要强化对抵押支持证券等金融创新的监管。

判断对错题

1. F　2. F　3. T　4. T　5. T
6. F　7. T　8. F　9. F　10. T

选择题

1. c　2. d　3. b　4. d　5. b
6. d　7. c　8. c　9. a　10. b
11. d　12. c　13. a　14. b　15. a
16. c　17. a　18. c　19. b　20. a

第 13 章　中央银行与联邦储备体系

术语和定义

9　双重目标
3　单一目标
6　自然失业率
4　货币政策的紧缩
11　货币政策的宽松
2　时间不一致性问题
7　联邦储备委员会
1　联邦公开市场委员会
13　联邦储备银行
5　目标独立性
12　工具独立性
8　公开市场操作
10　政治经济周期

实践应用题

1. a. 在 20 世纪之前，美国政策的特征是，对中央集权的担忧和对金融界的不信任。
   b. 全国范围的银行恐慌。
   c. 1913 年。
   d. 1913 年《联邦储备法》设立了一个相互制衡的精巧体系，通过建立 12 家地区联邦储备银行，将联邦储备体系的权力分散到整个国家。
2. c 1. 支票清算
   c 2. “确定”贴现率
   a 3. 审查贴现率
   a 4. 成员由美国总统任命

a 5. 委员的任期为 14 年
b 6. 每年召开 8 次会议
b 7. 决定货币政策
c 8. 评估银行并购申请
a 9. 决定保证金
c 10. 发行新货币

3. a. 工具独立性说明中央银行有选择货币政策工具的能力。目标独立性描述了中央银行有选择货币政策目标的能力。
   b. 造成联邦储备体系独立性的组织特征有：它有独立的收入来源，联邦储备委员会委员的任期是 14 年（法律上），且不可连任。
4. a. 欧洲货币联盟中各个国家的中央银行被称为国家中央银行，作用类似于联邦储备银行。欧洲中央银行的执行委员会与联邦储备委员会的结构类似。欧洲中央银行理事会由执行委员会和国家中央银行行长组成，与联邦公开市场委员会类似，负责制定货币政策决策。
   b. 联邦储备银行的预算由联邦储备委员会控制，而国家中央银行则可以控制自己的预算与欧洲中央银行的预算。因此，欧洲中央银行所拥有的权力不及联邦储备委员会。欧元体系的货币政策操作是由各国国家中央银行实施的。与联邦储备体系不同，欧洲中央银行不负责监管金融机构。
   c. 欧洲中央银行的独立性强于联邦储备体系。欧洲中央银行与联邦储备体系一样，可以控制自己的预算，成员国政府不得向欧洲中央银行发布指令。但与联邦储备体系不同的是，欧元体系的章程由法律变更，只有修改了《马斯特里赫特条约》，它才能变化，而这需要经过一个十分复杂的程序。
5. a. 在加拿大和英国，如果银行和政府在货币政策方向方面有不同意见，政府可以超越银行，但必须是在“极端”的经济环境下，政府超越货币政策的能力受到时间段的限制，因而在事实上，这种情况不可能发生。
   b. 加拿大银行和英格兰银行都遵循的是通货膨胀目标制，因而在目标独立性方面不如联邦储备体系。
6. a. 根据官僚行为理论，官僚的目标是自身福利最大化。
   b. 美联储一直在抵制政府试图控制其预算的努力。如果美联储需要通过提高利率来放慢经济增长，为了避免来自国会和总统的压力，往往是缓慢进行调整的。
7. a. 如果让美联储置于政治压力之下，就会加剧经济体的通货膨胀问题，可能引发政治经济周期。削弱美联储的独立性还会助长财政赤字的融资。支持美联储独立性的另一个理由是，政治家的委托-代理问题比美联储更严重，因为政治家依照公共利益行事的动机较少。
   b. 一些人认为，独立性意味着较少的责任心，这与民主是不一致的。独立性较差的美联储更可能实现货币政策与财政政策的协调。最后，美联储并不总是能成功运用其独立性。

简答题

1. 第一，美国许多大型商业银行都位于纽约地区，它们的安全性和稳健性对于美国金融体系的健康发展至关重要。第二，它积极参与债券市场和外汇市场。第三，它是联邦储备银行中唯一一家国际清算银行（BIS）的会员。第四，纽约联邦储备银行行长是联邦公开市场委员会唯一一名有投票权的永久成员，担任联邦公开市场委员会副主席。

2. 联邦公开市场委员会通过其关于公开市场操作的决定来决定美国的货币政策。它还可以有效地确定贴现率和准备金要求。联邦储备委员会的 7 名成员、纽约联邦储备银行行长以及其他 11 名联邦储备银行行长中的 4 名轮流投票的成员。在联邦公开市场委员会内部，委员会主席行使权力。
3. 工具独立性是指中央银行设定货币政策工具的能力，目标独立性是指中央银行设定货币政策目标的能力。
4. 美联储实施的是双重目标。
5. 欧洲中央银行实施的是单一目标。
6. 所有的国民银行都必须是联邦储备体系的会员，州银行可以选择是否加入联邦储备体系。
7. “绿皮书”的内容是联邦储备委员会成员对国民经济的预测。“蓝皮书”的内容是不同场景下的货币政策立场。
8. 总统可以通过对美联储主席的任命来影响联邦储备体系。国会可以通过出台法律，让联邦储备体系更多地为自己的行为负责，来影响联邦储备体系。
9. 它通过赋予更多的目标和工具独立性，增强了日本银行的独立性。
10. 中央银行独立性较强的国家，不会有太高的失业率和太强的产出波动性。

评判性思维

1. 这一议案会削弱美联储的目标独立性。目前的法律并不要求美联储追求特定的通货膨胀目标。因此，这一议案的通过会要求美联储追求某一特定的通货膨胀目标，从而削弱美联储的目标独立性，但不会影响到美联储的工具独立性。因为美联储为追求特定的通货膨胀目标，仍然可以选择它认为合适的工具。
2. 这一议案会使美联储更像欧洲中央银行。《马斯特里赫特条约》规定欧洲中央银行首要的长期目标是保持物价稳定。
3. 这一议案的通过会增强美联储政策的透明度，因而不太可能导致美联储的政策出现政治经济周期的问题。选举产生的政府官员和公众均能评估美联储是否达到了其通货膨胀目标。在现有法律下，美联储不必追求明确的通货膨胀目标，因而选举产生的政府官员和公众不能评估美联储的政策是否会导致政治经济周期。

判断对错题

1. T	2. T	3. F	4. T	5. F
6. T	7. T	8. T	9. F	10. F
11. T	12. T	13. T	14. T	15. F

选择题

1. a	2. d	3. c	4. c	5. d
6. d	7. b	8. a	9. c	10. d
11. a	12. b	13. c	14. a	15. c
16. a	17. b	18. c	19. d	20. a

第14章　货币供给过程

术语和定义

4　借入准备金
5　通货比率
2　超额准备金率
3　货币乘数
1　非借入基础货币
13　贴现率
12　超额准备金
15　浮款
14　高能货币
7　基础货币
18　多倍存款创造
17　公开市场操作
8　公开市场购买
16　公开市场出售
10　法定准备金率
9　法定准备金
6　准备金
11　简单存款乘数

实践应用题

1. a. 美联储简化的资产负债表如下：

联邦储备体系

资产	负债
证券	流通中的通货
向金融机构发放的贷款	准备金

b. 资产：证券是指由美国财政部发行的证券以及在特殊情况下的其他证券；向金融机构发放的贷款是指美联储向商业银行和其他金融机构发放的贷款，也称贴现贷款。负债：流通中的通货是指公众手中所持有的现金数量；准备金是指商业银行在美联储的存款和库存现金。

c. 美联储的负债总和即准备金和流通中的通货是基础货币的组成部分。

2. a. 在公开市场上向商业银行购买100美元政府证券导致T账户出现如下变化：

联邦储备体系

资产		负债	
证券	+100美元	准备金	+100美元

商业银行

资产		负债
证券	−100美元	
准备金	+100美元	

b. 基础货币增加100美元。

3. a. 在公开市场上向非银行公众购买100美元政府证券，并且非银行公众将政府证券销售所得资金存入本地银行账户，导致T账户出现如下变化：

联邦储备体系

资产		负债	
证券	+100美元	准备金	+100美元

商业银行

资产		负债	
准备金	+100美元	支票存款	+100美元

非银行公众

资产		负债
证券	−100美元	
支票存款	+100美元	

b. 基础货币增加100美元。

c. 如果非银行公众将政府证券销售给美联储后把所得到的支票兑换成通货，美联储和非银行公众的T账户如下：

联邦储备体系

资产		负债	
证券	+100 美元	流通中的通货	+100 美元

非银行公众

资产		负债
证券	−100 美元	
通货	+100 美元	

d. 基础货币增加 100 美元。

e. 在两种情况（a 和 c）下，基础货币都增加 100 美元。这两个案例说明美联储能够通过公开市场操作实现对基础货币总量的精确控制，但不能影响基础货币中通货和准备金的组合。该组合受非银行公众持有通货还是存款的意愿影响。

4. a. 第一国民银行将 100 美元的政府证券卖给美联储：

第一国民银行

资产		负债
证券	−100 美元	
准备金	+100 美元	

b. 第一国民银行将超额准备金贷放出去：

第一国民银行

资产		负债	
证券	−100 美元	支票存款	+100 美元
准备金	+100 美元		
贷款	+100 美元		

c. 借款人将资金从第一国民银行中提取出来并存入 A 银行：

第一国民银行

资产		负债
证券	−100 美元	
贷款	+100 美元	

A 银行

资产		负债	
准备金	+100 美元	支票存款	+100 美元

d. A 银行将新存款所创造的超额准备金全部贷放出去：

A 银行

资产		负债	
准备金	+10 美元	支票存款	+100 美元
贷款	+90 美元		

e. 第一国民银行创造了 100 美元“新”货币，A 银行创造了 90 美元“新”货币。

f. B 银行创造 81 美元，C 银行创造 72.90 美元，D 银行创造 65.60 美元。

g. 这 100 美元的公开市场操作所导致的存款总增量为 1 000 美元。

5. a. $m=(1+c)/(r+e+c)$。

b. $c=0.32$，$e=0.06$，$m=2.28$。

c. $RR=2\ 000$ 亿美元；$R=2\ 600$ 亿美元；$MB=5\ 800$ 亿美元。

d. $m=2.75$；$M=1.595$ 万亿美元。

e. $D=1.208\ 33$ 万亿美元；$C=3\ 866.7$ 亿美元。

f. $RR=1\ 208.3$ 亿美元；$ER=725$ 亿美元。

6. a. 存款会产生倍数效应，而通货不会。通货比率的上升意味着储户将更多的资金以通货（而非存款）的形式持有，因此会有较少的钱产生倍数效应。于是，乘数减小，总的货币供给下降。

b. 同通货一样，超额准备金也不会出现倍数扩张的过程。这是由于它们是银行以准备金形式持有的，因而不是贷款的组成部分，不会出现存款创造的过程。超额准备金率的上升意味着贷

款和存款创造会下降，于是货币乘数乃至整个货币供给都会下降。

7. a. 7 950 亿美元。
   b. 非借入基础货币。
   c. 公开市场操作。
   d. 扩张货币供给。
   e. 扩张货币供给。

8.

参与者	变量	变量的变动	货币供给的反应
美联储	r	↓	↑
储户	通货持有水平	↓	↑
储户和银行	超额准备金	↑	↓

简答题

1. 货币供给过程的三位参与者是中央银行（联邦储备体系）、银行和储户。联邦储备体系是最重要的。
2. 当某人从支票账户中提取 100 美元时，流通中的通货增加 100 美元，准备金减少 100 美元，但基础货币总量保持不变。
3. 基础货币减少 100 美元。
4. 基础货币增加 100 美元。
5. 根据简单存款乘数 $\Delta D=\frac{1}{r}\times\Delta R$，美联储 100 美元的公开市场购买会导致准备金增加 100 美元。假定法定准备金率为 10%，$\Delta D=(1/0.10)\times 100=1\ 000$美元。
6. 影响银行超额准备金持有决策的主要因素是银行对存款外流的预期。如果银行担忧存款外流会加剧，就会增加持有的超额准备金。
7. 由通货增加引起的基础货币扩张没有乘数效应，但由准备金增加引起的基础货币扩张具有乘数效应。
8. 通货持有水平的提高会导致货币乘数减小和货币供给减少。
9. 因为美联储可以精确控制非借入基础货币，但无法精确控制借入准备金，后者是由银行决定的。
10. 公开市场操作。

评判性思维

1. 货币乘数为 1。
2. 银行和储户在货币供给过程中不发挥任何作用。在弗里德曼的提议中，只有美联储可以控制货币供给。
3. 在弗里德曼的提议中，由于货币乘数永远为 1，美联储可以增强对货币供给的控制。
4. 弗里德曼的提议会完全颠覆银行的盈利模式。目前，银行是通过将吸收来的存款的一部分贷放出去来获利的。在弗里德曼的提议中，银行必须将所有的存款作为准备金，因而没有可以贷放出去的资金。银行体系中不存在货币创造，货币供给完全由美联储决定。银行若要盈利，只有通过为储户提供资金保管和支票服务来收费。银行的作用更类似于中世纪的仓库银行，只是负责保护储户资金的安全。

判断对错题

1. T　2. T　3. F　4. T　5. T
6. F　7. T　8. F　9. T　10. F
11. T　12. F　13. F　14. F　15. F

选择题

1. a　2. c　3. a　4. b　5. c
6. d　7. b　8. d　9. d　10. b
11. b　12. b　13. a　14. d　15. b
16. a　17. d　18. c　19. b　20. a

第 15 章　货币政策工具

术语和定义

18　防御性公开市场操作
1　存款便利
3　贴现窗口
8　主动性公开市场操作
17　常规货币政策工具
14　最后贷款人
13　长期再融资操作
10　主要再融资操作
4　边际贷款便利
5　边际贷款利率
11　以买回为条件的出售交易
2　信贷宽松
15　隔夜现金利率
9　前瞻性指引
6　回购协议
16　反向交易
12　常备贷款便利
7　目标融资利率
19　非常规货币政策工具

实践应用题

1. a. 非借入准备金＝400 亿美元
借入准备金＝0 美元
联邦基金利率＝5.5%
贴现率＝6.5%

b. 非借入准备金＝400 亿美元
借入准备金＝10 亿美元
联邦基金利率＝6.5%
贴现率＝6.5%

2. a. 均衡联邦基金利率为 i_{ff}^{0}，准备金的均衡水平为 NBR_0（由于均衡联邦基金利率低于贴现率，借入准备金的数量为 0，见下图）。

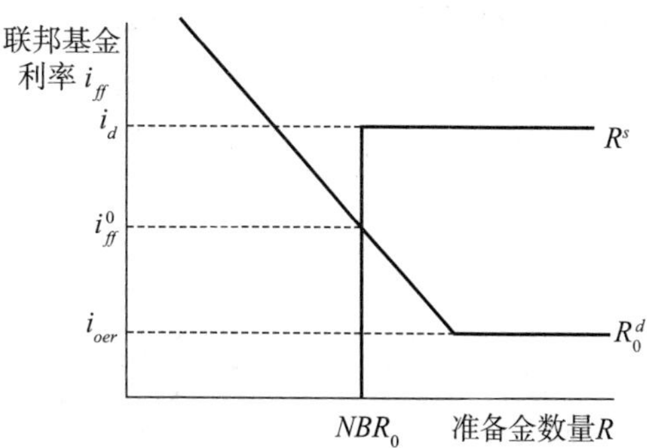

b. 公开市场购买会使得非借入准备金从 NBR_0 增加到 NBR_1。在起初的均衡联邦基金利率水平 i_{ff}^{0} 上，存在着准备金的超额供给，从而推动联邦基金利率下跌到 i_{ff}^{1}（见下图）。

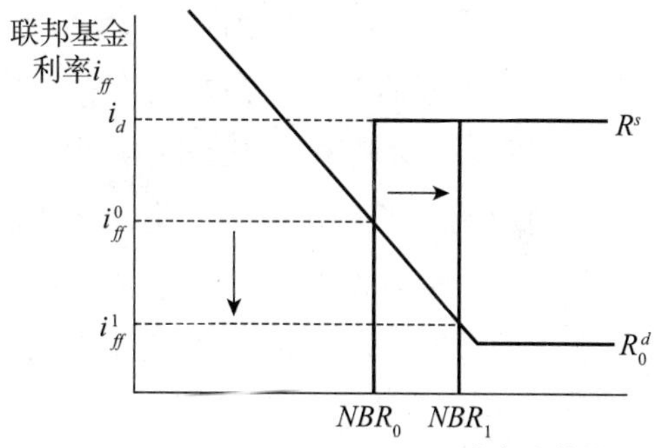

c. 如下图所示，贴现率上升不会影响联邦基金利率，这是因为准备金需求与供给的交点所对应的联邦基金利率低于贴现率。

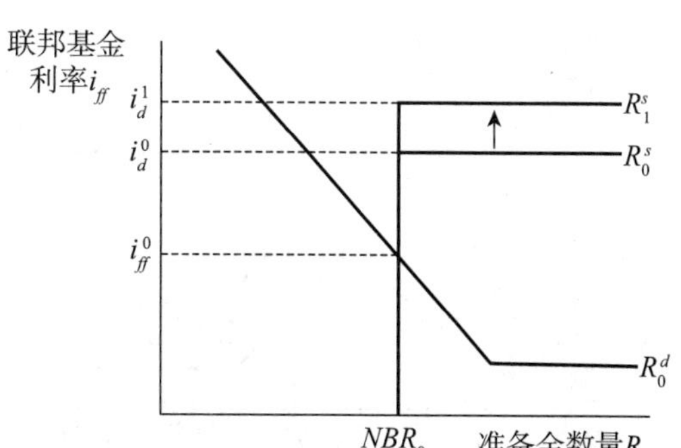

d. 在这种情况下，准备金需求曲线和供给曲线的交点位于准备金供给曲线的水平部分，这意味着联邦基金利率等于贴现率。如果美联储将贴现率从 i_d^0 调低到 i_d^1，联邦基金利率就会从 i_{ff}^0 下降到 i_{ff}^1（见下图）。

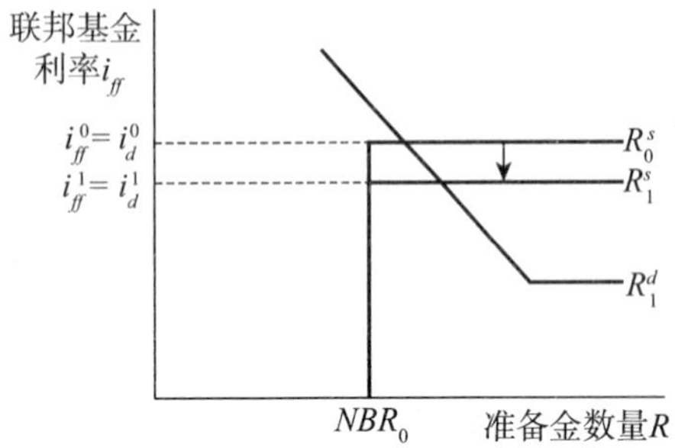

e. 问题 c 中贴现率的变动不会影响联邦基金利率，这是因为准备金供求曲线相交于准备金供给曲线的垂直部分。在这种情况下，银行不会向美联储借款，因此贴现率的变动不会影响准备金市场和联邦基金利率。问题 d 中贴现率的变动影响到了联邦基金利率，这是因为准备金供求曲线相交于准备金供给曲线的水平部分。在这种情况下，银行部门从美联储借入了一部分准备金，联邦基金利率等于贴现率，因而贴现率的变动会影响到联邦基金利率。

f. 法定准备金率的上升导致准备金需求从 R_0^d 增加到 R_1^d，从而引起均衡联邦基金利率从 i_{ff}^0 上升到 i_{ff}^1（见下图）。

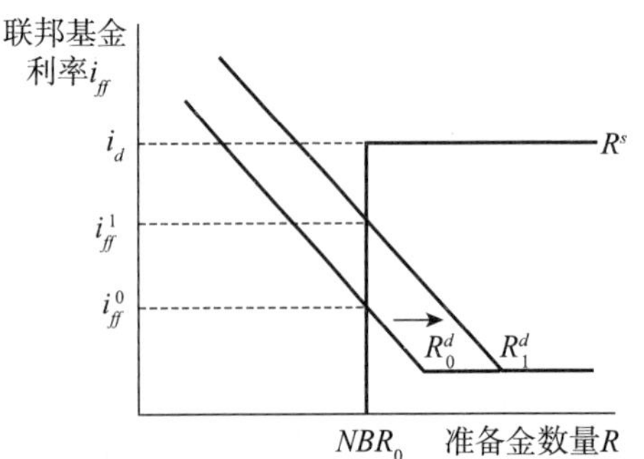

3. a. 美联储会使用回购协议，该协议在公开市场上购买证券（这会增加银行体系的准备金），并把其再出售给证券的最初所有人（这会减少银行体系的准备金）。在这种情况下，一周后，证券被再出售给最初所有人，最终的结果是银行体系的准备金保持不变。

b. 浮款增加会导致准备金上升。在这种情况下，美联储会使用以买回为条件的出售交易或逆回购协议来抵消准备金暂时性的增加。根据逆回购协议，美联储会将证券卖给购买人（这会减少银行体系的准备金），短期后再将其买回来（这会增加银行体系的准备金）。在这种情况下，美联储会在 1 天后将证券买回来。逆回购协议会使得银行体系的准备金在浮款暂时性增加的情况下保持数量不变。

4. a. 一级信贷是美联储向健康银行发放的贴现贷款。

b. 一级信贷发生在常备贷款便利中。

c. 贴现率是美联储向健康银行发放一级信贷的利率。贴现率是联邦基金利率的上限。如果准备金需求增加（预料之外的，例如存款出现意外的扩张）超过了银行体系中非借入准备金的数量，银行只需按照贴现率从美联储借款。因此，联邦基金利率不会超过贴现率。

d. 二级信贷被发放给陷入财务困境并且面临严重流动性问题的银行。二级信贷的利率高于贴现率 50 个基点。

5. a. 欧洲中央银行为隔夜现金利率制定了目标融资利率。

b. 主要再融资操作是欧洲中央银行公开市场操作的主要形式，与美联储的回购交易十分相似。长期再融资操作是欧元区银行体系流动性的较小来源。

c. 欧洲中央银行按照边际贷款利率向银行发放贷款，该利率高于目标融资利率100个基点。银行可以将准备金存入欧洲中央银行，赚取超额准备金利息。超额准备金利率低于目标融资利率100个基点。隔夜现金利率不会低于欧洲中央银行向超额准备金支付的利率，也不会高于欧洲中央银行贷款的利率。

简答题

1. 美联储利用公开市场操作来控制非借入准备金的规模。
2. 公开市场购买会扩大非借入准备金的规模，并导致联邦基金利率下跌。
3. 当准备金的需求高到足以达到准备金供给曲线的水平部分时，贴现率的变动才会影响到联邦基金利率。
4. 当准备金供给曲线的垂直部分与准备金需求曲线的水平部分相交时，联邦基金利率会等于超额准备金利率。这种情况发生是由于准备金需求大规模下降。
5. 法定准备金率下降会减少准备金的需求，导致联邦基金利率下跌。
6. 公开市场操作的主要优点包括：是美联储主动进行的，灵活且精确，很容易对冲，可以立即执行。
7. 联邦存款保险公司提供保险的存款只有全部存款的大约1%。此外，高于25万美元的账户无法投保联邦存款保险公司的保险。
8. 贴现贷款最重要的优点是，美联储可以利用它履行最后贷款人的职责。贴现贷款最主要的缺点是，由于是否按照贴现率借款的决策是由银行做出的，因此美联储无法完全控制贴现贷款的数量。
9. 法定准备金率作为政策工具最主要的缺点是，法定准备金率的规定对大多数银行而言已经不具约束力。此外，提高法定准备金率会立即引发银行的流动性问题。法定准备金率不断变动还会引发银行的不确定性。
10. 与美联储贴现率对应的是欧元体系中的边际贷款利率。

评判性思维

1. 美联储向超额准备金支付的利率等于 i_{oer}，贴现贷款的利率为 i_d。根据下图，联邦基金利率的波动被限制在两个利率之间。如果准备金需求从R_0^d增加到R_1^d，联邦基金利率就会等于 i_d。如果准备金需求从R_0^d下降到R_2^d，联邦基金利率就会下降到 i_{oer}。

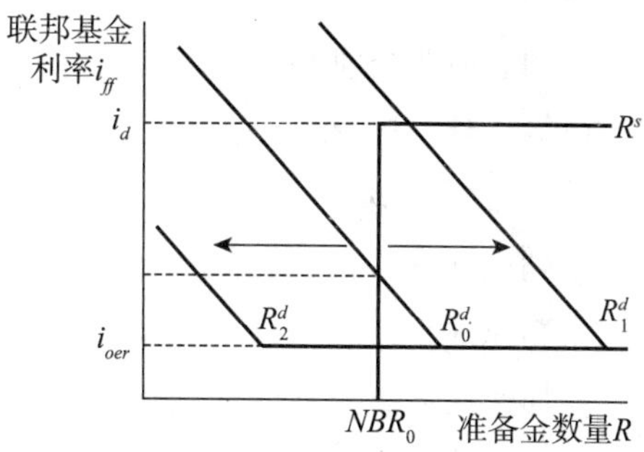

2. 三种工具是：公开市场操作，购买和出售政府证券；贴现贷款，控制银行贴现贷款的价格和数量；法定准备金要求，规定银行必须持有的存款比例。公开市场操作和贴现贷款影响基础货币，而法定准备金要求影响货币乘数。
3. 主动性公开市场操作是用来永久改变准备金和基础货币的。防御性公开市场操作被用来抵消准备金和基础货币的暂时变化。防御性公开市场操作用于抵消美国国债余额流入或流出美联储以及货币的临时变化。防御性公开市场购买通常

通过使用回购协议进行，而逆回购协议或以买回为条件的出售交易用于进行防御性公开市场出售。

判断对错题

1. T　2. F　3. F　4. T　5. F
6. T　7. F　8. T　9. F　10. T
11. T　12. F　13. F　14. F　15. F

选择题

1. b　2. c　3. a　4. d　5. c
6. a　7. a　8. d　9. c　10. d
11. a　12. d　13. a　14. a　15. b
16. b　17. a　18. c　19. d　20. b

第16章　货币政策操作：战略与战术

术语和定义

8　双重目标
10　名义锚
4　通货膨胀目标制
12　资产价格泡沫
5　中介指标
6　时间不一致性问题
7　菲利普斯曲线理论
2　政策工具
11　单一目标
1　泰勒规则
9　泰勒原理
3　非加速通货膨胀失业率
13　宏观审慎管理

实践应用题

1. 有了政策的相机抉择权，一旦预期确定，政策制定者就有动力通过推行扩张性政策来增加产出。问题是，这种政策并没有带来更高的产出，而是带来更高的实际和预期通货膨胀。解决办法是采用一项规则来限制相机抉择权。名义锚可以对相机抉择的行为提供必要的约束。

2. 通货膨胀目标制有五个主要元素：公开宣布中期通货膨胀率的目标；承诺将物价稳定作为政策的主要长期目标；在制定货币政策时使用多个变量；提高对公众而言的货币政策战略的透明度；增强中央银行实现政策目标的责任。

　　通货膨胀目标制的优点包括：通货膨胀率数字目标简洁、清晰；央行的责信度增强了；降低了通胀冲击的影响。

　　通货膨胀目标制的缺点主要有：目标的实现存在滞后信号；它可能会导致一个僵化的规则，唯一关注的是通货膨胀率（在实践中并没有发生）；如果只关注通货膨胀率，可能会出现更大的产出波动（在实践中并没有发生）。

3. a. 美联储有隐性的（而非明确的）通货膨胀目标。美联储持续监控经济体系中预示未来通货膨胀的信号，因而是富有前瞻性的。美联储还是先发制人的，会在通货膨胀上升之前实施紧缩的货币政策。

   b. 美联储方法最主要的优点是它在实践中是成功的。另一个优点是它不依赖稳定的货币-通货膨胀联系。

   c. 美联储方法的缺点是：它缺少透明度，会加剧金融市场的波动；美联储现行的政策高度依赖美联储主席的能力；美联储现行体系缺乏责信度，因此违背了民主原则。

4. a. 如果美联储盯住非借入准备金，非借

入准备金就会在 NBR^* 的水平上保持不变。如下图所示，当非借入准备金保持不变时，准备金需求（R^d）的变动会导致联邦基金利率（i_{ff}）的波动。

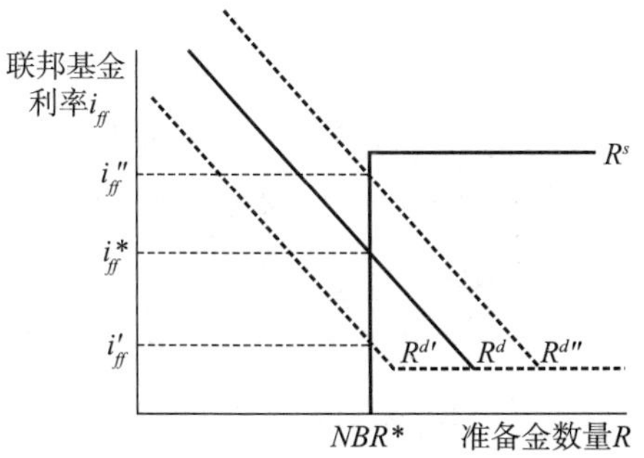

b. 如果美联储盯住联邦基金利率，联邦基金利率就会在 i^*_{ff} 的水平上保持不变。如下图所示，当联邦基金利率保持不变时，准备金需求（R^d）的变动会导致非借入准备金（NBR）的波动。

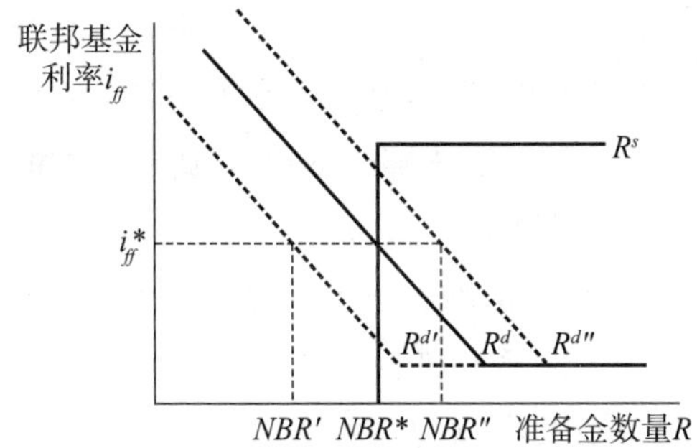

c. a 和 b 的答案说明了美联储可以盯住联邦基金利率（i_{ff}）或非借入准备金（NBR），但不能同时盯住这两个变量。美联储不能同时盯住这两个变量的原因是准备金需求每天都会发生波动。因此，如果美联储盯住 NBR（保持不变），准备金需求（R^d）的变动会导致联邦基金利率的波动。如果美联储盯住 i_{ff}（保持不变），准备金需求（R^d）的变动就会导致 NBR 的波动。

5. a. 根据泰勒规则，联邦基金利率目标＝2%＋2%＋0.5×(－0.5%)＋0.5×(－1.5%)＝3%。

b. 产出缺口为负，意味着失业率高于非加速通货膨胀失业率，此时，通货膨胀率有下降的趋势。

c. 货币政策是宽松的。

6. a. 资产价格泡沫有两种类型：信贷驱动型泡沫和单纯由非理性繁荣所驱动的泡沫。

b. 信贷驱动型泡沫给金融体系带来的风险更大。

c. 反对用货币政策刺破单纯由非理性繁荣所驱动的泡沫的理由是：它们几乎是无法确认的。

d. 恰当的政策反应是宏观审慎管理。

7. a. 货币市场利率随着经济扩张而上升。20 世纪 60 年代和 70 年代期间，美联储盯住货币市场利率，这意味着当货币市场利率开始上升时，美联储就会扩张货币供给来推动利率下跌。因此，经济扩张导致货币供给增加。

b. 货币市场利率随着经济扩张而上升，于是，银行有较强的动机增加向美联储的借款。在 20 世纪 80 年代期间，美联储盯住借入准备金，这意味着货币市场利率上升导致贴现窗口借款增加，于是美联储调低货币市场利率，推动贴现窗口借款回到其指标水平。因此，经济扩张导致货币供给扩张。

8. 如下图所示，当非借入准备金保持不变时，准备金需求的增加导致联邦基金利率上升，而准备金需求的减少导致联邦基金利率下降。由于需求波动不会引起货币政策行动，其结果是联邦基金利率将会波动（假设均衡联邦基金利率低于贴现率）。

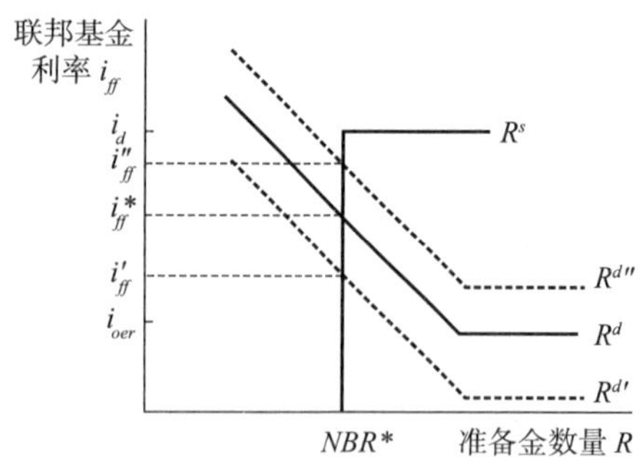

简答题

1. 德意志联邦银行以货币总量为指标的制度被看做是，与公众充分交流货币政策是如何实施的以达到长期通货膨胀目标的机制。
2. 中央银行选择政策工具的三条标准是：(1) 可观察性和可测量性；(2) 可控性；(3) 预计影响目标变量的能力。
3. 隔夜利率取决于准备金的需求和供给。中央银行控制准备金的供给，准备金需求随着银行对准备金的需要而出现波动。如果中央银行盯住准备金数量，准备金需求的波动会导致利率的波动。如果中央银行希望盯住利率，为将利率保持在其指标水平上，它应当调整准备金的供给以适应准备金需求的变动。
4. 操作工具直接受到中央银行工具的影响。中介指标受中央银行工具的影响不直接，但与货币政策目标之间的联系更为直接。
5. 美联储更可能确认信贷驱动型资产价格泡沫的出现。
6. 早期美联储首要的政策工具是贴现贷款。
7. 真实票据原则是指美联储发放贷款的原则是为产品与服务的生产和销售提供便利。第二次世界大战末期通货膨胀率的上升导致美联储放弃真实票据原则，原因是这与物价稳定目标不一致。
8. 在大萧条时期，美联储没能履行最后贷款人的职责，货币供给下跌了 25%。1936—1937 年间，美联储提高法定准备金率，将经济体系推入严重的经济衰退之中。
9. 1951 年，美联储与财政部达成了“一致协议”，美联储不再盯住低水平的利率，从而再次增强了美联储对货币政策的控制。
10. 20 世纪 90 年代中期，美联储成功地先发制人阻止了通货膨胀率的上升。2008 年，美联储在先发制人阻止通货膨胀率上升方面不太成功。

评判性思维

1. 根据泰勒规则，$i^*_{ff}=2\%+2\%+0.5\times(2\%-2\%)+0.5\times 0=4\%$。如果经济体处于其潜在水平，通货膨胀率位于其 2% 的目标水平，泰勒规则所得出的联邦基金利率目标（i^*_{ff}）为 4%。名义联邦基金利率目标意味着实际联邦基金利率等于 2%（实际联邦基金利率等于名义联邦基金利率－通货膨胀率）。这属于中性的货币政策，因为美联储指标所对应的实际联邦基金利率等于均衡联邦基金利率。在中性货币政策中，货币政策既不刺激也不阻碍 GDP 增长率和通货膨胀率。
2. 根据泰勒规则，$i^*_{ff}=2\%+1\%+0.5\times(1\%-2\%)+0.5\times(-1\%)=2\%$。如果经济体低于其潜在水平，通货膨胀率低于其 2%的目标水平，泰勒规则所得出的联邦基金利率目标（i^*_{ff}）为 2%。名义联邦基金利率目标意味着实际联邦基金利率等于 1%。这属于宽松的货币政策，因为美联储指标所对应的实际联邦基金利率低于均衡联邦基金利率。在宽松的货币政策中，GDP 增长率和通货膨胀率趋于上升。
3. 根据泰勒规则，$i^*_{ff}=2\%+3\%+0.5\times$

(3%－2%)＋0.5×1%＝6%。如果经济体高于其潜在水平，通货膨胀率高于其2%的目标水平，泰勒规则所得出的联邦基金利率目标（i_{ff}^{*}）为6%。名义联邦基金利率目标意味着实际联邦基金利率等于3%。这属于紧缩的货币政策，因为美联储指标所对应的实际联邦基金利率高于均衡联邦基金利率。在紧缩的货币政策中，GDP增长率和通货膨胀率趋于下降。

判断对错题

1. T	2. F	3. T	4. F	5. F
6. T	7. T	8. F	9. F	10. F
11. F	12. F	13. T	14. T	15. T

选择题

1. d	2. d	3. c	4. a	5. a
6. b	7. d	8. a	9. a	10. b
11. b	12. c	13. d	14. b	15. a
16. b	17. c	18. b	19. a	20. c

第17章　外汇市场

术语和定义

9　升值
3　资本流动性
2　贬值
11　有效汇率指数
5　汇率
12　外汇市场
6　远期汇率
15　实际汇率
8　远期外汇交易
4　货币中性
14　配额
13　即期汇率
1　即期交易
7　关税
10　购买力平价理论

实践应用题

1. a. 0.83。
   b. 0.79。
   c. 0.875。
2. a. 45比索/蒲式耳。
   b. 11比索/美元。
   c. 实际汇率＝1.58。
3.

因素的变动	汇率的变化
本国利率↓	↓
外国利率↓	↑
国内物价水平↓	↑
关税和配额↓	↓
进口需求↓	↑
出口需求↓	↓
本国生产能力↓	↓

4. a. 国内利率 i^D 下降导致美元资产的需求曲线向左位移，汇率从 E_1 下跌到 E_2（见下图）。

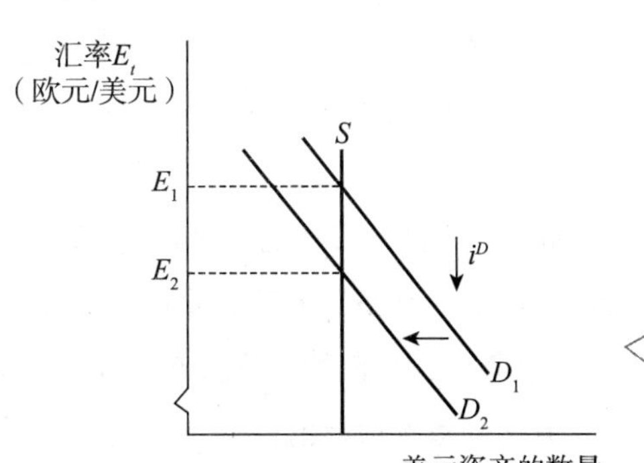

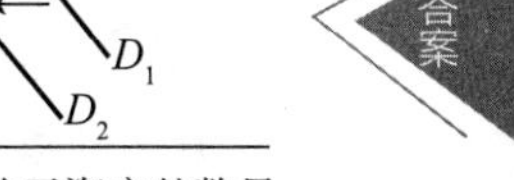

b. 外国利率 i^F 上升导致美元资产的需求曲线向左位移，汇率从 E_1 下跌到 E_2（见下图）。

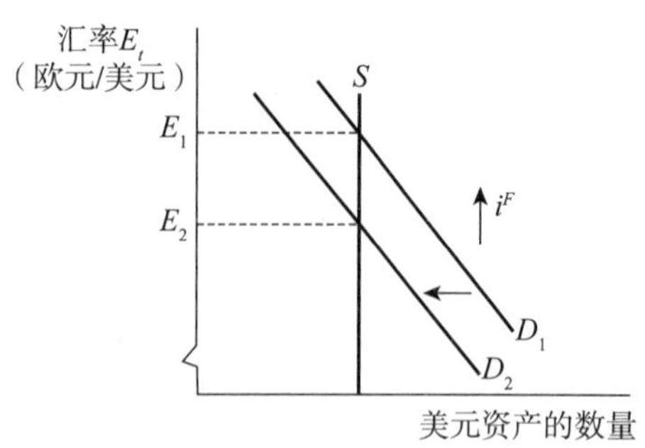

c. 预期未来汇率 E^e_{t+1} 上升导致美元资产的需求曲线向右位移，汇率从 E_1 上升到 E_2（见下图）。

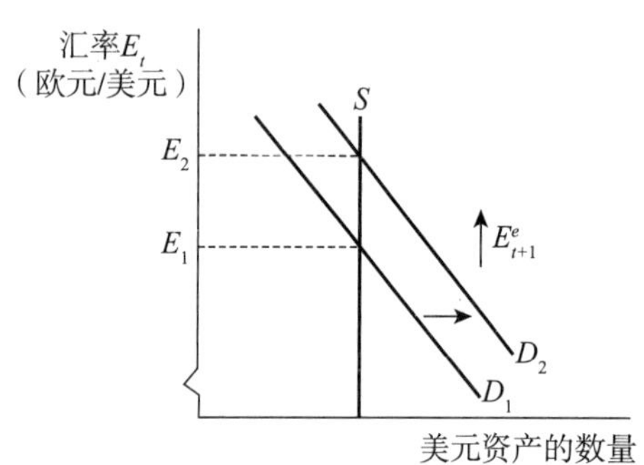

简答题

1. 随着美元贬值，进口（到美国）的商品的价格会上升。
2. 随着美元贬值，美国对进口商品的需求量会减少。
3. 贸易壁垒的增加和生产能力的上升会导致本币升值。
4. 本国资产的需求取决于本国资产的预期回报率。
5. 预期未来汇率 E^e_{t+1} 的下跌会导致货币贬值。
6. 本国实际利率的上升会导致本币升值。
7. 预期通货膨胀率上升引起的本国利率上升会导致本币贬值。
8. 国内货币供给扩张会导致本币贬值。
9. 购买力平价理论没有考虑有许多产品和服务（其价格被包括在一国物价水平指标中）是非贸易品，不能跨境交易；两个国家的相似商品通常不会是完全一样的；存在贸易壁垒，包括运输成本、关税以及配额。
10. 两个原因：外国中央银行降低利率，从而降低了外国资产的回报率；发生了资产的“安全转移”，即外国投资者购买美国国债。

评判性思维

1. 本国利率上升会导致汇率上升。外国利率下降会导致汇率上升。预期进口需求减少会导致汇率上升。既然三种因素都导致汇率上升，那么组合效应就十分清晰。
2. 本国物价水平上升会导致汇率下跌。配额的存在会导致汇率上升。预期生产能力上升也会导致汇率上升。既然本国物价水平上升、配额以及生产能力上升对汇率的影响是相反的，那么组合效应就不甚清晰了。
3. 预期出口需求增加会导致汇率上升。预期本国物价水平下跌会导致汇率上升。预期外国利率下降也会导致汇率上升。既然三种因素都导致汇率上升，那么组合效应就十分清晰。

判断对错题

1. T	2. F	3. F	4. F	5. T
6. F	7. T	8. F	9. T	10. T
11. T	12. F	13. T	14. F	15. F

选择题

1. c	2. a	3. c	4. a	5. b
6. a	7. b	8. d	9. f	10. d
11. c	12. a	13. a	14. d	15. a
16. c	17. c	18. a	19. d	20. b

第 18 章　国际金融体系

术语和定义

4　锚货币
6　不可能三角
13　新兴市场国家
12　布雷顿森林体系
19　货币联盟
17　货币局制度
3　经常账户
14　美元化
2　固定汇率制度
7　浮动汇率制度
20　外汇干预
8　金本位制度
16　国际货币基金组织
5　国际储备
11　有管理的浮动汇率制度（肮脏浮动）
9　汇率钉住
18　铸币税
15　冲销性外汇干预
1　贸易收支
10　非冲销性外汇干预

实践应用题

1. a. 美联储用 10 亿美元通货买入 10 亿美元外币资产时，T 账户如下：

联邦储备体系

资产		负债	
外币资产（国际储备）	＋10 亿美元	流通中的通货	＋10 亿美元

b. 该外汇交易会导致基础货币增加 10 亿美元。

c. 美联储用 10 亿美元存款买入 10 亿美元外币资产时，T 账户如下：

联邦储备体系

资产		负债	
外币资产（国际储备）	＋10 亿美元	在美联储的存款（准备金）	＋10 亿美元

d. 该外汇交易会导致基础货币增加 10 亿美元。

e. 美联储用 10 亿美元存款买入 10 亿美元外币资产，之后再卖出 10 亿美元政府债券来对冲这笔外汇干预时，T 账户如下：

联邦储备体系

资产		负债	
外币资产（国际储备）	＋10 亿美元	基础货币	0 亿美元
政府债券	−10 亿美元		

f. 冲销性外汇干预不会改变基础货币。

2. a. 美元资产的供求曲线以及非冲销性出售外币资产的短期影响和长期影响见下图。

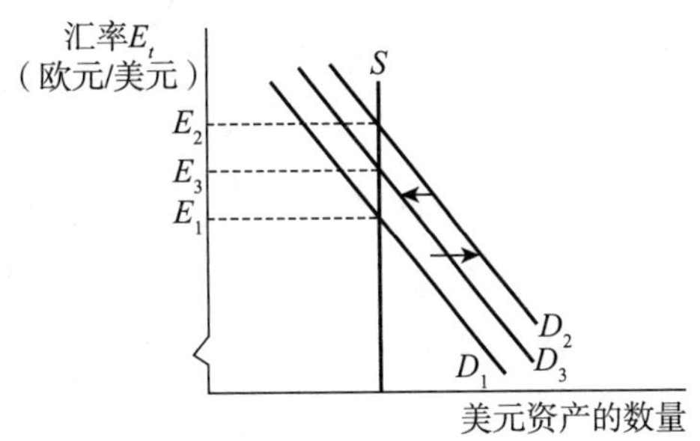

b. 非冲销性出售外币资产会减少基础货币，引起本国利率在短期内上升，本国物价水平在长期内下跌。本国利率上升和物价水平下跌都会在短期内将汇率推高（从 E_1 到 E_2）。在长期内，

答案

利率会返回到其初始水平，但物价水平仍然在较低的水平上。由于利率效应消失，而价格水平效应依然存在，因而最终汇率会相对于其初始水平出现一定程度的升值。

c. 外汇市场上的冲销性干预不会改变基础货币，因此利率和物价水平都保持不变，汇率也如下图所示不发生任何变动。

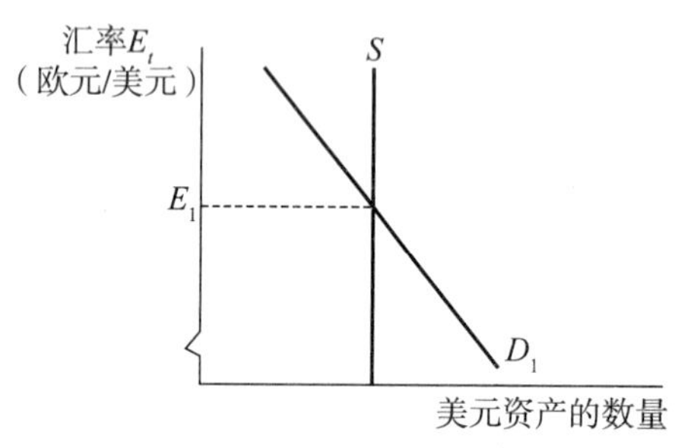

3. a. 外币资产回报率上升会推动美元资产需求曲线向左位移，汇率则从 E_1 下跌到 E_2（见下图）。

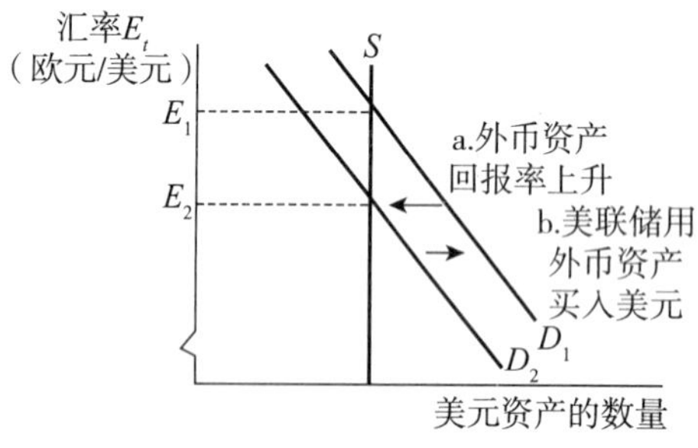

b. 美联储为将汇率维持在初始水平（E_1），会用外币资产买入美元。这一交易会减少基础货币，导致本国利率上升，随着美元资产需求曲线位移回 D_1，汇率会重新上升至 E_1。

4. a. 币值被高估了。

b. 中央银行需要买入本币以将汇率固定在平价水平上。

c. 国际储备会随之减少。

d. 如果货币交易商担心中央银行外币资产枯竭，可能会对该国货币发起投机性攻击。

e. 对该国货币的投机性攻击会导致国际收支赤字。中央银行会提高利率来应对这一情况。

f. 国际货币基金组织可能向该国提供贷款，帮助其增加外汇储备。

g. 这些国家会预期到国际货币基金组织会出手救助它们，于是就会采用可能引起国际收支赤字的宏观经济政策。

简答题

1. 在冲销性外汇干预中，中央银行会通过公开市场操作来对冲这一干预，因而基础货币会保持不变。在非冲销性外汇干预中，中央银行不会通过公开市场操作来对冲这一干预，因此基础货币会出现相应的变动。
2. 锚货币是其他货币钉住的货币。
3. 肮脏浮动（又被称为有管理的浮动汇率制度）是中央银行通过外汇市场干预，将汇率保持在一定区间内（而非将汇率固定在某一水平上）的汇率制度。
4. 在布雷顿森林体系下除美国以外实施固定汇率制度的国家，持有以美元计价的国际储备。
5. 1971 年布雷顿森林体系崩溃，当时美国实施了通货膨胀型货币政策。为了维持同美国之间的固定汇率制度，其他国家也不得不实施通货膨胀型政策。国际收支盈余国拒绝实施通货膨胀型政策，因此放弃了固定汇率制度。
6. 实证证据表明，危机期间的资本流出管制很少能够有效，甚至可能会加剧资本外逃。资本流出管制通常还会引发腐败，可能成为政府重要改革的障碍，而这些改革

恰恰可以防止资本外流。经济学家更可能支持资本流入管制，其理由是如果投机资本没有进入，就不会突然流出了。

7. 汇率目标制的优点是：汇率目标制的名义锚有助于控制通货膨胀；汇率目标制为货币政策的实施提供了自动规则；汇率目标制具有简单和明晰的优点，使得公众容易理解。汇率目标制的缺点是：钉住国不能再实施独立的货币政策；锚货币发行国的经济冲击会很容易被传导到钉住国；钉住国向冲击它们货币的投机者敞开了大门。

8. 与货币局制度相比，美元化是对固定汇率制度更强的承诺，这是因为货币局制度可以被抛弃。责信度较差的国家可以选择美元化，从而发出了强烈的信号，承诺会保持较低的通货膨胀率。美元化最主要的缺点是，该国放弃了从货币创造中盈利的机会，该盈利即为铸币税。

9. 1992 年危机始于 1990 年德国提高利率，以遏制统一带来的通胀压力。这种需求冲击立即被传导到汇率机制中的其他国家。这些国家没有独立的货币政策，容易受到来自锚定国的冲击。这就引起了第二个问题。投机者打赌，这些国家不会希望采用紧缩的货币政策来导致失业率上升。投机者押注于这些货币的承诺是软弱无力的，他们押注于这些货币的贬值，最后许多成员国被迫贬值或退出汇率机制。在这次危机中，汇率目标制暴露出的缺点是，钉住国缺乏独立的政策，使钉住国受到来自锚定国的冲击，并且当承诺被认为是软弱无力的时候有可能受到投机性攻击。

评判性思维

1. a. 外国对美国财富的要求权增加。
   b. 美国对外国财富的要求权减少。
   c. 在某个时候，美国人必须兑现对他们财富的要求权，可能会导致美国人变穷。
2. 如下图所示，汇率平价高于均衡汇率，导致汇率高估。一种方法是实施紧缩的货币政策，提高利率，增加对国内资产的需求。这个过程会一直持续下去，直到恢复汇率平价的均衡。另一种方法是央行通过出售外币资产来购买本国货币。

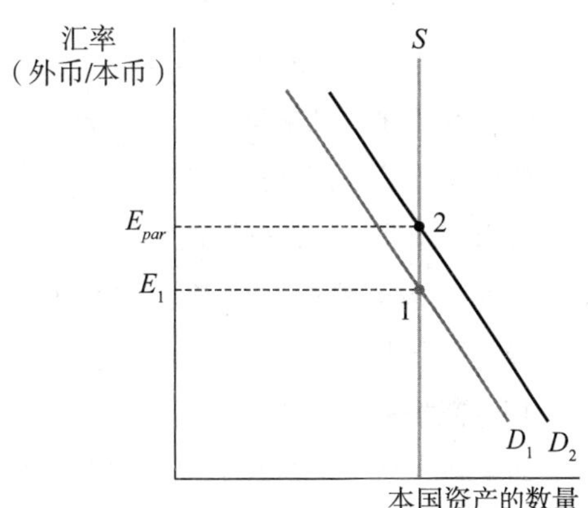

判断对错题

1. F	2. T	3. F	4. F	5. T
6. F	7. T	8. F	9. F	10. F
11. T	12. F	13. T	14. T	15. T

选择题

1. a	2. b	3. d	4. b	5. a
6. c	7. b	8. d	9. d	10. b
11. a	12. c	13. a	14. d	15. a
16. d	17. a	18. c	19. b	20. b
21. b				

第 19 章 货币数量论、通货膨胀与货币需求

术语和定义

1 交易方程式
7 流动性偏好理论
6 实际货币余额
2 货币数量论
5 货币理论
3 货币流通速度
4 债务货币化
8 恶性通货膨胀

实践应用题

1. a. 货币流通速度＝3。
   b. 货币数量＝5 万亿美元。
   c. 货币流通速度是常量。
   d. 物价水平会上涨 30%。
   e. 货币需求是 10 万亿美元。
2. a. 随着利率下跌返回到其正常水平，债券价格会上升。
   b. 债券回报率会上升。
   c. 如果利率高于正常水平，人们会持有债券而非货币，因为他们预期未来利率会下跌并返回到其正常水平，而随着利率返回其正常水平，债券回报率会上升。
3. a. 平均现金余额＝900 美元。
   b. 货币流通速度＝1 800 美元×12/900 美元＝24。
   c. 平均现金余额＝450 美元。
   d. 货币流通速度＝1 800 美元×12/450 美元＝48。
   e. 持有货币的成本是放弃了债券投资的利息收入。持有货币的收益是节约了债券投资的交易成本。随着利率的上升，持有货币的成本会上升，因此你愿意承受更多的债券投资的交易成本。

简答题

1. 欧文·费雪认为货币流通速度是由经济中影响个体交易方式的制度决定的，这些制度的变化十分缓慢。因此，货币流通速度基本上是个常量。
2. 古典经济学家相信工资和物价是具有完全弹性的，因此，经济会保持在充分就业水平。
3. 不是，货币流通速度不是常量。
4. 凯恩斯提出了三种持币动机：交易动机、预防动机和投机动机。凯恩斯认为投机动机是与利率相关的。
5. 名义货币余额是指你实际持有的美元。实际货币余额等于你持有的美元除以物价水平。凯恩斯认为人们希望持有一定的实际货币余额，原因是实际货币余额可以衡量某人用其货币可以买多少东西。如果经济体的物价水平翻番，那么同样的名义货币量可以买到的商品是过去的一半。
6. 人们为了预防意料之外的购买支出，会持有预防性货币余额。预防性货币余额与收入正相关。
7. 随着利率的上升，人们会减少持有的货币（出于投机动机），因此货币流通速度会上升。利率和货币流通速度是正相关的。
8. 在本书前面的章节中，你了解到利率是顺周期的。在经济周期的扩张阶段，利率和货币流通速度会上升。在经济周期的紧缩阶段，利率和货币流通速度会下跌。货币流通速度是顺周期的。
9. 随着替代性资产流动性的增强，货币的

相对流动性减弱，因此货币需求相应减少。

评判性思维

1. a. 货币数量论意味着货币供给增加 20% 会导致名义收入上升 20%，并且，如果物价和工资是弹性的，那么物价水平就会上升 20%，实际产出保持不变。

   b. 如果出现流动性陷阱，货币供给增加 20%不会对实际收入、物价水平或名义收入产生任何影响。

   c. 如果凯恩斯的流动性偏好函数能够最好地描述货币需求，但是货币需求对利率的敏感性介于极端敏感和完全不敏感之间，那么货币供给的增加会导致名义收入增加。但名义收入的增加幅度会小于货币供给的增加幅度（即 20%）。原因是货币供给具有一定的利率敏感性。再一次，实际收入变动和物价水平变动之间的差距取决于物价和工资是否具有弹性。

2. 第 1 题 c 中的凯恩斯的货币需求函数可以最好地描述现实世界。两种极端情况（极端敏感或者完全不敏感）都与数据不一致。

3. 既然货币需求是利率的函数，那么美联储不能准确地控制名义收入。然而，货币需求对利率也不是极端敏感的，因而美联储的确对名义收入有一定的（而非完全的）影响力。

判断对错题

1. T　2. F　3. F　4. F　5. F
6. F　7. F　8. T

选择题

1. b　2. c　3. d　4. c　5. c
6. c　7. d　8. b　9. c　10. d
11. a　12. d　13. b　14. a　15. a
16. a　17. a　18. d

第 20 章　*IS* 曲线

术语和定义

1　总需求
10　总需求函数
11　“动物精神”
15　自主性消费支出
7　消费支出
3　消费函数
12　可支配收入
14　支出乘数
4　固定投资
8　政府购买
9　存货投资
13　金融摩擦
6　*IS* 曲线
5　边际消费倾向
2　净出口

实践应用题

1. a.

单位：十亿美元

下图中的点	可支配收入 (Y_D)	消费支出 (C)	可支配收入的变动 (ΔY_D)	消费支出的变动 (ΔC)
E	0	300	—	—
F	200	460	200	160
G	400	620	200	160
H	800	940	400	320

b.

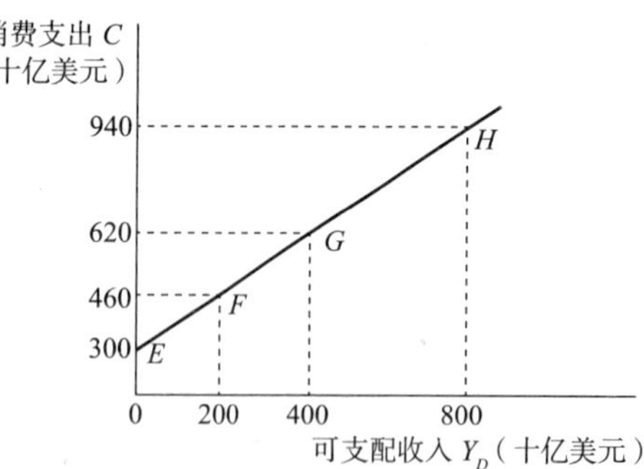

2. a. $Y^*=4$ 万亿美元。

b.

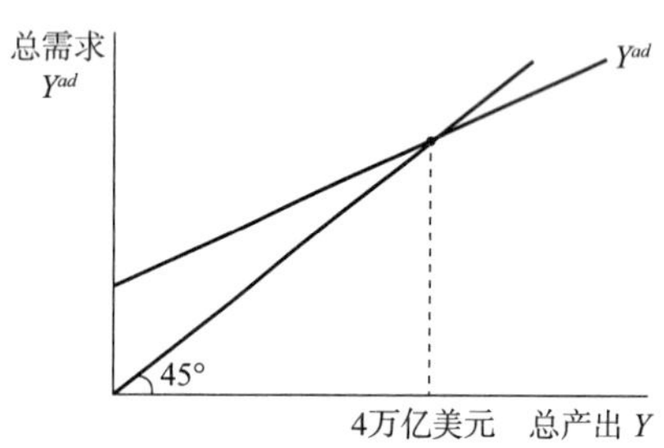

c. $Y^*=3.5$ 万亿美元。

d. $\Delta Y/\Delta a=1/(1-mpc)=10$。

e. $\Delta Y=[1/(1-mpc)]\Delta G=1$ 万亿美元。

f. $\Delta Y=-1$ 万亿美元。

3. a. 自主性消费支出 a 减少［见图（a）］。

b. 计划投资支出 I 下降［见图（b）］。

c. 税收 T 减少［见图（c）］。

d. 净出口 NX 减少［见图（d）］。

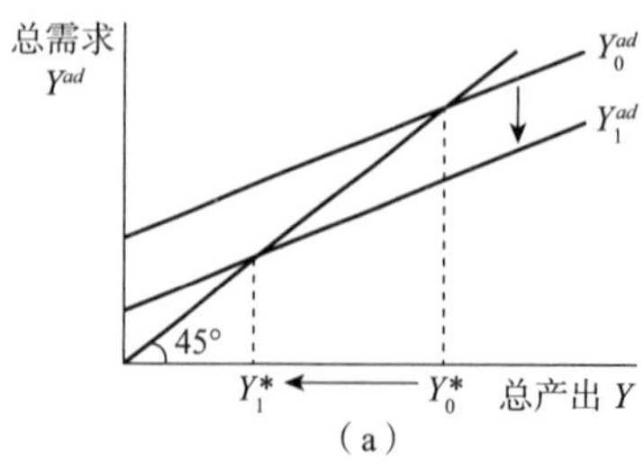

（a）

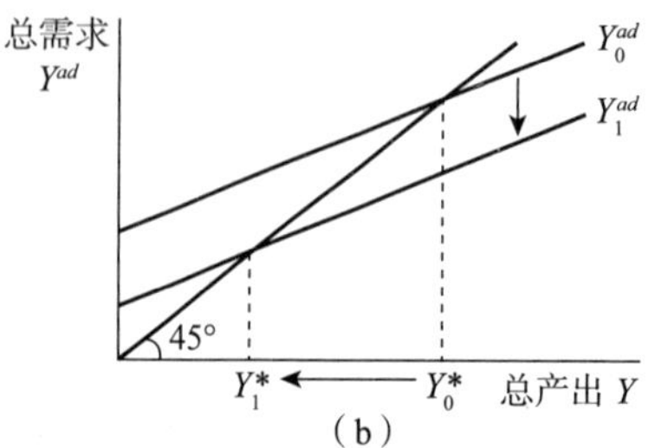

（b）

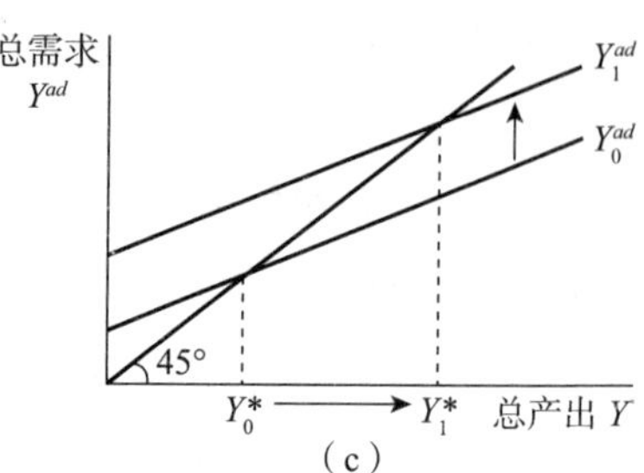

（c）

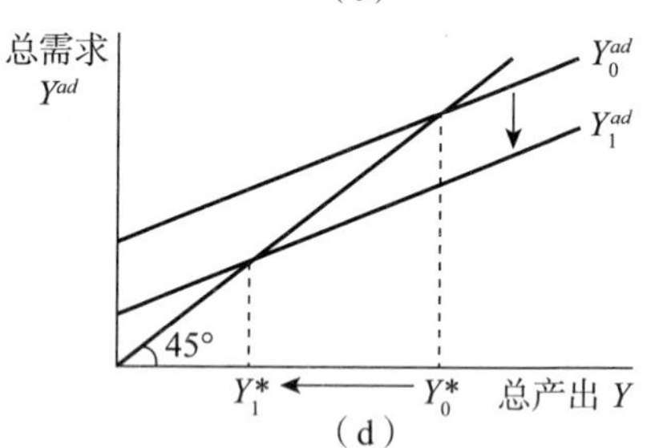

（d）

4. a.

i	I	Y^{ad}	Y^*
3%	100	1 000 +0.75Y	4 000
8%	200	800 +0.75Y	2 800
2%	400	700 +0.75Y	3 200

b.

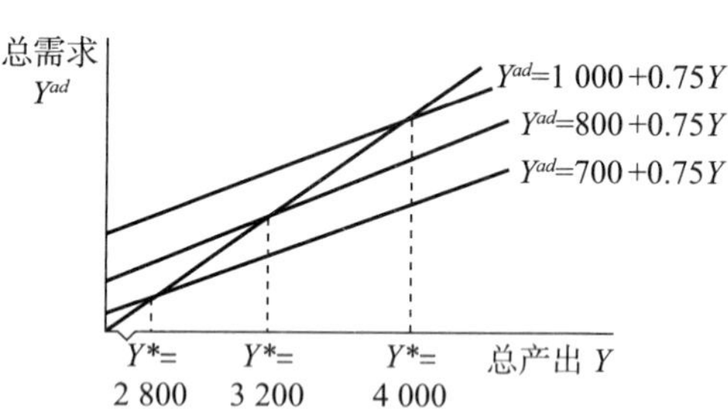

注：本图为示意图，坐标轴刻度并不精确。

c. 利用 a 中的数据构建 IS 曲线（见下图）。

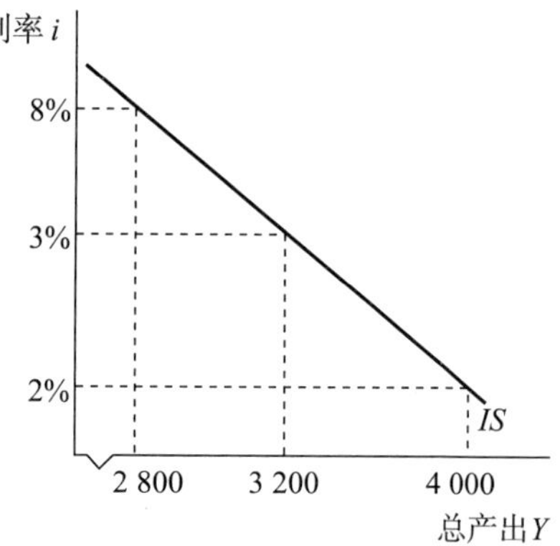

注：本图为示意图，坐标轴刻度并不精确。

简答题

1. 消费支出，计划投资支出，政府购买，净出口。
2. 在凯恩斯的模型中，名义产出的增加与实际产出的增加是相等的，原因是物价水平被假定是固定不变的。
3. 非计划存货投资为−50 亿美元。企业会增加生产，直至经济达到其均衡水平为止。
4. 根据凯恩斯的观点，自主性支出的变动是由计划投资支出的不稳定波动支配的，后者受到“动物精神”的影响。
5. $\Delta Y=[1/(1-mpc)]\Delta NX=-1\ 000$亿美元。
6. 与政府购买变动相比，税收变动对总产出的影响较小。原因是，当税收减少时，可支配收入增量中的一部分被积攒起来。当税收增加时，可支配收入减少额中的一部分是从积蓄中支出的。
7. 在 IS 曲线上，利率和总产出是负相关的，这是因为随着利率的上升，投资支出和净出口减少，从而引起总产出减少。
8. 如果经济体位于 IS 曲线左侧，就存在着产品的超额需求，进而引起非计划存货投资减少。企业会增加生产，直至产品市场重新恢复均衡状态，经济体回到 IS 曲线上。
9. 提高利率会减少计划投资。由于乘数效应，投资的减少使均衡产出减少投资减少额的数倍。此外，利率上升会增加美元价值，减少净出口，从而使总需求和均衡产出减少净出口减少额的数倍。

评判性思维

1. $\Delta G=400$ 亿美元。
2. $\Delta T=-500$ 亿美元。
3. $\Delta G=\Delta T=2\ 000$ 亿美元。

判断对错题

1. T	2. F	3. F	4. T	5. T
6. F	7. T	8. F	9. F	10. F
11. T	12. F	13. F	14. F	

选择题

1. a	2. b	3. d	4. c	5. d
6. b	7. a	8. c	9. a	10. b
11. b	12. d	13. d	14. a	15. d
16. a	17. c			

第 21 章 货币政策与总需求曲线

术语和定义

3 货币政策曲线

1 自主性宽松货币政策

4 自主性紧缩货币政策

2 泰勒原理

实践应用题

1. a. 当通货膨胀率分别为 2%、3% 和 4% 时，实际利率分别为 3%、3.75% 和 4.5%。

   b. 见下面 d 中的图。

   c. $\bar{r}$ 增大，这意味着自主性紧缩货币政策。

   d. 当通货膨胀率分别为 2%、3% 和 4% 时，实际利率分别为 4%、4.75% 和 5.5%。图如下页所示。

2. a. MP 曲线表示为 $r=2+0.5\pi$。AD 曲线表示为 $Y=30.5-1.25\pi$。

   b. 当 $\pi=2$ 和 $\pi=4$ 时，实际利率分别为

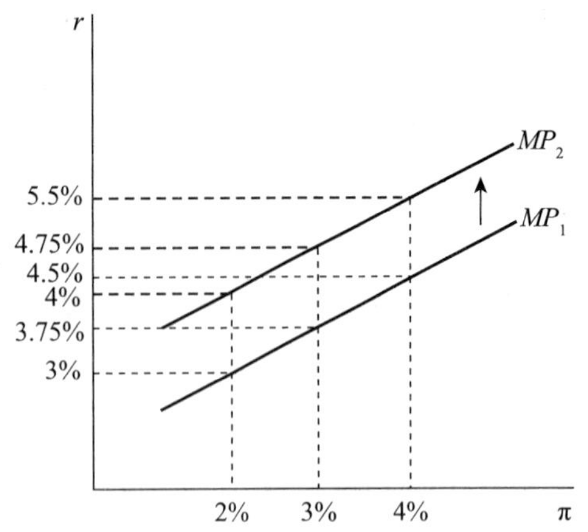

3%和4%，总产出分别为28万亿美元和25.5万亿美元。

c. 图如下所示。

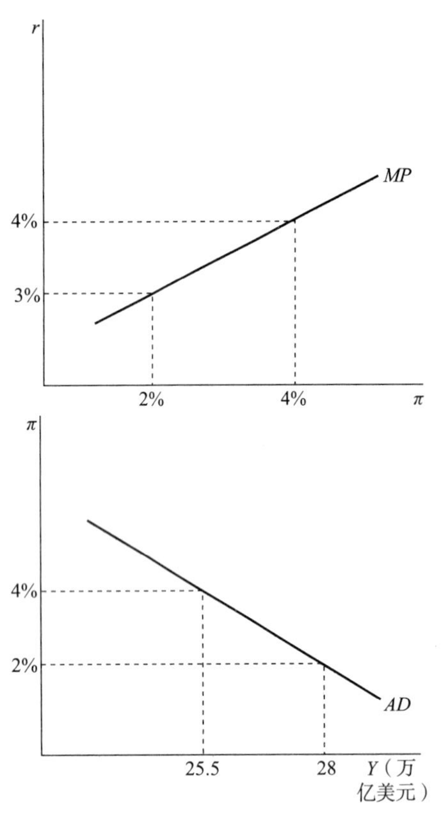

3. a. $Y=16-2\pi$。在$\pi=0$，$\pi=4$，$\pi=8$时，总产出分别为$Y=16$，$Y=8$和$Y=0$。图如下所示。

b. $Y=16-4\pi$。新AD曲线绘制在a的坐标图中。

c. 随着央行更加关注通胀（即对通胀更加

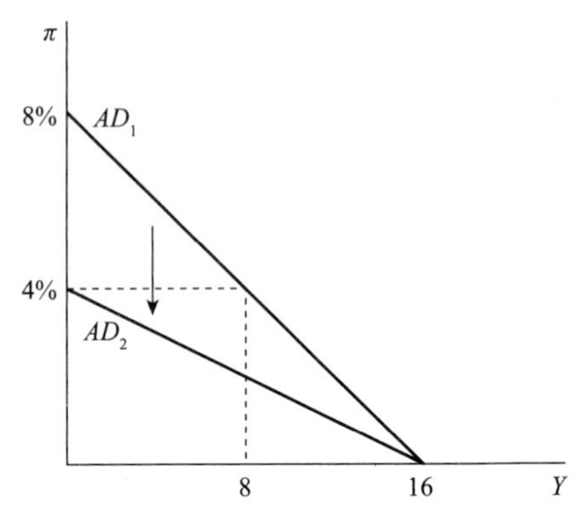

厌恶），λ增大，AD曲线变得更平坦。

简答题

1. 美联储调整联邦基金利率以应对更高的通货膨胀。这就要求在公开市场上出售债券，以从银行系统中去除准备金，从而提高联邦基金利率。
2. 美联储可以控制（名义）联邦基金利率，但影响经济活动的关键是实际利率。关键性假定是通胀在短期内具有相对黏性，因此名义利率的变化也意味着实际利率的类似变化。
3. 向上倾斜的MP曲线意味着，当通胀上升时，实际利率上升，而不是下降。这是必要的，否则通胀上升将导致实际利率下降，从而导致产出增加，通胀进一步上升，实际利率进一步下降，从而导致更高的通胀。换句话说，MP曲线必须向上倾斜，以防止通货膨胀失控。
4. $\lambda=0$意味着即使通胀发生变化，实际利率也将保持不变。这意味着，随着通货膨胀的加剧，名义利率将与通货膨胀率完全相同，从而使实际利率保持不变。
5. 自主性紧缩货币政策会导致实际利率提高，MP曲线向上移动；自主性宽松货币政策会导致实际利率降低，MP曲线向下移动。
6. 错误。由于λ独立于货币政策的自主性

部分，因此，自主性货币政策的任何变化都会对实际利率产生相同的影响，而与 λ 的值无关。因此，对于给定的 IS 曲线，自主性货币政策的任何变化都将对总产出产生相同的影响，而与 λ 的值无关。

7. 货币政策在改变产出方面的效果会降低。因为净出口是投资之外的一个强化渠道，利率变化可以通过这一渠道影响产出。
8. 如果央行希望直接解决资产价格泡沫问题，它可能会通过提高利率自主收紧政策。这将提高任何给定通胀率下的实际利率，使 MP 曲线上移。
9. 对总需求曲线的影响是不确定的，因为增加政府支出将使 AD 曲线向右移动，而自主性紧缩政策将使 AD 曲线向左移动。
10. 美国净出口的增加直接影响 IS 曲线，因为计划支出在每个实际利率下都会增加。假设产品市场处于均衡状态，总产出增加，IS 曲线向右移动。货币政策曲线不会改变，因为净出口不是货币政策曲线的决定因素。货币政策曲线代表货币当局根据当前的通胀率在短期内设定实际利率的意愿。给定相同的货币政策曲线和新的 IS 曲线，总需求曲线向右移动。这意味着总产出在每一个通胀率下都会增加。

评判性思维

1. 在这种情况下采用自主性宽松货币政策，货币政策曲线将向下移动。
2. 如果美联储开始时不那么关注通货膨胀率，这将相当于降低实际利率对通货膨胀率的敏感性 λ，从而降低货币政策曲线的斜率。

判断对错题

1. T	2. F	3. T	4. F	5. F
6. F	7. T	8. F	9. F	10. T

选择题

1. b	2. b	3. d	4. d	5. d
6. c	7. a	8. a	9. b	10. a
11. a	12. a	13. d	14. d	15. a
16. a	17. d	18. d	19. a	20. d

第 22 章　总需求-总供给分析

术语和定义

5	成本推进型冲击	4	自然失业率
9	总需求曲线	10	潜在产出
3	消费支出	19	产出缺口
12	计划投资支出	15	通货膨胀冲击
7	政府购买	13	供给冲击
1	净出口	17	一般均衡
11	需求冲击	14	自我纠错机制
6	总供给曲线	20	滞胀
2	自然产出率	18	真实经济周期理论
		16	适应性预期

8 非加速通货膨胀失业率

实践应用题

1. a. 在短期内，货币供给量的增加会推动经济移动到下图中的点 1′处。通货膨胀率上升到 $\pi_{1'}$，总产出增加至 $Y_{1'}$。

   b. 短期总供给曲线最终会从 AS_1 位移至 AS_2，经济会返回到下图中点 2 所代表的长期均衡水平，此时，通货膨胀率为 π_2，总产出为 Y^P。

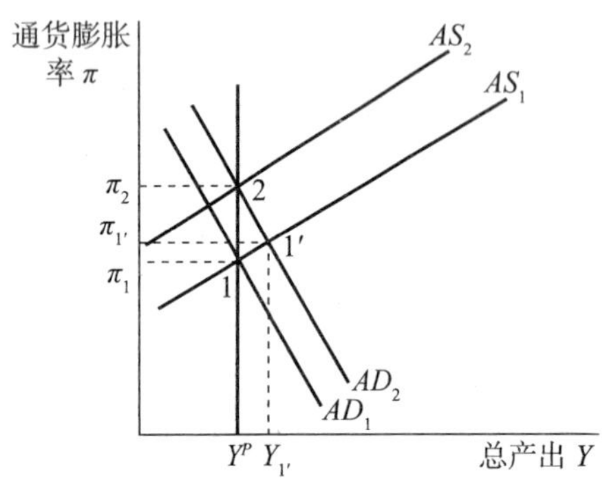

   c. 点 1′所对应的产出为 $Y_{1'}$，是高于自然率水平的。工资水平上升最终会推动短期总供给曲线向左位移至 AS_2，此时经济终于达到静止状态。

   d. 总需求曲线向右位移起初的短期影响是，通货膨胀率和总产出水平双双上升。

   e. 总需求曲线向右位移最终的长期影响只有通货膨胀率上升。在长期，总产出保持不变，依然为 Y^P。

2. a. 在下图中，石油资源的减少会导致短期总供给曲线从 AS_1 向左位移至 AS_2。经济体起初从点 1 移动到点 2。通货膨胀率上升至 π_2，总产出下跌到 Y_2。

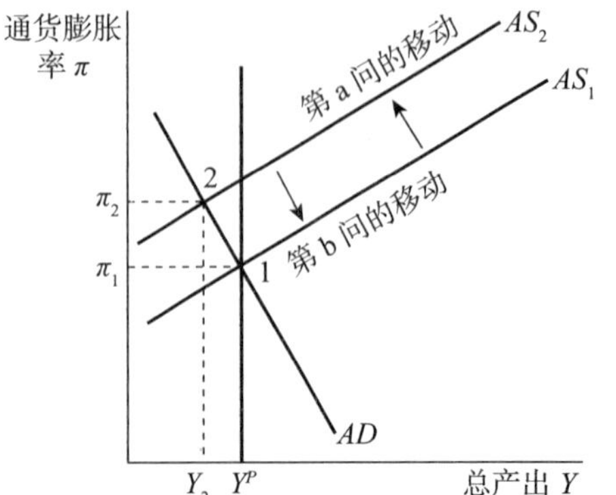

   b. 点 2 的产出低于自然率水平，因此工资水平下降，短期总供给曲线位移回最初的位置，即 AS_1。

简答题

1. 通货膨胀率上升导致货币政策制定者提高实际利率。这减少了计划支出，降低了产品市场均衡所需的产出水平。如果通货膨胀率下降，情况正好相反。因此，当通货膨胀率上升时，产品市场将在较低的产出水平上实现均衡，而当通货膨胀率下降时，产品市场将在较高的产出水平上实现均衡。总需求曲线向下倾斜反映了这一点。短期总供给曲线向上倾斜，以反映当经济体的产品和服务总产出在短期内超过潜在产出水平时通货膨胀率的上升，以及当产出低于潜在产出水平时通货膨胀率的下降。

2. 以下变化将使总需求曲线向右移动：自主性宽松货币政策、政府购买增加、税收减少、自主性消费支出增加、自主性投资增加、自主性净出口增加和金融摩擦缓解。这些因素的相反变化将使总需求曲线向左移动。

3. 如果劳动力供给因大部分人口退休而减少，则会降低经济的生产能力，导致长期总供给曲线向左移动。在其他条件相同的情况下，这将导致该国收入下降。

4. 短期总供给曲线的变化源于预期通胀、通货膨胀冲击和持续产出缺口的变化。所有这些因素都不会改变长期总供给曲线，因为价格和工资的灵活性确保经济在长期内以其潜在产出水平生产。潜在产出不取决于实际或预期通胀，而是取

决于生产产品和服务所需的资本、劳动力和技术。然而，潜在产出的变化会改变长期总供给曲线和短期总供给曲线，因为它改变了任何给定实际产出水平下的产出缺口。

5. 由于工人和企业预计价格会更高，工资和生产成本将上升，从而短期总供给曲线将向上移动。

6. 当总产出低于潜在产出时，失业率就会高于自然失业率水平，而劳动力市场的萧条会导致工资增长速度放缓。正如菲利普斯曲线所表明的那样，这会导致企业提高价格的速度变慢，从而降低通货膨胀率。因此，预期通胀将在下一个时期降低，短期总供给曲线将向下移动。通胀和预期通胀下降，短期总供给曲线向下移动的调整过程将持续一段时间，直到总产出增加到潜在产出水平，产出缺口增加到零，经济达到长期均衡状态。

7. 通货膨胀率将低于公众不相信反通胀计划时的情况，总产出将更高。较低的预期通胀将导致短期总供给曲线向下移动，因此短期总供给曲线与总需求曲线的交点将对应较高的产出水平和较低的通胀率。

8. 当失业率高于自然失业率时，劳动力市场就会萧条，产出低于潜在水平。这导致短期总供给曲线向下移动，随着时间的推移将使通胀降低和产出增加，直到经济达到长期均衡状态。

9. 税收的减少将导致总需求曲线右移。短期内，通胀和产出都将上升。这导致劳动力市场紧张，从而提高通胀预期，并使短期总供给曲线向上移动。当这种情况发生时，经济将达到一个新的长期均衡状态，产出将回落到潜在水平，通胀将上升。

10. 有几个因素有利于中国，使中国比美国和英国更好地经受住了金融危机的考验。一般而言，美国和英国的经济与金融市场的运作关系更为密切，因此，当金融市场恶化时，对美国和英国的伤害更为直接和显著。当雷曼兄弟倒闭、金融危机最严重时，全球对产品和服务的需求萎缩，这对中国的出口部门造成了巨大伤害。然而，中国与英国及美国的最大区别是政策反应。中国实施了大规模财政刺激，同时实施了自主性宽松货币政策，两者加起来比美国和英国的力度及规模更大。这两个案例结果的差异说明了一点：尽管中国经济增长放缓，但并未停滞。就美国和英国而言，金融危机造成了深度和长期的衰退。

评判性思维

1. 政府支出的增加会推动总需求曲线向右位移，引起就业水平和总产出在短期内上升。

2. 否。在长期内，总产出会返回其自然产出率水平，但通货膨胀率会上升。

3. 政府支出的增加会推动总需求曲线向右位移，引起通货膨胀率在短期内上升。在长期内，工资水平上升，总供给曲线向左位移，导致通货膨胀率进一步上升。

4. 如果该参议员是凯恩斯的追随者，他可能会赞成积极干预的方法，也就是说，当经济的总产出低于自然产出率时，他会主张增加政府支出、减税或者扩张货币供给，目的是推动总需求曲线位移，带动经济回到自然产出率水平。他相信自我纠错机制的作用相对比较缓慢。

5. 如果该参议员是弗里德曼的追随者，他可能会支持不积极干预的方法，也就是说，如果经济的总产出低于自然产出率，

他会主张保持政府支出、税收和货币供给量不变。他认为自我纠错机制的作用相对比较迅速，不用管它，经济就会调整返回到自然产出率水平。

判断对错题

1. F　2. F　3. F　4. F　5. F　6. T　7. F　8. T　9. F　10. F

选择题

1. a　2. a　3. a　4. a　5. b
6. b　7. d　8. a　9. c　10. a
11. a　12. a　13. b　14. d　15. c
16. a

第 23 章　货币政策理论

术语和定义

3　通货膨胀目标
6　通货膨胀缺口
4　神作之合
11　凯恩斯主义者
1　非积极干预者
5　积极干预者
2　执行时滞
9　立法时滞
7　认识时滞
10　成本推进型通货膨胀
8　需求拉动型通货膨胀

实践应用题

1. a. 根据总供求分析，减少政府支出会导致总需求曲线向左移动，因为总支出在每个通货膨胀率上都会减少。因此，由其与短期总供给曲线的新交点决定的通货膨胀率和产出水平都比以前更低，如图（a）所示。目前，产出低于潜在产出，通货膨胀率也低于目标水平。

b. 如果中央银行决定使用货币政策工具来稳定通货膨胀，它将有效地降低任意通货膨胀率上的实际利率，从而使 *MP* 曲线向下移动。这一行动将推动 *AD* 曲线向右平移，并使经济恢复到长期均衡状态，即通货膨胀率回到目标水平 π^T，产出回归潜在水平。这项政策的唯一长期效果是影响实际利率，目前的实际利率水平低于以前的长期均衡水平。

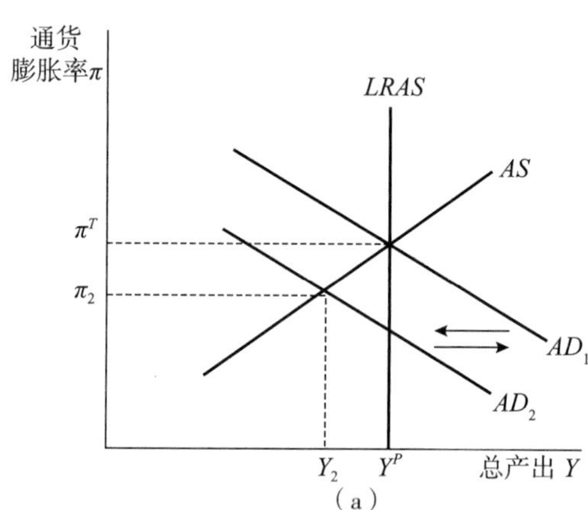

（a）

2. a. 政府支出一次性永久增加的影响如下图所示。

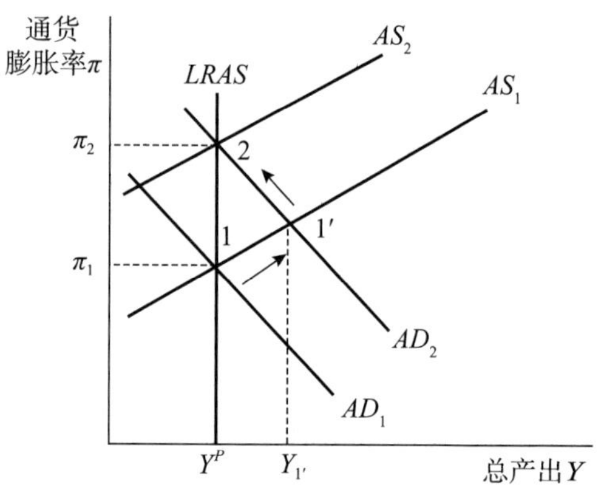

b. 政府支出一次性永久增加会导致物价

水平的一次性永久上升而非物价水平的持续性上升，因而不会导致持续的通货膨胀。

c. 负向供给冲击的影响如下图所示。

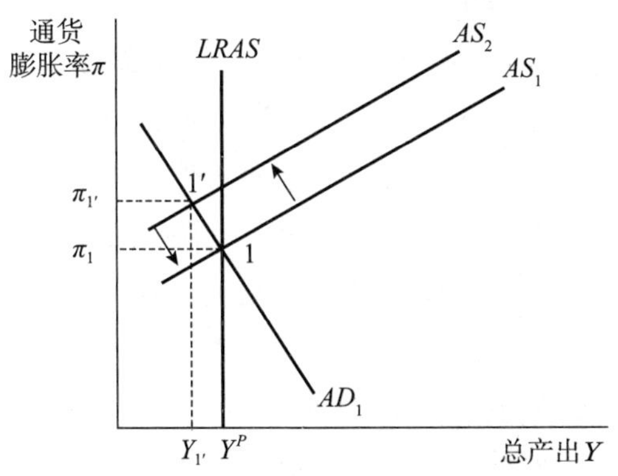

d. 为应对负向供给冲击，经济会从点 1 移动到点 1′，之后会返回点 1。因此，负向供给冲击不会导致持续的通货膨胀。

简答题

1. 通货膨胀缺口为负意味着当前的通货膨胀率低于目标通货膨胀率。
2. 稳定化政策更多地通过货币政策而不是财政政策来实施，因为实施财政政策需要对税收和政府支出进行调整，与货币政策决策相比，其需要更长的时间来审议和制定。
3. 由于自然限制的存在，政府支出不会持续增加：政府支出不能超过 GDP 的 100%。同理，税收不可能无限减少，因为最终会达到零。
4. 在成本推进型通货膨胀的情况下，失业率高于自然失业率。在需求拉动型通货膨胀的情况下，失业率低于自然失业率。
5. 立法时滞和执行时滞不适用于货币政策，这是因为美联储要调整政策，无须通过法令。美联储一旦决定调整政策，就会立即通知其交易室来执行相应的公开市场操作。

评判性思维

1. 在甲国，政策制定者选择了稳定产出的政策。
2. 在乙国，政策制定者选择了稳定经济活动的政策。
3. 在丙国，政策制定者没有选择任何政策回应，即保持自主性货币政策不变。

判断对错题

1. T	2. T	3. T	4. T	5. F
6. F	7. F	8. F	9. T	10. T

选择题

1. a	2. b	3. d	4. c	5. e
6. a	7. e	8. b	9. d	10. d
11. d	12. b	13. c	14. d	15. b
16. a	17. a	18. c	19. b	20. d
21. b	22. a	23. a	24. d	

第 24 章　货币政策中预期的作用

术语和定义

7	宏观经济计量模型
4	规则
9	相机抉择
1	货币主义者
6	单一货币增长率规则
2	政治经济周期
3	有约束的相机抉择

5 可信度

8 名义 GDP 目标制

实践应用题

1. 在甲国，公众更有可能相信有关未来政策变化的公告，并且会根据对未来政策变化的预期调整通货膨胀预期。因此，与中央银行可信度非常差的乙国相比，甲国的总供给将更快地适应政策变化。如下面的两幅图所示，如果两国中央银行都公布了将采用自主性紧缩货币政策来降低目标通货膨胀率，那么甲国的短期总供给曲线向下移动的速度将比乙国快得多。乙国由于缺乏可信度，必须首先收缩总需求，并在政策实施后调整预期，以实现与甲国一样低的长期通货膨胀率。这意味着甲国的产出将比乙国更稳定，甲国的调整过程比乙国快。

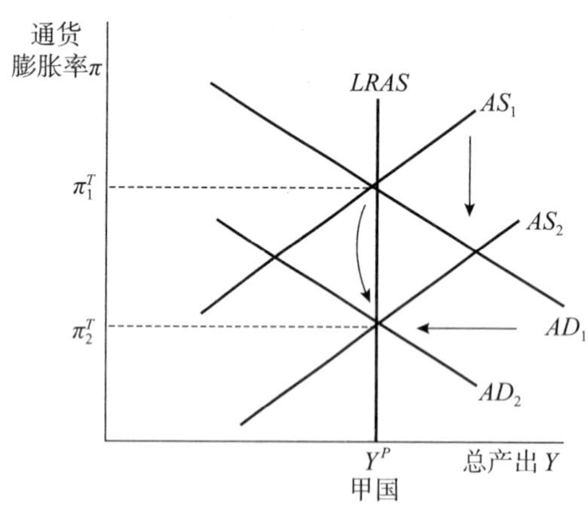

甲国

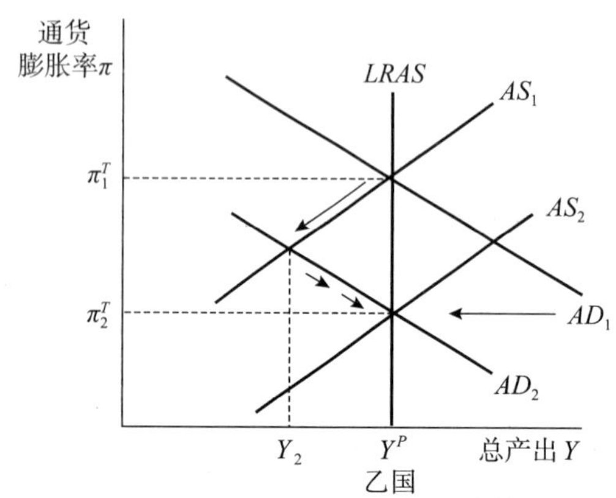

乙国

2. a. 政策制定者如果实施非相机抉择政策，会保持总需求曲线不变，由于经济所处的点 1′的总产出低于其自然率水平，工资和物价会向下调整。随着工资和物价的向下调整，AS 曲线会位移至 AS_2，经济返回到点 1，如下图所示。

b. 政策制定者如果实施相机抉择政策，会推动总需求曲线向右位移。如果该政策在工资和物价向下调整之前发挥作用，经济就会移动到点 2，如下图所示。

c. 如果该政策在工资和物价向下调整之后发挥作用，经济就会移动到点 2′，如下图所示。

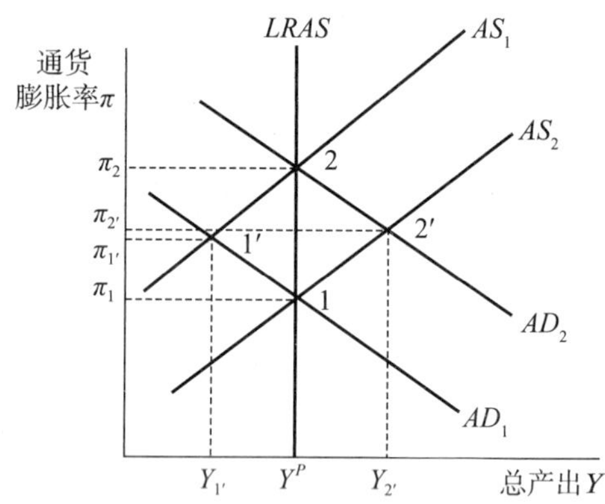

d. 如果工资和物价调整过程非常缓慢，相机抉择政策由于可以保持经济接近总产出的自然率水平 Y^P，因而更可行。

e. 如果工资和物价调整过程十分迅速，由于相机抉择政策在这种情况下会加剧经济的波动性（总产出会在 $Y_{1'}$ 与 $Y_{2'}$ 之间波动），因而非相机抉择政策更可行。

简答题

1. 卢卡斯评论说，政策制定者对某一特定政策的影响的先验通常是错误的，因为政策制定者很难准确地考虑到人们对政策变化的反应。这就指出了我们对经济如何运行的理解的局限性，因为目前的

研究无法完全解释和准确模拟个人的行为，因此政策制定者必须依靠有根本缺陷的模型来估计政策对经济的影响。

2. 正确，因为卢卡斯批判表明政策对通胀和产出的影响取决于公众对政策的预期。因此，在卢卡斯看来，与对某项政策的预期无关紧要相比，某项政策的结果更不确定，更难设计一项有用的积极的稳定化政策。

评判性思维

1. 你的预测是基于过去当灯关掉以后你所观察到的情况。你假定如果你打开灯，你的室友的行为不会发生变动。也就是说，他不会由于黑暗而碰撞东西，因而制造的噪声会少一些，而在就寝之前他收拾东西的时间长度不会改变。根据卢卡斯批判，由于基于的是过去的数据，计量经济模型假定行为的类型不会发生变化。你的尝试失败了，原因是当灯打开后，你的室友的行为发生了改变，他就寝之前的时间变长了。

2. 当政策制定者使用计量经济模型来预测政策调整的结果时，他们没有考虑到这样一个事实，即政策调整后，人们也会改变其行为。由于行为发生了改变（灯打开后，就寝之前的准备时间变长了），基于过去的数据所做的预测就会变得无效。

判断对错题

1. T　2. T　3. T　4. F　5. F
6. F　7. T　8. T

选择题

1. a　2. b　3. a　4. b　5. c
6. b　7. d　8. c　9. a　10. c
11. d　12. c　13. a　14. d　15. a
16. d　17. b　18. a　19. d　20. d

第 25 章　货币政策传导机制

术语和定义

3　货币政策传导机制
2　耐用消费品支出
1　信贷渠道观点

实践应用题

1. ①对应 e，②对应 a，③对应 h，④对应 g，⑤对应 f，⑥对应 c，⑦对应 d，⑧对应 b。

2. a. 本章所得出的货币政策的 4 个启示是：（1）始终把货币政策的松紧同短期名义利率的下降与上升联系在一起是危险的。（2）除了短期债务工具的价格以外，其他资产价格中也包含着货币政策立场的重要信息，因为它们是各种货币政策传导机制的重要因素。（3）即使短期利率已经接近零，货币政策对于复苏疲软的经济也能起作用。（4）避免物价水平的意外波动是货币政策的重要目标，这就为物价稳定成为货币政策的首要长期目标提供了理论基础。

b. 由于名义利率接近零，日本的货币当局认为货币政策是扩张性的，但事实上，实际利率非常高。日本银行声称，因为短期利率已经接近零，所以它对刺激经济已经无能为力。但其实它可以通过提高预期通货膨胀率来降低实际利率。日本银行应当从股票和不动产价格下跌的事实中意识到货币政策

是紧缩的。日本银行如果能够防止通货紧缩，可能会在货币政策上更加成功。

简答题

1. 即使名义利率已经下跌到了接近零下限，中央银行仍然可以通过提高预期通货膨胀率来降低实际利率。
2. 弗里德曼和施瓦茨说明，在大萧条期间，尽管名义利率非常低，但实际利率很高，这意味着货币政策事实上是紧缩的。
3. 银行信贷渠道在美国的重要性下降了，原因是美国的监管当局目前对银行筹集资金的能力不予管制。
4. 现金流渠道说明名义利率对投资支出和总产出而言非常重要。随着名义利率的下跌，企业的资产负债表会有所改善，贷款人更易判断企业和家庭是否能够偿还其债务。因此，逆向选择和道德风险问题得以缓解，贷款规模扩大。
5. 一个原因是，信贷市场上逆向选择和道德风险问题加剧导致了经济活动的下滑。另外一个原因是，股票和房地产价格下跌减少了家庭财富，抑制了消费支出，并且由于托宾的 q 值下滑，投资疲软。

评判性思维

1. 即使名义利率接近零，存在着通货紧缩，中央银行也可以通过提高通货膨胀预期来降低实际利率，达到刺激总产出的目的。
2. 金融危机的爆发加大了贷款人甄别贷款风险的难度，因而出现逆向选择和道德风险问题的潜在可能性加大了。因此，虽然预期通货膨胀率的上升导致了实际利率的下降，但贷款的下降仍会放缓经济从衰退走向复苏的过程。

判断对错题

1. T	2. T	3. F	4. T	5. F
6. T	7. F	8. F	9. T	10. F

选择题

1. c	2. a	3. a	4. d	5. b
6. c	7. b	8. b	9. d	10. d
11. a	12. b	13. b	14. d	15. a
16. c	17. a	18. d	19. a	20. b

答案

图书在版编目（CIP）数据

米什金《货币金融学》学习指导/（美）弗雷德里克·S. 米什金著；夏泽龙译. --北京：中国人民大学出版社，2024. 10. --（经济科学译丛）. --ISBN 978-7-300-33146-1

Ⅰ. F820

中国国家版本馆 CIP 数据核字第 2024BN3565 号

“十三五”国家重点出版物出版规划项目

经济科学译丛

米什金《货币金融学》学习指导

弗雷德里克·S. 米什金　著

夏泽龙　译

Mishijin《Huobi Jinrongxue》Xuexi Zhidao

出版发行	中国人民大学出版社		
社　　址	北京中关村大街 31 号	**邮政编码**	100080
电　　话	010－62511242（总编室）		010－62511770（质管部）
	010－82501766（邮购部）		010－62514148（门市部）
	010－62515195（发行公司）		010－62515275（盗版举报）
网　　址	http://www.crup.com.cn		
经　　销	新华书店		
印　　刷	涿州市星河印刷有限公司		
开　　本	787 mm×1092 mm　1/16	**版　　次**	2024 年 10 月第 1 版
印　　张	16.25 插页 2	**印　　次**	2024 年 10 月第 1 次印刷
字　　数	363 000	**定　　价**	59.00 元

中国人民大学出版社经济类引进版教材推荐

双语教学用书

为适应培养国际化复合型人才的需求，中国人民大学出版社联合众多国际知名出版公司，打造了“高等学校经济类双语教学用书”，该系列聘请国内外著名经济学家、学者及一线教师进行审核，努力做到把国外真正高水平的适合国内实际教学需求的优秀教材引进来，供国内外读者参考、研究和学习。

中国人民大学出版社将陆续修订出版该系列丛书中的经典之作，以飨读者。想要了解更多图书具体信息，可扫描下方二维码。

高等学校经济类双语教学用书书目

经济科学译丛

20 世纪 90 年代中期，中国人民大学出版社推出了“经济科学译丛”系列丛书，引领了国内经济学汉译的第二次浪潮。“经济科学译丛”出版了上百种经济学教材，克鲁格曼《国际经济学》、曼昆《宏观经济学》、平狄克《微观经济学》、博迪《金融学》、米什金《货币金融学》等顶尖经济学教材的出版深受国内经济学专家和读者好评，已经成为中国经济学专业学生的必读教材。

中国人民大学出版社将陆续修订出版该系列丛书中的经典之作，以飨读者。想要了解更多图书具体信息，可扫描下方二维码。

经济科学译丛书目

金融学译丛

21 世纪初，中国人民大学出版社推出了“金融学译丛”系列丛书，引进金融体系相对完善的国家最权威、最具代表性的金融学著作，将实践证明最有效的金融理论和实用操作方法介绍给中国的广大读者，帮助中国金融界相关人士更好、更快地了解西方金融学的最新动态，寻求建立并完善中国金融体系的新思路，促进具有中国特色的现代金融体系的建立和完善。

中国人民大学出版社将陆续修订出版该系列丛书中的经典之作，以飨读者。想要了解更多图书具体信息，可扫描下方二维码。

金融学译丛书目

尊敬的老师：

您好！

为了确保您及时有效地申请培生整体教学资源，请您务必完整填写如下表格，加盖学院的公章后传真给我们，我们将会在 2~3 个工作日内为您处理。

请填写所需教辅的开课信息：

采用教材			□中文版 □英文版 □双语版
作　者		出版社	
版　次		ISBN	
课程时间	始于　年　月　日	学生人数	
	止于　年　月　日	学生年级	□专 科　□本科 1/2 年级 □研究生　□本科 3/4 年级

请填写您的个人信息：

学　校			
院系/专业			
姓　名		职　称	□助教 □讲师 □副教授 □教授
通信地址/邮编			
手　机		电　话	
传　真			
official email(必填) (eg:XXX@ruc.edu.cn)		email (eg:XXX@163.com)	
是否愿意接受我们定期的新书讯息通知：　□是　□否			

系 / 院主任：__________（签字）

（系 / 院办公室章）

___年___月___日

资源介绍：

--教材、常规教辅（PPT、教师手册、题库等）资源：请访问 www.pearsonhighered.com/educator；（免费）

--MyLabs/Mastering 系列在线平台：适合老师和学生共同使用；访问需要 Access Code。（付费）

地址：北京市东城区北三环东路36号环球贸易中心D座1208室 100013

Please send this form to：copub.hed@pearson.com

Website: www.pearson.com